荆楚文库

炎帝神农文化研究

刘玉堂 刘晓慧 黄莹 著

荆楚文库编纂出版委员会
华中科技大学出版社

荆楚文库

炎帝神农文化研究

YANDI SHENNONG WENHUA YANJIU

图书在版编目（CIP）数据

炎帝神农文化研究 / 刘玉堂，刘晓慧，黄莹著．—武汉：华中科技大学出版社，2023.5

（荆楚文库）

ISBN 978-7-5680-8165-8

I. ① 炎… II. ① 刘… ② 刘… ③ 黄… III. ① 炎帝 – 人物研究 ② 远古文化 – 文化研究 – 中国 IV. ① K827=1 ② K210.3

中国版本图书馆 CIP 数据核字（2022）第 148285 号

策划编辑：宋 焱 钱 坤

责任编辑：殷 茵 熊 彦

整体设计：范汉成 曾显惠 思 蒙

责任校对：刘 竣

责任印制：周治超

出版发行：华中科技大学出版社（中国·武汉） 电话：（027）81321913

武汉市东湖新技术开发区华工科技园 邮编：430223

录 排：华中科技大学出版社美编室

印 刷：湖北新华印务有限公司

开 本：720 mm × 1000 mm 1/16

印 张：20 插页：2

字 数：278 千字

版 次：2023 年 5 月第 1 版 2023 年 5 月第 1 次印刷

定 价：98.00 元

ISBN 978-7-5680-8165-8

9 787568 081658 >

出版说明

湖北乃九省通衢，北学南学交会融通之地，文明昌盛，历代文献丰厚。守望传统，编纂荆楚文献，湖北渊源有自。清同治年间设立官书局，以整理乡邦文献为旨趣。光绪年间张之洞督鄂后，以崇文书局推进典籍集成，湖北乡贤身体力行之，编纂《湖北文征》，集元明清三代湖北先哲遗作，收两千七百余作者文八千余篇，洋洋六百万言。卢氏兄弟辑录湖北先贤之作而成《湖北先正遗书》。至当代，武汉多所大学、图书馆在乡邦典籍整理方面亦多所用力。为传承和弘扬优秀传统文化，湖北省委、省政府决定编纂大型历史文献丛书《荆楚文库》。

《荆楚文库》以“抢救、保护、整理、出版”湖北文献为宗旨，分三编集藏。

甲、文献编。收录历代鄂籍人士著述，长期寓居湖北人士著述，省外人士探究湖北著述。包括传世文献、出土文献和民间文献。

乙、方志编。收录历代省志、府县志等。

丙、研究编。收录今人研究评述荆楚人物、史地、风物的学术著作和工具书及图册。

文献编、方志编录籍以 1949 年为下限。

研究编简体横排，文献编繁体横排，方志编影印或点校出版。

《荆楚文库》编纂出版委员会

2015 年 11 月

第一版序

湖北省炎黄文化研究会丁凤英会长、王正强常务副会长不久前来电话，要我为即将出版的《炎帝神农文化读本》作序，近日又寄来大字本书稿。如此盛情，却之不恭，只得从命。

书稿读后，受益匪浅。感到本书为炎帝神农文化的普及倾注了心血，做出了贡献。作为中华炎黄文化研究会的一名老成员，由衷为之高兴。

值此中华文化阔步走向大发展大繁荣之际，炎帝、黄帝及其时代文化也受到社会各界越来越多的关注。湖北省炎黄文化研究会就是突出一例。早在 1992 年，中华炎黄文化研究会即与湖北省炎黄文化研究会合作，主办以“炎黄文化与现代文明”为主题的学术研讨会，与会学者近百人，在武汉开幕后，又到随州和神农架，边考察，边研讨，为两会合作弘扬炎黄文化，开了个好头。1994 年，中华炎黄文化研究会又与湖北省炎黄文化研究会、宜昌市炎黄文化研究会合作，在有“黄帝正妃、西陵之女”嫘祖大量传说和民俗活动的宜昌，主办“’94 中华嫘祖文化学术研讨会”。特别是近几年来，湖北省炎黄文化研究会多次组织专家学者，前往有炎黄文化遗迹的湖南、陕西、河南等省考察学习，到随州市实地调查研究，为炎帝神农故里整修和新景区建设，以及由省政府出面主办炎帝故里寻根节、成立炎帝神农故里建设基金会、向国务院申报将“炎帝祭典”列入国家非物质文化遗产名录等，向省委省政府建言献策，受到省委省政府重视。自 2009 年开始，由省政府和国家有关部门联合主办的一年一度的世界华人炎帝故里寻根节，以及在寻根节期间举行的炎帝文化高端论坛，已连续成功举办了六届，湖北省炎黄文化研究会作为承办单位之一，积极参与了有关工作。2013 年，湖北省炎黄文化研究会发起，并在武汉东湖主办首届“中部六省炎黄文化论坛”；2014 年，又在传说炎帝神农搭架采药和发现《黑暗传》的神农架，主办

“炎帝神农与中医药文化论坛”。所有这些活动，为弘扬炎黄文化，增强中华民族凝聚力，促进祖国和平统一和现代化建设，做出了积极贡献。

我从1993年起，十余次应邀参加湖北省炎黄文化研究会举办的各种学术文化活动。曾七上随州，四下宜昌，二登神农架，并出席首届“中部六省炎黄文化论坛”，这些活动都是直接围绕炎黄二帝及其时代文化的研究和传承而进行的。此外，还出席在武汉举办的“毛泽东与中华传统文化”“传统道德与企业文化”等研讨会，以及2011年在鄂州举办的辛亥首义100周年研讨会、2012年在红安举办的红色文化研讨会等。从这一系列活动中，我亲身感受到，荆楚大地山川壮丽，人杰地灵，传统文化资源极其丰厚，具有独特魅力，尤其是炎帝神农文化影响深远。

炎帝神农和黄帝轩辕同为中华民族人文始祖。作为中国原始农耕文明的创始者，炎帝神农始制耒耜、教民农耕，日中为市、交易而退，遍尝百草、发明医药等传说，几千年来在百姓中流传极广。这些生动故事里蕴涵着的首创精神、利民精神、奉献精神等，鼓舞着我们民族披荆斩棘，百折不挠，生生不息，永远前进。然而，在一段时间里，如此宝贵的精神财富，却被大大地冷落了，甚至被当作向壁虚构的而加以否定。即使在这样的条件下，海内外广大华人却始终不忘始祖，依旧豪迈地自称炎黄子孙，怀着崇敬之心到各炎黄文化遗迹寻根问祖，慰藉乡愁，把炎黄情怀与家国情怀、民族情怀融为一体。炎帝、黄帝及其时代的历史文化，是中华优秀传统文化的直接源泉和组成部分，也是青少年学习的重要养分。

改革开放以来，随着各种思想禁锢被逐步打开，陕西黄帝陵、湖南炎帝陵、河南新郑黄帝故里、湖北随州炎帝神农故里等，把传统的祭拜活动变成新常态。相关的学术论集、资料汇编和研究专著，应运而生。不同内容和形式的普及读物，也随之面世。可是，与当前形势发展和广大读者需求相比，炎黄时代文化知识的普及，仍然很不适应。欧美许多国家，耶稣故事家喻户晓，尽人皆知。在我们这样一个有祖先崇拜传统的文明古国，没有理由不让广大民众对自己人文始祖的英雄事迹，如数家珍。要达到这样的目标，就必须有炎黄文化基本知识的大普及。

炎黄文化基本知识普及的对象，有不同层次和不同需求；普及的方式，应当多样化；普及的成效，决非短期之功，有待长期努力；普及的责任，需要有关各方共同担当，各展所长。炎黄文化的普及与提高，是相辅相成的。炎黄文化有狭义与广义之分。狭义的炎黄文化，是指炎帝、黄帝及其时代的文化；广义的炎黄文化，是指以炎黄为象征和代表的中华民族文化。狭义炎黄文化的普及与广义炎黄文化的普及，都是必要的，也是相辅相成的。我们以炎黄命名的社会团体，对于炎黄文化，无论在狭义上或广义上、普及上或提高上，都应无可推卸地做出持续不懈的努力，并根据各自的具体情况，在不同时期，选准重点，有序推进，落到实处。

本书主编刘玉堂同志，是湖北省社会科学院副院长，担任湖北省炎黄文化研究会常务副会长以来，参与主持了研究会的许多学术文化活动，近年来又受研究会委托，负责组建炎帝神农文化研究所，推进炎黄文化研究的深化。本书编著者在多年研究积累的基础上，对炎帝神农文化做了比较全面的阐释。在重点介绍随州炎帝神农文化遗迹的同时，对宝鸡、上党、会同等地炎帝神农文化遗迹和湖南炎帝陵也做了简要介绍，并对与黄帝、蚩尤等紧密相关的文化知识，做了扼要的讲述。本书注意相关文献依据、考古资料和民间传说的结合，通俗性与学术性的结合，图像与文字的结合。这些都是更加有效地普及炎黄文化基本知识的有益探索与尝试。

我相信，本书的出版，不仅会受到有意寻根问祖的世界华人欢迎，也将推动炎黄文化的进一步普及。

鲁　谆

（中华炎黄文化研究会副会长、光明日报社原副总编辑）

2015 年 4 月 10 日于北京

前　言

习近平总书记指出，“团结统一的中华民族是海内外中华儿女共同的根，博大精深的中华文化是海内外中华儿女共同的魂”。炎帝神农氏和黄帝轩辕氏，因开创中国远古文明的伟大功绩而被后世尊为中华民族的“人文初祖”，炎帝神农文化也成为中华五千多年悠久灿烂文明的本源文化，是中华民族世代相传、绵延不绝的民族之魂，“炎黄子孙”早已成为中华儿女的代称。

考诸史籍，炎帝与神农经历了由分到合的过程。在先秦时期的文献中，炎帝自为炎帝，神农自为神农，彼此并不相涉，如《周易·系辞下》《庄子·盗跖》《商君书·画策》《国语·晋语》《礼记·祭法》等。到了成书于秦汉之际的《世本·帝系》中，首次出现“炎帝神农氏”的称谓，或许是大局初定，一时还不易得到公众的普遍认可，连司马迁《史记·五帝本纪》在涉及炎帝与神农的关系时仍然表现得含蓄而委婉。直至东汉以降的文献，才直接将炎帝、神农氏及烈山氏（厉山氏）视为一人，如《礼记·祭法》郑注、《左传·昭公二十九年》杜注、《国语·晋语》韦注和西晋皇甫谧《帝王世纪》等。东汉以降学者普遍将炎帝神农视为一人，既有主观因素，也有客观原因。从主观方面看，神农与炎帝都与农耕有关，二者既是氏族或部落的名称，又是其首领的名号。炎帝部落虽较神农部落晚起，但广泛散居于黄河中游和汉水流域，地广人众，后来居上，一度包括神农后裔及旧地，炎帝因而成为部落联盟一时的尊号。然而，神农毕竟起源早，对农业的贡献较大，因而成为这个部落联盟累世不变的称号。随着时间的推移，“炎帝神农氏”在世人的心目中不仅融为一体，而且成为世袭性的尊称。从客观方面看，炎帝和神农合二为一的过程，大体经历了共处、同尊、合并三个阶段。所谓“共处”，是指五行学说把炎帝定位在南方之后，原来居于南方的神农便与炎帝为伍了。所谓“同尊”，是指尊奉炎帝的姜姓周人南迁淮、汉，与崇奉神农的土著楚蛮杂居错处，其尊崇也因互相影响而相互认同。所谓“合并”，是指随着南迁姜姓周人与土著楚蛮逐渐融合为楚人，先前本已难截然分开的同一部落联盟的两位部落首领，终于化成一位古帝——“炎帝神农氏”。

炎帝神农的生地，文献两说并存，一说以东汉郑玄为代表，主张在烈山（厉山），见于其为《礼记·祭法》所做注释。另一说以西晋皇甫谧为代表，主张在华阳（姜水），见于其所著《帝王世纪》。究其实，神农与炎帝在先秦典籍中是先后出现的两个部落及其首领的称号，因而不可能为同一生地。之所以炎帝神农合一后的生地会出现“烈山”和“华阳”两说，前者或许是因神农生地而沾上了炎帝，后者则很可能因炎帝生地而沾上了神农。可是，炎帝位于南方已成定论，因而“烈山说”比“华阳说”更理直气壮。更何况古代的曾国奠都于随州的烈山，其公族为姜姓，无疑是正宗的炎帝苗裔。因此，如果说一定要找出炎帝神农合一后的生地，“烈山说”的理由更加充分。需要强调的是，上述“生地”并不能机械地理解为“出生地”，而是早期生息与劳作之地的意思。炎帝神农部落是一个极其庞大的部落，其活动不可能局限于一隅，而应当包括汉水中游和上游乃至更广阔的地域，但早期神农部落的活动地域应在以烈山为中心的汉水中游，早期炎帝部落活动的地域可能在以华阳为中心的汉水上游。二者合一后，汉水中上游乃至更广阔的地区都成为炎帝神农部落联盟的活动地域，但随州烈山则是其早期活动的核心区域。

在人类尚处于蒙昧荒蛮的远古时代，炎帝神农和他所带领的原始氏族先民，在长期的生活和生产实践中，犯艰历险、身体力行，开创了中华原始农耕文明，成为五千多年中华文明的重要源头。关于炎帝神农的历史功绩，大多散见于先秦汉魏古籍中。相对而言，比较系统和全面记载炎帝神农历史功绩的史籍应当是宋代罗泌的《路史》。《路史》说炎帝神农“斫木为耜，揉木为耒”；“教之麻桑，以为布帛”；“相土停居，令人知所趋避”；“众金货，通有亡。列廛于国，日中为市，致天下之民，聚天下之货，交易而退，各得其所”；“尝草木而正名之。审其平毒，旌其燥寒，察其畏恶，辨其臣使，厘而三之，以养其性命而治病。一日之间而七十毒，极含气也”；“每岁阳月，盍百种，率万民蜡戏于国中，以报其岁之成”；“命刑天作扶犁之乐，制丰年之咏，以荐釐来，是曰下谋。制雅琴，度瑶瑟，以保合大和而闲民欲，通其德于神明，同其和于上下”；等等。概括起来，炎帝神农的历史功绩可以分为以下八个方面：始作耒耜，发明农具；开创农耕，种植五谷；遍尝百草，和药济人；日中为市，教民贸易；作陶冶斤，发明器具；削桐绳丝，首制琴瑟；治麻为布，始兴纺织；筑台建室，改善民居。这些历史功绩，是炎帝神农部落集体智慧的结晶，是炎帝神农氏族世世代代生生不息奋斗的成果，其丰富的内涵，经由后世的传承、挖掘、提炼乃至重塑，贯穿于中华民族和中华文化绵延赓续的整个历史进程之中，现代的农业、医药、工业、商贸、建筑、音乐乃至军事文化等，都可以在炎帝神农时代的发轫文明中寻找到原始雏形。

古代文献之所以把中国远古的诸多发明创造系于炎帝神农一身，是因为在世人心目中，炎帝神农是中华民族的文化英雄。这个英雄形象的形成，正如顾颉刚先生所言：时代愈后，传说的古史期愈长。例如，周人心目中最古的人是禹，到孔子时有尧、舜，到战国时有黄帝、神农，到秦有三皇，到汉以后有盘古。时代愈后，传说中的中心人物愈放愈大。① 合并为一帝的炎帝神农，比单独的神农或炎帝的传说时代晚，但作为传说中的中心人物，形象确实愈放愈大了：炎帝神农的身躯更加伟岸，胸怀更加博大，能量更加强大，劳作更加艰辛，发明创造更加丰富，历史功绩更加辉煌。简而言之，更加符合“文化英雄”的全部本质特征。无一例外，世界各民族都有自己的文化英雄，这些文化英雄都产生于传说时代。古埃及神话中，有农业之神奥西里斯；苏美尔人神话里，有爱情与生命女神伊士塔尔；古代两河流域神话传说汇集的史诗《吉尔伽美什》里，有造福民众、举世爱戴的英雄恩奇都。至于人们熟知的古希腊神话，这样的文化英雄就更多了：众神之王宙斯、谷神得墨忒尔、智慧女神雅典娜、日神阿波罗、使者赫尔墨斯、火神赫菲斯托斯，以及被马克思称为历史上最高尚的圣者和殉道者的普罗米修

---

① 顾颉刚：《与钱玄同先生论古史书》，《读书杂志》1923 年 5 月。

斯。宙斯之子、解救了普罗米修斯的赫拉克勒斯，是古希腊神话体系中的最后一神，同时又是最伟大的文化英雄。他的出现，象征着神界故事的尾声，已接近真实的历史记载的黎明。与西方传说中的文化英雄相比，中国传说时代的文化英雄，神的迷幻魔力和超人技艺较少而更具人文的风采，更加契合真实的人间社会的所有愿景。炎帝神农，就是这样的文化英雄的典型。[①] 唯其作为介于人、神之间，经、史之间的文化英雄，炎帝神农才得以在中华民族历久弥新的生命进程中超越时间的磨蚀，始终受到中华儿女的衷心爱戴。

作为文化英雄的炎帝神农的发明创造，彰显了以炎帝神农为代表的中华民族先民的文化精神，成为日后中华民族“天行健，君子以自强不息”精神的源头活水。炎帝神农文化精神博大精深，主要体现在以下几个方面。一是“为天下先”的开拓创新精神。《淮南子·齐俗训》说神农“身自耕，妻亲织，以为天下先”。讲的就是炎帝神农首创了男耕女织的社会分工制度，这是社会文明发展的重要标志。实际上，炎帝神农的发明创造不仅涉及社会制度，而且涉及物质生活、精神生活乃至社会经济形态的发展等诸多方面，显示出其在物质文化、精神文化和制度文化诸多领域全方位的开拓创新。二是“填海逐日”的自强进取精神。《山海经·北山经》记载的“精卫填海”和《列子·汤问》记载的“夸父逐日”，就是这种精神的真切体现。“填海”的精卫是炎帝女儿女娃的化身，“逐日”的夸父则是炎帝氏族的后裔。“填海逐日”精神正是中华民族先民从蛮荒走向文明过程中奋勇求索、自强进取精神的生动写照。三是“忧民之利”的恤众忧民精神。《吕氏春秋·爱类》说神农“其当世之急，忧民之利，除民之害”。《淮南子·修务训》感叹神农“圣人之忧劳百姓甚矣”！炎帝神农的所作所为无不是从民众的利益出发，他的许多发明创造都是为了改善民众的物质生活和精神生活状况。四是“不望其报”的无私奉献精神。《越绝书》说“昔者神农之治天下，务利之而已矣，不望其报”。炎帝神农不辞辛劳教民播种五谷，为除民疾“遍尝百

---

① 何晓明：《炎帝神农是中华民族的文化英雄》，载张执均主编：《炎帝神农文化研究论文集萃》，武汉出版社 2021 年版，第 121 页。

草”以至“一日而遇七十毒”仍痴心不改，这种一心为公、为民造福而不求回报的精神，成为中华民族宝贵的精神财富。五是“以德行义”的崇德尚义精神。《吕氏春秋·上德》说：“为天下及国，莫如以德，莫如行义。以德以义，不赏而民劝，不罚而邪止。此神农、黄帝之政也。”炎帝神农倡导的崇德尚义精神，塑造了中华民族的一种核心价值观，中华民族最为看重的就是天下为公、舍生取义的道德准则，强调个人对民族、社会和国家的贡献。六是“天下均平”的和合共生精神。《淮南子·齐俗训》说：“是故其耕不强者，无以养生；其织不力者，无以掩形。有余不足，各归其身。衣良饶溢，奸邪不生。安乐无事，而天下均平。”炎帝神农所处的时代是父系氏族社会，社会生产力较为低下，物资相对匮乏，炎帝神农以“天下均平”为念，致力于社会和谐治理。除了从财富均平和社会公正角度营造和谐社会外，炎帝神农还注重从教化方面入手社会治理。桓谭《新论》说神农“始削桐为琴，绳丝为弦，以通神明之德，合天地之和焉”，指的就是炎帝神农用音乐教化民众，以达到如郑樵《通志》所说的“以合神人之和”的目的。正是因为炎帝神农文化精神具有巨大的生命力，才能在历经数千年风霜雨雪的洗涤后，非但没有消减，反而形成一种文化基因，在中华民族的血液中流淌，在中华民族的胸腔内激荡，成为中华民族生命力、凝聚力、创造力的不竭源泉。①

一种精神只有始终做到符合时代特征，富有时代气息，契合时代要求，推动时代进步，才能历久弥新，长盛不衰。炎帝神农文化精神作为中华民族伟大精神的源泉和原始社会文化精神的标识，完美而生动地诠释了其时代价值。第一，炎帝神农文化精神以其巨大的主观能动性，通过改造世界的社会实践活动来推动社会发展。炎帝神农“为天下先”的开拓创新精神和“忧民之利”的恤众忧民精神，对我们加强党的执政能力建设具有借鉴意义；炎帝神农对生产工具、技术发明的重视和对农业的巨大贡献，对我们认识“科学技术是第一生产力”、破解“三农”难题也不乏启示意义；其自强进取、和谐共生的精神，对我们战胜前进道路上的困难都将是巨大的鼓舞力

① 邵和平：《炎帝精神及其传承和弘扬》，载张执均主编：《炎帝神农文化研究论文集萃》，武汉出版社 2021 年版，第 116、117 页。

量。第二，炎帝神农文化精神有利于弘扬中华优秀传统文化的精华。中华优秀传统文化早在炎帝神农时期，就注重和谐共生，亦即团结统一。中华民族自古以来就是一个多民族的统一的大家庭，很早就形成了“大一统”的观念。从蛮荒时代的氏族部落各自为战，到炎黄部落联盟的建立，初步构成了天下一家亲的原始社会大家庭，经过几千年的发展，团结统一的意识已深深积淀、内化于中华民族的文化心理之中。炎帝神农文化的精髓就是恤众忧民亦即以人为本，这与中华优秀传统文化的精髓完全吻合。从炎帝神农的“忧民之利”，到历代明君贤臣主张的利民、裕民、养民、惠民，再到近代革命的民生思想，民本思想一以贯之。我们今天继承发扬炎帝神农民本思想的精髓，就是要坚持以人为本，坚持发展依靠人民、发展为了人民、发展成果由人民共享。炎帝神农文化精神能在不同历史发展阶段注入新的元素，这正是中华优秀传统文化坚守其“核心”和“精髓”的时代反映。第三，传承弘扬炎帝神农文化精神有利于把握时代脉搏。目前我国正处在多元文化交互撞击、生活方式复杂多变的时代，人们的思想观念、思维方式、生活方式乃至价值取向都在悄然变化，民族精神面临新的挑战。要使中华民族在世界民族之林中永远立于不败之地，就必须学习和吸收古今中外各种先进文化的精华，发展、创新中华文化。炎帝神农文化精神注重人格、注重伦理、注重利他、注重和谐的东方品格和释放着和平信息的人文情怀，对于思考和解决当今世界上个人至上、物欲至上、恶性竞争、环境恶化等令人忧虑的问题，对追求人类的安宁与幸福，必将提供重要的借鉴与启示。

习近平总书记说：“实现中华民族伟大复兴的中国梦，就是要实现国家富强、民族振兴、人民幸福，既深深体现了今天中国人的理想，也深深反映了我们先人们不懈追求进步的光荣传统。”中华民族伟大复兴是当代炎黄子孙的伟大理想，是振兴中华的坚定信念，是推动中国现代化建设的强大动力。炎帝神农文化最突出的功效在于强化“集体记忆”，团结海内外中华儿女，构建民族共有精神家园。首先，炎帝神农文化具有巨大的凝聚力。传承弘扬炎帝神农文化有利于铸牢中华民族共同体意识，在新的历史时期、在新的起点实现中华民族伟大复兴。文化是一个国家和地区核心竞争力的重要因素，在国际竞争中具有重要的战略地位。一个国家的文化，只有是民族的，才是世界的。中华文明之所以能够数千年传承不辍，中华民族之所以能够数千年傲立于世界东方，靠的就是中华优秀传统文化的凝聚力、向心力。要实现中华民族伟大复兴的中国梦，使中国由大国变为强国，不仅仅是经济繁荣，国力强盛，还必须实现文化振兴，而炎帝神农文化的强大基因和精神记忆，正是中华民族伟大复兴的凝聚力量。其次，炎帝神农文化具有强烈的感召力。中华民族的伟大复兴是海内外华人和侨胞在内的全体中华儿女和全国各族人民的共同理想和夙愿，炎帝神农文化可以超越时空范围和国别界限，超越政治制度和生活习俗，超越宗教信仰和价值观念等一切界限和障碍，最大限度地感召一切生活在或者曾经生活在中国这片热土上、流淌着中华文化血脉的中华同胞。热爱自己的祖国和文化不需要任何理由，这是每一个民族都具有的品性。炎帝神农文化作为中华优秀传统文化的根源文化，令我们自豪、骄傲和热爱，也必将感召我们为实现中华民族伟大复兴而踔厉奋发。再次，炎帝神农文化具有强大的驱动力。炎帝神农始作耒耜、教民耕种、日中为市、和药济人等一系列重大发明创造，使我们的先民告别了茹毛饮血、穴居野处的野蛮生活，并逐渐引导先民适应和改善恶劣的生存环境，促进了社会生产力的发展，推动了人类文明的进步。在实现中华民族伟大复兴的历史征程中，解决“三农”问题、实现“四个全面”，是必须直面的重要任务。传承和弘扬炎帝神农在原始时代极端困难的条件下坚持发展先进生产力和先进文化，敢于创新、重农务本、崇德尚义、甘于奉献的精神，将会成为我们实现中华民族伟大复兴的重要动力源泉。最后，炎帝神农文化具有坚定的自信力。炎帝神农蕴含的致力统一、勇于探索、自强不息的精神，是中华民族自尊、自立、自信、自强精神产生的源头和典范，经过其言传身教和后世的文献记载及口耳相传，特别是经过历代的整合提炼乃至形塑重铸，贯穿于中华民族延续发展的整个历史进程之中。随着中华民族新的伟大复兴和构建富强、民主、文明、和谐、美丽的社会主义现代化强国伟大事业的不断推进，炎帝神农文化深蕴的坚定的自信力，必将越来越焕发出鲜活的时代生机！

目　录

第一章　炎帝与神农

众所周知，炎即炎帝神农，黄即黄帝轩辕。其实，在先秦时期的文献中，炎帝自为炎帝，神农自为神农，彼此并不相涉。两汉之际，炎帝和神农始合二为一。而关于炎帝的出生地，虽众说纷纭，但随州作为炎帝神农故里已为学界和民间所认同。

炎帝神农肇兴于南方，与南方的火神祝融颇有渊源，而且炎帝部落在由南向北不断地迁徙繁衍，传说历经临魁、承、明、直、厘、哀、榆、罔总共八代，统治区域辽阔，在神州大地上留下了许多文化遗迹。这些文化遗迹主要集中于湖北随州、陕西宝鸡、山西上党、湖南会同、湖南炎陵等地。

第一节　炎帝与神农合二为一

中国历史上有明确记载的第一个王朝是夏，当时已进入阶级社会。在此之前，所谓史前时代，其领袖被尊为“三皇五帝”。今天看来，“三皇五帝”并非真正意义上的帝王，他们都是部落首领，由于实力强大而成为部落联盟的领导者。具体三皇是谁，五帝是谁，不同史家有不同的阐释。尽管说法不尽相同，但炎帝神农始终为三皇之一，与传说中的黄帝轩辕齐名，共同被尊崇为中华民族的人文始祖。

一、炎帝与神农的关系

关于炎帝与神农的关系，许多学者都曾撰文论及，刘玉堂、刘礼堂《炎帝、神农氏、烈山氏的分合因由——兼论远古传说变异与原始民族融合之关系》一文论述甚详。

古籍中有关炎帝神农的记载大致有三种情况。

其一，或提炎帝，或提神农。如此记载，见于《周易·系辞下》《庄子·盗跖》《商君书·画策》《国语·晋语》《新书·制不定》《淮南子·兵略训》《礼记·祭法》《荆楚岁时记》《括地志》，以及唐司马贞《三皇本纪》等。

“神农氏”始见于《周易·系辞下》。其辞曰：

> 古者包牺氏之王天下也，仰则观象于天，俯则观法于地，观鸟兽之文，与地之宜，近取诸身，远取诸物，于是始作八卦，以通神明之德，以类万物之情。作结绳而为网罟，以佃以渔，盖取诸离。
>
> 包牺氏没，神农氏作，斫木为耜，揉木为耒，耒耨之利，以教天下，盖取诸益。
>
> 日中为市，致天下之民，聚天下之货，交易而退，各得其所，盖取诸噬嗑。
>
> 神农氏没，黄帝、尧、舜氏作，通其变，使之不倦，神而化之，使民宜之。……

显然，神农氏是继包牺氏之后出现的远古农业氏族或部落的首领，并以始作农具而闻名，其序列为：包牺氏、神农氏、黄帝、尧、舜。

又《庄子·盗跖》说：

> 神农之世，卧则居居，起则于于。民知其母，不知其父，与麋鹿共处，耕而食，织而衣，无有相害之心。此至德之隆也。

显然，“耕而食，织而衣”，是“神农之世”社会生活的突出特点；“神农之世”尚处于原始社会，“民知其母，不知其父”，则直接指明了当时尚处于母系氏族时期。

类似记载尚有《商君书·画策》：

> 神农之世，男耕而食，妇织而衣，刑政不用而治，甲兵不起而王。

此外，《管子》和《吕氏春秋》等先秦文献都提及神农。但这位神农，不用刑政、不兴甲兵，显然不是那位曾与黄帝大战以致“血流漂杵”的炎帝。

随州炎帝神农雕像

其二，同时提到神农和炎帝，虽未明言二者关系，但似非一人。这仅见于《史记·封禅书》的记载：

> 齐桓公既霸，会诸侯于葵丘，而欲封禅。管仲曰：“古者封泰山禅梁父者七十二家，而夷吾所记者十有二焉。昔无怀氏封泰山，禅云云；虙羲封泰山，禅云云；神农封泰山，禅云云；炎帝封泰山，禅云云；黄帝封泰山，禅亭亭……”

这里同时提到神农与炎帝，并且将神农置于炎帝之前。司马贞《索隐》分析道“神农后子孙亦称炎帝而登封者”。虽然在一段文字中同时提到神农与炎帝并排出二者先后顺序的文献仅此一处，但这条材料毕竟为我们探讨神农与炎帝的关系提供了重要证据。

其三，将炎帝和神农视为一人，即烈山氏或厉山氏、列山氏。如《世本·帝系》、《礼记·祭法》郑注、《左传·昭公二十九年》杜注、《国语·晋语》韦注和西晋皇甫谧《帝王世纪》等。

“烈山氏”早见于《左传》和《国语》，似乎比“神农”早出，或许是神农氏的古称。

《左传·昭公二十九年》云：“有烈山氏之子曰柱为稷，自夏以上祀之。”

东汉贾逵注：“烈山氏，炎帝别号也。”

西晋杜预注：“烈山氏，神农世诸侯。”

东汉郑玄注《礼记》云：“厉山氏，炎帝也。起于厉山，或曰有烈山氏。”

三国韦昭注《国语》云：“烈山氏，炎帝之号也。”

《帝王世纪》云：“神农氏起列山，谓列山氏，今随厉乡是也。”

上述史籍记载中既有烈山氏，也有厉山氏、列山氏。“烈”“列”“厉”，三字上古读音相同，故可通用。如《楚辞·招魂》“厉而不爽些”，王逸注：“厉，烈也。”《诗经》“垂带而厉”，郑玄注：“厉字当作烈。”可见，说厉山氏、列山氏就是烈山氏，是有据可依的。

《国语·鲁语上》曾记春秋初年鲁国大夫展禽的话：“昔烈山氏之有天下也，其子曰柱，能殖百谷百蔬；夏之兴也，周弃继之，故祀以为稷。”有的学者认为，“柱”，就是田主的“主”，它是由最早的农业工具——点种用的尖头木棒演化而成的。据《周礼·大司徒》记载，古代祈年要祭祀主稼穑的神，称田祖或先啬，即始耕田者，为此在社稷坛周围“树之田主”，也就是立木主作为田神的象征。点种棒是最早的农业工具，早期农业阶段，人们正是在它的帮助下使沉睡的种子焕发出新的生命，因而产生了对工具的崇拜，点种棒成了祭典中主稼穑之神的标志——木主，即柱。所以烈山氏之子柱“能殖百谷百蔬”的传说，记载的是原始农业脱胎于采集狩猎的历史。

处于农业社会前夕的澳大利亚人不仅常用火猎，而且还会利用袋鼠喜食雨后或山火后新生嫩草的习性，组织专门的捕猎。可见对植物生长规律的认知不仅源于采集，也来自狩猎。从民族学调查还可知，点种棒是从采集用的挖掘棒和狩猎用的矛演化成的，火猎的经验为火耕技术奠定了基础。原始农业与火猎有如此密切的关系，柱为“烈山氏之子”的由来，或许也在某种程度上证明柱是作为我国农业创始者的代表而成为农神的。

柱是农神，而神农的古义也正是农神。《国语·鲁语上》说：“凡禘、郊、祖、宗、报，此五者国之典祀也。加之以社稷山川之神，皆有功烈于民者也。”神农之所以作为农神受到祭祀，正因为他是“有功烈于民”的农业发明者。正如《太平御览》卷七十八引《礼·含文嘉》所说的：“始作耒耜，教民耕，其德浓厚若神，故为神农也。”也有学者认为，神农原来或许是属于厉山氏部族的农业神，名称可能是“柱”，“稷”是其职称，“农”是其神性，后来由于信仰者的范围扩大，姓氏和名称不但失去意义，反而成为扩大信仰者范围的障碍，因而失传，便以其神性作为神名而称“神农”。

显然，东汉以降，炎帝、神农，均指向烈山氏（厉山氏、列山氏）。作为远古农业发明者，神农从事农耕，首先必须放火烧山，即刀耕火种。凡有林草的山，必须先烧后种。烈山，就是烧山，也就是《孟子·滕文公上》所说的“烈山泽而焚之”，它代表了原始田猎时代的生产技术。《说文解字·火部》谓“烈，火猛也”，谓“炎，火光上也”。放火烧山，火光熊熊，此即“炎”，而“赤”为火之颜色。二字义近，而且形似，至今仍有“赤日炎炎”之语，故炎帝又称赤帝，如《逸周书·尝麦解》《大戴礼记·五帝德》皆作“赤帝”。

综合以上信息可以清楚地看到，先秦典籍之中，神农和炎帝并非一人，而汉魏时期，学者们始将其视为一人。

二、炎帝神农合二为一的原因

汉魏时期，学者将炎帝神农视为一人，绝非空穴来风，这既有主观原因，也有客观原因。

主观方面看，神农与炎帝都与农耕有关，二者既是氏族或部落的名称，又是其首领的名号。《周易·系辞下》载神农氏的主要贡献在于“耒耨之利，以教天下”，即发明农耕。然而，远古时期农耕对天文历象的依赖性非常大，《三皇本纪》言“以火名官”的炎帝，在天文历象方面显然较之神农要高出一筹。

炎帝部落虽较神农部落晚起，但广泛散居于黄河中游和汉水流域，地广人众，后来居上，一度包括神农后裔及旧地，炎帝因而成为部落联盟一时的尊号。然而，神农毕竟起源早，对农业贡献较大，因而成为这个部落联盟累世不变的称号。随着时间的推移，“炎帝神农”在世人心目中不仅融为一体，而且成为世袭性尊崇的称号。

这种情况，不光出现在我国，从全世界来看也不乏例证。从民族学角度而言，氏族、部落首领称号的世袭性是自然的或普遍的。摩尔根在《古代社会》中指出，易洛魁人部落联盟内，“每一个首领职位的名号也就成了充任该职者在任期内的个人名字，凡继任者即袭用其前任者之名”。即新任首领就职之后，“他原来的名字就‘取消’了，换上该首领所用的名号，从此，他就以这个名号见知于人”。

随州炎帝神农雕像

客观方面，正如张正明先生《炎帝杂论》所言，炎帝和神农合二为一的过程，大致经历了共处、同尊、合并三个阶段。

战国时代，五行学说大盛。五行与五方、五色相配，有关的古帝按五行学说各就各位。《淮南子·天文训》说："中央土也，其帝黄帝"，"南方火也，其帝炎帝"。中央为黄色，黄帝是正称；南方为赤色，炎帝别称赤帝。五行学说把炎帝定位在南方之后，原来居于南方的神农便与炎帝为伍。这是第一阶段——共处。

随着周的建立，周人陆续东迁。奉炎帝为始祖的姜姓周人除小部在齐国外，多数被周王朝派到淮汉之间镇守南方。少数姜姓周人留在关中的东部和中原的西部，势力分散，不为诸侯所重。由此，关于炎帝的神话和传说在淮汉之间流行起来。姜姓周人崇奉炎帝，土著楚蛮崇奉神农，久而久之，相互影响，前者也崇奉神农，后者亦崇奉炎帝。这是第二阶段——同尊。

春秋中期以后，楚国席卷淮汉诸侯，所有南迁的姜姓周人都成为楚国的臣民，而且逐渐与楚人融合。先前本已难截然分开的同一部落联盟的两位部落首领，终于化成一位古帝——"炎帝神农氏"了。这是第三阶段——合并。

上述合二为一的过程，大致完成于秦汉之际，"炎帝神农氏"这个称号始见于成书于秦汉之际的《世本·帝系》。大局初定，一时还不易得到公众普遍认可。因此，连司马迁在涉及炎帝与神农的关系时也表达得含蓄而委婉。《史记·五帝本纪》云：

> 轩辕之时，神农氏世衰，诸侯相侵伐，暴虐百姓，而神农氏弗能征。于是轩辕乃习用干戈，以征不享，诸侯咸来宾从。而蚩尤最为暴，莫能伐。炎帝欲侵陵诸侯，诸侯咸归轩辕。轩辕乃修德振兵……以与炎帝战于阪泉之野。三战，然后得其志。……而诸侯咸尊轩辕为天子，代神农氏，是为黄帝。

在这里，司马迁既说"神农氏世衰"，不能征伐暴虐百姓的诸侯，却又说"炎帝欲侵陵诸侯"，岂不是说炎帝与神农并非同一人？清人崔述在《补上古考信录》中即提出如是质疑："夫神农氏既不能征诸侯矣，又安能侵陵诸侯？既云世衰矣，又何待三战然后得志乎？且前文言衰弱，凡两称神农氏皆不言炎帝；后文言征战，凡两称炎帝皆不言神农氏。”于是，他得出这样的结论：“然则与黄帝战者自炎帝，与神农氏无涉也。”然而，崔述却忽视了关键的一点，《史记·五帝本纪》这则材料的最后部分，恰好否定了他的结论。司马迁说，黄帝在阪泉战胜了炎帝，又在涿鹿擒杀了蚩尤后，“诸侯咸尊轩辕为天子，代神农氏，是为黄帝”。这里的被替代者“神农氏”即被战胜者“炎帝”，说明司马迁在潜意识中是将炎帝与神农视为一体的。当然，这个神农氏绝不是始作耒耜、教民农耕的神农，而是其后裔中与炎帝同时且共为一部落联盟者。东汉以降，人们已将烈山氏、神农氏、炎帝三者等同起来，并认为赤帝是炎帝的别称，烈山氏是神农氏的别称。炎帝与神农合一，“炎帝神农”成为一个时代概念，即凡该部落集团后裔，既可称神农，又可称炎帝。韦昭即明确指出：“神农，三皇也，在黄帝前。黄帝灭炎帝，灭其子孙耳，明非神农可知也。”因此，“炎帝神农”至少有三重含义，既可看作部落联盟首领的称号，又可视作部落联盟的代号，还可视作农耕文明阶段的时代概念。正如烈山氏、神农氏、炎帝三位一体一样，上述三重含义也是三位一体的。

第二节　炎帝神农之生地

因神农与炎帝有时代早晚之别，故探讨传说中的生地时，宜将两者分开。至于炎帝神农合二为一之后的生地，则另当别论。

一、神农生于烈山

大量文献记载，神农生于烈山。

《国语·鲁语上》说：

> 昔烈山氏之有天下也，其子曰柱，能殖百谷百蔬……

《左传·昭公二十九年》说：

> 有烈山氏之子曰柱为稷，自夏以上祀之。

《礼记·祭法》的说法基本相同：

> 厉山氏之有天下也，其子曰农，能殖百谷。夏之衰也，周弃继之，故祀以为稷。

前已详明，烈山氏、厉山氏、列山氏实为一人，其子柱或农即神农。烈山，很可能就是神农之先辈或即第一代神农放火烧荒之地，或人以山名，或山以人名，神农起于烈山（即厉山）已无疑问。

烈山现今何在？魏晋以来文献有着较为详细的记载。北魏郦道元《水经注·溳水》记：

> 水源东出大紫山，分为二水，一水西迳厉乡南，水南有重山，即烈山也。山下有一穴，父老相传，云是神农所生处也。故《礼》谓之烈山氏。水北有九井，子书所谓神农既诞，九井自穿，谓斯水也。又言汲一井则众水动。井今堙塞，遗迹仿佛存焉。亦云赖乡，故赖国也，有神农社。赐水西南流入于溳，即厉水也，赐、厉声相近，宜为厉水矣。一水出义乡西南入随，又注溳。溳水又南迳随县，注安陆也。

这条资料从整体上说明了随县北部的山川形势，展示了二水分流的整体方位，指出了赐水即厉水，赖乡、赖国即厉乡、厉国，赐、赖、厉声相近，故相通。这表明神农曾育于此，并活动于这一地区。

南朝刘宋盛弘之编撰的《荆州图记》，先是图佚，遂称为《荆州记》，后来全书失传。该书是古代一部重要的荆州地志，为后世诸书所征引。幸运的是，记载“神农生于厉乡”的传说和事迹的片段尚存。南朝萧梁刘昭注释《后汉书·郡国志》时，在原文“随，西有断蛇丘”下即注曰：

> 古随国，即衔珠之蛇也。杜预曰：“有赖亭。”《左传》僖十五年齐伐厉，在县北。《帝王世纪》曰：“神农氏起列山，谓列山氏，今随厉乡是也。”《荆州记》曰：“县北界有重山，山有一穴，云是

神农所生。又有周回一顷二十亩地，外有两重堑，中有九井。相传神农既育，九井自穿，汲一井则众井动，即此地为神农社，年常祠之。”

唐代初年欧阳询和令狐德棻等人编纂的《艺文类聚》，唐代中期徐坚、张说等人撰写的《初学记》，北宋初期乐史主持编纂的《太平寰宇记》，北宋初期李昉等编的《太平御览》等著名典籍，皆征引了《荆州记》关于神农生于随州厉山的记载。

唐初魏王李泰、萧德言等编撰的《括地志》记载：

厉山在随州随县北百里，山东有石穴。昔神农生于厉乡，所谓列山氏也，春秋时为厉国。

唐代后期李吉甫编撰的《元和郡县志》记载：

随县，本汉旧县，属南阳郡。即随国城也，历代不改。厉山，亦名烈山，在县北百里。《礼记》曰：厉山氏，炎帝也；起于厉山，故曰厉山氏。

北宋王存等主编的《元丰九域志》记载：

神农庙，在厉乡村。

南宋罗泌《路史》记载：

九井在赖山……旧说汲一井则八井皆动……人不敢触。今惟存一穴，大木傍荫人，即其处为神农社。

清代《湖北通志·舆地志》记载：

厉乡，在州北，今名厉山店。……亦云赖乡，故赖国也。有神农社。

上述记载表明，神农生于烈山，亦称厉山，位于今湖北随州北之随县。

神农生于随州一说代代相因，众口一词。

随州炎帝神农井

二、炎帝生地待考

先秦典籍未见有关炎帝生地的记载。《国语・晋语四》记：

> 昔少典娶于有蟜氏，生黄帝、炎帝。黄帝以姬水成，炎帝以姜水成。成而异德，故黄帝为姬，炎帝为姜，二帝用师以相济也，异德之故也。

长期以来，不少学者把这一条资料作为论定炎帝生地最早且最重要的证据，因之形成“姜水说”，并由“姜水说”衍生出“宝鸡说”和“岐山说”。

其实，这条资料并不能作为“姜水说”的证据。“昔少典娶于有蟜氏，生黄帝、炎帝”之“生”，并非生育的意思，而应理解为枝庶、后裔。东汉贾逵、吴韦昭都做过解释。贾逵说：“少典，黄帝、炎帝之先。”韦昭注：“言生者，谓二帝本所生出也……谓其裔子耳。贾君得之。”

其次，“姜水说”主持者不仅把“昔少典娶于有蟜氏，生黄帝、炎帝”的“生”理解为生育，而且把下文的“黄帝以姬水成，炎帝以姜水成”中的“成”也理解为“生”，把“姬水”和“姜水”分别解释为黄帝和炎帝的具体出生地点。其思维逻辑是《国语·晋语四》的第一句只是说黄帝、炎帝系何人所生，第二句才进一步交代二者的具体出生地点。这种理解看似合乎逻辑，但实际上是对原文的误读。因为前文已论证过，第一句中的“生”并非生育，那么第二句中的“成”也不一定是指生于某地之“生”。

对此，古人早已明识。如韦昭为《国语·晋语四》这段话注解说：“姬、姜，水名。成，谓所生长以成功也。”意思是黄、炎二帝分别生息、发展、壮大于姬、姜二水流域。此外，紧接其后的第二句下半句中“成而异德”之“成”，也可帮助我们理解前半句中“成”之含义：所谓“成而异德”，显然是“长”而异德，而非“生”而异德。

由此可见，炎帝生于“姜水说”的依据并不能成立，“姜水说”无疑为沙中之塔，由“姜水说”衍生而来的“宝鸡说”和“岐山说”自然也难以立足。当然，“宝鸡说”和“岐山说”还有另一条重要佐证，即《水经注·渭水》“岐水又东，迳姜氏城南，为姜水”。然而，这则史料同样无助于“宝鸡说”和“岐山说”的成立。据有关学者研究，古代的岐水（姜水）即今漆水河，由旧武功东注入渭水。古代的汧水即今千河，由潘家湾北岸注入渭水。岐水、汧水皆自西北而东南，近乎平行，而两水入渭处东西相距约 80 公里，今宝鸡市在汧水以西，原姜氏城在岐水以东。显然，《水经注·渭水》的这条记载只能表明“宝鸡说”和“岐山说”自相矛盾。

不过，尽管先秦典籍未见有关炎帝生地的记载，但在有关炎帝神农合一后生地的文献记载中，却透露出生地的些许信息。

三、炎帝神农合一后的生地

炎帝神农合一的传说形成于远古，但合一的观念至秦汉之际方才形成。

最早指出炎帝神农生地的学者，是东汉著名经学家郑玄。郑玄根据《国语·鲁语上》中展禽和《左传·昭公二十九年》中蔡墨关于烈山氏及其子柱的言论，参之以秦汉之际炎帝与神农合一的说法，在为《礼记·祭法》的类似记载注解时，将厉山氏或曰烈山氏同炎帝视为一人，“厉山氏，炎帝也。起于厉山，或曰有烈山氏”。既然郑玄以为烈山氏（神农氏）同炎帝为一人，其生地也自然是一处。

时隔不久，三国吴韦昭率先响应郑说。他在为《国语·鲁语上》展禽的话作注解时说：“烈山氏，炎帝之号也。起于烈山。《礼·祭法》以烈山为厉山也。”

先秦典籍只有神农（烈山氏）生地的记载，未见炎帝生地的记载，故而郑玄、韦昭将炎帝神农合一后的生地定在烈山。

至西晋时期，皇甫谧在《帝王世纪》中对炎帝神农的生地提出了两种看法。他一方面接受前述展禽、蔡墨以及郑玄和韦昭等人的见解，主张炎帝神农生于烈山，《太平御览》卷七十八引《帝王世纪》载：“本起烈山，或时称之。一号魁隗氏，是为农皇，或曰帝炎。”另一方面，他又深受《国语·晋语》中胥臣“炎帝以姜水成”说法的影响，对炎帝神农出生地的传说做了进一步的演绎，称“（神农氏）母曰任姒，有乔氏之女，名登，为少典妃。游于华阳……炎帝人身牛首，长于姜水”。

《水经注》《艺文类聚》《初学记》《通志》等典籍所引《帝王世纪》这则记载大致相同。《帝王世纪》的这则记载，提出两点见解，即炎帝神农生于“华阳”，“长于姜水”，这便是“华阳说”的由来。《史记·五帝本纪》“张守节《正义》”引皇甫谧《帝王世纪》与《太平御览》所引大同小异：

> 神农氏，姜姓也，母曰任姒，有蟜氏女登为少典妃，游华阳，

> 有神龙首，感生炎帝。人身牛首，长于姜水。有圣德，以火德王，故号炎帝。

那么，华阳在今何处呢？据有关学者研究，《史记》中提到的作为地名的“华阳”共有三个，这就是《赵世家》中赵武灵王进攻中山国时攻占的华阳，《韩世家》中秦败赵、魏于韩之华阳亦即《白起王翦列传》中秦白起拔魏之华阳，《夏本纪》中“华阳黑水惟梁州”之华阳。据张守节《正义》，第一个华阳是北岳恒山的别名，第二个华阳位于今河南密县境内，而这两个地方迄今未见关于炎帝神农出生的记载和传说。而根据《尚书·禹贡》和《汉书·地理志》有关记载分析，第三个华阳应指华山以南地区，结合《史记·穰侯列传》中提到的“华阳君”和《史记·吕不韦列传》中言及的“华阳夫人”，可以认为“华阳”应是秦国人或关中人对华山以南包括楚国在内的广大地区的泛称。此说不无道理，只是略嫌笼统。我们认为，皇甫谧说的“华阳”大概指秦岭以南的汉水中上游地区，南朝刘宋至隋汉水上游的今陕西勉县曾侨置华阳郡和华阳县，或许与当地早有华阳地名有关。

那么，炎帝神农合一后的生地究竟是“烈山”还是“华阳”？我们认为，神农与炎帝在先秦典籍中是先后出现的两个部落及其首领的称号，因而不可能同一生地。之所以炎帝神农合一后的生地会出现“烈山说”和“华阳说”，前者或许是因神农生地而沾上了炎帝，后者则很可能是因炎帝生地而沾上了神农。由于五行学说将炎帝派定在南方，炎帝位于南方已成定论，因而“烈山说”比“华阳说”更理直气壮。因此，如果一定要找出炎帝神农合一后的生地，“烈山说”的理由更充分。

必须强调指出的是，这里讨论的“生地”，是早期生息与劳作之地的意思，并不能机械地理解为“出生地”。假定硬要根据神话传说来确切指出某个远古传说人物的出生之处，如同缘木求鱼。明白这点，就不难理解皇甫谧《帝王世纪》所载。

炎帝神农部落联盟是一个极其庞大的部落联盟，其活动不可能局限于一隅，而应当包括秦岭以南的整个汉水中游和上游及其更广的地域，但早期神农部落的活动地域应在以烈山为中心的汉水中游，早期炎帝部落的活动地域可能在以华阳为轴心的汉水上游。二者合一后，汉水中上游乃至更广阔的地区都成为炎帝神农部落联盟的活动地域，但综考诸种传说，随州烈山是其中心。

第三节　炎帝神农肇兴于南方

长江流域远古文明产生炎帝神农这样的英雄传说人物有其必然性。不可否认，在黄河流域关于炎帝神农的传说至今流传于民间，许多遗迹也散落其间，这说明炎帝神农文化泽被四方。特别是长江流域文明遭洪水、瘟疫等灾难后，炎帝神农族北迁的可能性更大。据樊友刚先生研究，炎帝神农肇兴于南方，除了其故里和陵寝均位于南方之外，尚有诸多理由。

一、炎帝神农功绩的传说大多和南方相关

炎帝神农始作耒耜，教民农耕，播种五谷。可以说，炎帝神农是水稻种植的推广者。《管子》说："神农教耕生谷，以致民利。"又说："神农作，树五谷淇山之阳，九州之民乃知谷食，而天下化之。"其他典籍也有类似记载。

现代大量考古发掘资料充分证实，长江流域中下游地区是我国原始稻作农业的主体和最发达的区域。据统计，长江流域共有稻作遗址 100 多处，占全国总数的 75％以上。长江流域的水稻种植最早年代距今有万年的历史。1956 年和 1958 年，考古工作者对浙江北部的吴兴县（现湖州市吴兴区）钱山漾遗址先后进行了两次发掘，发现距今四五千年的水稻，与水稻一起发现了花生、芝麻、蚕豆、菱角、甜瓜子、毛核桃、酸枣核、葫芦等，另发现大量的手工制品竹器、木器、丝麻织品和耕作工具石犁、耘田器等。这是中国考古学发现的长江流域史前稻作农业兴旺发达的重要物证，长期受到学术界的关注。

随州炎帝神农播种五谷雕像

耒耜最早使用于南方。距今 8000 年的浙江跨湖桥遗址就发现有骨耜，浙江河姆渡遗址出土骨耜 170 多件，良渚文化中耒耜的制作方式更多，而湖南的耒阳传说因神农发明耒而得名。

神农是茶叶的发现者，而茶叶是南方的特产。陆羽《茶经》说：茶“发乎神农氏，闻于鲁周公”。据考证，我国古代川东、鄂西是茶树最主要的发源地之一，这里正是神农氏最早生息之地。

古琴的发明者大多以为是神农，而琴的使用以南方为著。汉代桓谭《新论·琴道篇》多处提及神农造琴，如“琴，神农造也”“神农作琴”等，生活时代稍晚于桓谭的班固在《白虎通德论·礼乐》也言，“琴在南方，埙在西南方”。据二人所言，神农造琴于南方似无疑问。

二、同炎帝神农相关的人物主要活动于南方

炎帝神农传说涉及的人物，出现最频繁且为人所熟知的有瑶姬、精卫、女桑等。

传说炎帝的女儿瑶姬葬于长江三峡巫山。《襄阳耆旧传》说：“赤帝

女曰瑶姬，未行而卒，葬于巫山之阳，故曰巫山之女。楚怀王游于高唐，昼寝，梦与神遇。遂为置观于巫山之南，号为朝云。”至楚怀王之子襄王时，宋玉很可能根据此传说，写出了著名的《高唐赋》和《神女赋》。如今，每当人们游览长江三峡时，就会听到关于瑶姬的传说故事。

自强不息的精卫据称也是炎帝的女儿。《山海经》中说：“炎帝之少女名曰女娃，女娃游于东海，溺而不返，故为精卫，常衔西山之木石，以堙于东海。”东海虽未有确指，但应和黄帝活动的中原地区相去甚远，故极有可能近于南方。

炎帝还有一女名女桑，《广异记》说：“南方赤帝女，学道得仙，居南阳愕山桑树上。正月一日衔柴作巢，至十五日成，或作白鹊，或女人。赤帝见之悲恸，诱之不得，以火焚之，女即升天，因名帝女桑。今人至十五日焚鹊巢作灰汁，浴蚕子招丝，象此也。”民间还传说蚕是炎帝女儿变成的，而栽桑养蚕也源于南方。

三、古今学者大多认为炎帝神农代表南方传统

古人按五行学说来确定三皇五帝的方位，将炎帝神农定位于南方。虽然缺乏科学性，但在某种程度上也反映了时人对三皇五帝早期活动地域的初步认识。如《白虎通义》言“时为夏，夏之言大也。位在南方，其色赤，其音徵。徵，止也。阳度极也。其帝炎帝者，太阳也”，《淮南子》中说“南方火也，其帝炎帝”。

近年来，随着考古发掘的深入，人们对长江流域的文化有了许多新的认识，最基本的莫过于长江文明与黄河文明的二元耦合。李学勤《走出疑古时代》明确指出：“黄帝、炎帝代表了两个不同的地区，一个是中原的传统，一个是南方的传统。这种地区的观念对我们研究古史传说颇有意义，过去徐炳昶先生、蒙文通先生等都有类似的见解。”

近年来，汉江流域考古发现的证据有力地证明了汉江是中华文明的重要源头之一，众多遗址和丰富的出土文物、高度发达的文明，绝非一朝一夕所能致，这一切，无不与炎帝神农时代的积累有密切关系。

第四节　炎帝与祝融

肇兴于南方的炎帝，与南方火神祝融颇有渊源。

《山海经·海内经》记载："炎帝之妻，赤水之子听訞生炎居，炎居生节并，节并生戏器，戏器生祝融。祝融降处于江水，生共工。""江水"即长江，这说明祝融和共工均系活动在长江流域的炎帝神农氏族后裔。《山海经·海外南经》又载"南方祝融，兽身人面，乘两龙"。湖南长沙子弹库出土的战国时期《楚帛书》有"炎帝乃命祝融以四神降，奠三天"等语，说明祝融和炎帝关系之密切。

炎，《说文解字》云"火光上也"，《玉篇》解释"热也，焚也"。即火焰上升为炎。帝，《说文解字》云"禘也"。由于火对原始先民十分重要，于是便把"火"加之于部落首领之身，称之为"炎帝"。

《左传·昭公十七年》云："少皞氏鸟名官……昔者黄帝氏以云纪，故为云师而云名；炎帝氏以火纪，故为火师而火名；共工氏以水纪，故为水师而水名；大皞氏以龙纪，故为龙师而龙名。"其少皞鸟、黄帝云、炎帝火、共工水、大皞龙，与金木水火土五行之说无关，这里的鸟、云、火、水、龙可能是族徽。而且炎帝部落确实是崇拜火的，故祝融又被奉为火神。

《周易》中离卦取向为火，为太阳方位正南。《彖传》说："离，丽也。日月丽乎天，百谷草木丽乎土。重明以丽乎正，乃化成天下。柔丽乎中正，故'亨'。"这是一首太阳的颂歌，意指日照万物而茁壮生长，千姿百态。《白虎通义》云："炎帝者，太阳也。"火与太阳关系至密，炎帝也有太阳神格。因此炎帝也被奉为太阳神，象征美丽、吉祥。

祝融，为"五官"中的火正，有掌火之神与主荧惑星之神的双重意义，在《淮南子·天文训》中称作"朱明"。祝者，祝祷也。《说文解字》释，"祝"为"祭主赞词者"，"融"为"炊气上出也"。所以"祝融"的原义为"祷火"。既是"祷火"，火一出自然，一出人为，自然则祷祝天火之降，人为则成掌火之官。

据罗泌《路史·前纪》云："祝诵氏，一曰祝龢，是为祝融氏……以火施化，号赤帝，故后世火官因以为谓。"更确切地说，祝融是火正。《左传·昭公二十九年》曰"火正曰祝融"，火正，就是掌管火的官员。

神话中的火神祝融，到了春秋战国时期已经逐步演化成了司火的官职。《汉书·五行志》说："古之火正，谓火官也，掌祭火星，行火政。"《汉书·五行志》记载："帝喾则有祝融，尧时有阏伯，民赖其德，死则以为火祖，配祭火星。"意指帝喾时代有火官（掌祭火星、行火政之官）名祝融，帝尧时有火官名阏伯，百姓因感念他们的德行，奉祀他们为火的祖神，配祀火星。

传说祝融不但是管火的能手，而且发现了击石取火的方法，还发明了火攻战法。成汤伐夏，《墨子·非攻下》记载："天命融隆火，于夏之城间西北之隅。"降火助战，这可能是首次把火战运用于战争中。

传说中祝融还有一弟叫吴回，又称回禄，也是官司火正，只是名声没有祝融大。

《史记·楚世家》云：

> 楚之先祖出自帝颛顼高阳。高阳者，黄帝之孙，昌意之子也。高阳生称，称生卷章，卷章生重黎。重黎为帝喾高辛居火正，甚有功，能光融天下，帝喾命曰祝融。共工氏作乱，帝喾使重黎诛之而不尽。帝乃以庚寅日诛重黎，而以其弟吴回为重黎后，复居火正，为祝融。

祝融被南方的楚国尊为远祖，自然与祝融为南方的火神有关。《山海经·海内经》云："黄帝妻雷祖，生昌意，昌意降处若水，生韩流，韩流……生帝颛顼"；《山海经·大荒西经》云："颛顼生老童，老童生祝融"。这样的帝系谱，大抵与《楚世家》的记载有着相同的意义。但上文所援引《山海经·海内经》又云："炎帝之妻，赤水之子听訞生炎居，炎居生节并，节并生戏器，戏器生祝融。"则祝融又是炎帝的后裔。两说互相矛盾，该如何理解？对此，张正明先生在对《风俗通义·祀典》“颛顼氏有子曰黎，为祝融，祀以为灶神”一句考证后曾指出，颛顼高阳为夏人所尊崇，是炎帝的古称，称高阳也罢，称炎帝也罢，都是太阳神的化身。

炎帝为太阳，为火之大光明，祝融能光融天下。南方夏焰冬暖，所以说祝融为南方的火神。前引《山海经·海外南经》云：“南方祝融，兽身人面，乘两龙。”如此观之，祝融为南方主夏的火神，并非强言附会。

炎帝与祝融颇有类似之处，有学者认为“炎帝”也可作“融帝”解，依据是炎帝、祝融起源同一，并证以“祝”“融”二字音韵对转叠韵，“祝融”亦即“炎”。此说乃一家之言。

炎帝与祝融活动的范围并不相同。《管子·五行》：“（黄帝）得祝融而辩于南方。”《越绝书》：“祝使融治南方。”祝融名黎，或作重黎，《风俗通义》云：“颛顼有子曰黎，为苗民。”苗，南蛮也，是祝融实与南方不分，为南方之神，而《国语·郑语》载有祝融八姓（己、董、彭、秃、妘、曹、斟、芈），其活动范围包括河南、山东、陕西、山西，大体上以中原为主，缘由何在？这应当是民族迁徙频繁的缘故，正如炎帝最初在南方，而其姜姓之申、吕、齐、许、纪、州、向、鄣则居于中原一样。时间不同，居地有异，不可混为一谈。

同为火神，是祝融与炎帝的交集，《论衡·祭意》云：“炎帝作火，死而为灶。”战国后期主要流传炎帝作火，南方主夏，其佐神为祝融，这为历来说者所继，炎帝也因之被列名为“五方帝”之一。

第五节　炎帝神农文化遗迹的地域分布

目前众多学者倾向于炎帝神农故里为湖北随州，但长期以来，有关其生地和卒葬地众说纷纭。这种现象，许多历史名人也遇到过，何况未有信史记载的炎帝神农。除了“烈山说”之外，尚存在不同说法与解读，这是很正常的现象。

炎帝神农故里之争，从另一个角度来看，意味着炎帝神农文化、炎帝神农精神越来越深入人心，越来越受到人们的重视。随着社会的发展、人口的繁衍、生产力的进步，炎帝、神农部落及其联盟的活动区域和影响力势必逐步扩大，出现众多的炎帝神农文化传说和遗迹，也是非常自然的。这些传说和遗迹，应当属于整个炎帝神农时代的产物。具体而言，湖北随州、陕西宝鸡、山西上党、湖南会同、湖南炎陵等地，许多和炎帝神农有关的传说家喻户晓，祭祀炎帝神农的习俗流传久远。

一、湖北随州

炎帝神农诞生于湖北随州，前文已详明，兹不赘述。无论是古代历史文献的记载，还是现代田野考古的发掘，都证明随州是炎帝神农时代文化遗迹相对集中的地区。

随州随县厉山镇炎帝神农故里，尚有神农洞、神农泉、神农祠等遗迹。

神农洞位于湖北省随州市随县厉山镇，厉山也称烈山、列山，《荆州记》云："山中有一洞穴，父老相传神农所生，今谓之神农洞天，上建神农庙，有碑，明知州范钦立。山北有水……即古厉乡。所谓九井及神农宅当在其地。"

近年来，炎帝故里风景名胜区已是国家4A级旅游景区。景区内建有神农碑亭、炎帝神农纪念广场、炎帝神农纪念馆、炎帝神农牌坊等纪念性建筑物，还兴建修复了炎帝神农大殿、烈山大宗祠、圣贤殿、功德殿、神农庙、安登泉、农耕百草园、观天坛、神农井等景点。

每逢炎帝神农生辰（农历四月二十六日），世界各地数以万计的民众来此敬奉炎帝神农。

神农碑

神农庙

炎帝神农大殿

二、陕西宝鸡

陕西宝鸡民间普遍相信炎帝神农降生于此，因而民间祭祀炎帝神农的活动由来已久。当地相传农历正月十一是炎帝神农诞辰，七月初七为炎帝神农忌日，每年这两天，当地民众都有祭祀活动。因传说炎帝神农以火烧山、耒耜翻地、播种谷物，所以民间盛行崇火的习俗，宝鸡地区祭火神、闹灶火、放焰火等活动，异常热闹。

《史记·封禅书》记载“秦灵公作吴阳上畤，祭黄帝；做下畤，祭炎帝”，这是对炎帝祭祀的最早记载。唐代之时，宝鸡已经为炎帝修祠建庙。晚清的宝鸡地方志已经记载当地有神农庙，清代和民国年间还曾多次修缮。20世纪90年代，宝鸡市再次重建炎帝祠和炎帝陵，成为拜祖祭祀的主要场所。炎帝陵主要建筑有神农门、羊脚亭、炎帝陵大门、炎帝行宫、羊首亭、“神农城池”、“华夏始祖”牌坊、祭坛广场、炎帝大殿、炎帝塑像、大型彩绘、墓前石阶、陵墓等。大量海内外同胞多次来宝鸡姜水流域姜城堡、九龙泉、天台山等地寻根拜祖。

三、山西上党

在山西东南部长治、晋城一带，即古称上党地区，分布着许多与炎帝神农有关的村落地名，以及有关炎帝神农活动的遗迹与传说。

光绪《山西通志》卷五十《古迹考一》认为，古黎国“盖长治、壶关、黎、潞诸县皆是也”，这一带有关于炎帝神农的传说故事。所谓黎亭，即今长治北黎岭，俗称黎侯岭为羊头岭，相传炎帝神农在这里建国。20世纪70年代，曾在沁水流域的下川遗址中发现了原始磨盘残片与石锛，磨盘是用来加工谷物的，石锛可以用于斩草，这些工具都与农业生产有关。《管子·轻重戊》云：“神农作，树五谷淇山之阳，九州之民乃知谷食，而天下化之。”所谓“淇山”，乃是淇水发源之山，在今晋城市陵川县境东北。在此地之南，即所谓“淇山之阳”的地方，发现略早于下川的人类活动遗址说明此地留有炎帝神农活动的遗迹。

晋城所辖高平市的羊头山以及长治市的百谷山，炎帝神农文化遗迹较为密集。羊头山一带，有神农城、神农泉、神农井，且发现含有“炎帝陵”“炎帝行宫”“炎帝中庙”等字样的碑刻。明确有纪年记载的是武周天授二年（691）《高平县羊头山清化寺碑》，其文曰：“此山炎帝之所居也。”当地更早与炎帝有关的碑文，早已磨灭于飞逝的时光之中，然而对炎帝神农的纪念和缅怀，仍在民间流传。《后魏风土记》明确记载：

山西上党炎帝神农雕像

山西高平神农庙

“神农城在羊头山上，山下有神农泉，即神农得嘉谷之所。”同时，在上党地区神农尝百草的故事更是广为流传。

四、湖南会同

湖南会同县民间同样流传着大量与炎帝神农有关的神话和习俗风情。据皇甫谧《帝王世纪》载，“（神农氏）以火德王，故号炎帝”，“炎帝初都陈，又徙鲁。魁隗氏又曰连山氏，又曰列山氏”。

会同一地，不仅有连山，更有古老的连山乡、连山镇。从历史民俗考察，某些古人的姓氏是由出生地的地名得来的。又如《帝王世纪》等史籍载，炎帝生于“常羊山”。陕西宝鸡虽有“常羊山”的地名，但于史无据。《山海经》明确记载“常羊山”在“洞庭山首”的南方，并说“常羊山”“有金山”“大巫山”三座山是并存的。有关专家调查发现会同连山境内正好有座山叫作“常羊山”，与会同相距不远的城步苗族自治县境内有座“大巫山”，隆回县境内有座“有金山”。再如史载炎帝有“火神”和“太阳神”之称，连山境内又正好有“火神坡”和“太阳坪”古地名。

湖南会同连山

在会同境内，发现距今 10 万年至 1 万年的旧石器时代遗址 4 处、新石器时代至商代遗址 6 处，连山境内就有旧石器至新石器过渡遗址。会同县所处的怀化市境内发现距今 30 万年至 1 万年的旧石器时代遗址 130 多处，新石器时代遗址 70 多处，且大多新石器时代遗址分布在会同周边 50 公里范围内。著名的洪江高庙遗址出土了距今 6000 年左右的贵族夫妻合葬墓，出土了距今 7800 年左右的绘有太阳纹的陶器，出土了距今 7000 多年的大型祭祀场，还发现了水稻遗迹。这为炎帝神农及其氏族在中国历史上最早进入父系社会和等级社会、创立部落军事联盟制的国家、改进农耕“教民耕种”及崇拜太阳神等提供了可靠的实物证据。

会同一带传承着古老的炎帝神农文化民俗。如有些地方每年秋收后要举行成年男子“裸体祭神农”的活动；每年农历四月二十六日，会同连山人要到一个叫“药王洞”的岩洞里去敬祀“药王神农”等。

五、湖南炎陵

炎帝陵坐落于湖南省株洲市炎陵县鹿原陂。山上古木参天，山下一水环流，青山绿水之间，炎帝陵庄严矗立。炎陵县原名酃县，1994 年经国务院批准更名为炎陵县，胡耀邦为其亲题“炎帝神农氏之墓”碑。据《酃县志》记载，西汉时鹿原陂已有陵，后荒废。《帝王世纪》载炎帝“葬长沙”，酃县古时正属长沙郡。宋太祖时，尚派人查询炎帝陵，后于陵前建庙；明太祖即位，全面修葺炎帝陵；清代又多次对炎帝陵进行修葺和举办祭祀。炎帝陵庄严古朴，蔚为壮观，有正殿、行礼亭、午门、碑亭等以及殿外咏丰亭、天使馆、鹿苑亭等附属建筑。后来又新建了神农大殿、神农广场等。

湖南炎陵炎帝陵

南方崇敬炎帝神农，修建庙宇比较普遍。福建泉州市永春县仙洞山上的炎帝庙，始建于五代十国时期。台湾有炎帝神农庙达 130 余处，祭祀活动在民间十分盛行。四川自贡市的炎帝宫，又称火神庙，由晒盐工人发起，于清道光年间修建。

总而言之，炎帝神农传说盛行之地，大多自然环境优越，适合先民繁衍生息。湖北谷城县也因传说神农于此尝植五谷得名。同时，凡是森林茂密处则和神农尝百草传说密切相关，除了山西之外，炎陵县亦有神农谷。至今拥有茂密的原始森林、药用动植物品种繁多的湖北神农架，更是无愧于以“神农”冠名。

第二章　炎帝神农的传说

肇兴于南方的炎帝神农，活动足迹遍布神州大地，留下了大量动人的传说。湖北、湖南两地关于炎帝神农的传说尤多，湖北流传的主要是炎帝神农生前故事，湖南流传的主要是和其葬礼密切相关的故事。

作为炎帝神农故里，随州与炎帝神农有关的传说，数量颇多，内容丰富多彩。神农架首次发现的创世神话长诗《黑暗传》，更是记载了大量的炎帝神农传说，反映了远古文明在这一地区留下的印迹。

见于典籍记载和民间口耳相传的神农传说，虽然并非信史，但依然反映了中华民族对于先祖的深刻记忆和深切缅怀，折射出中华远古文明的灿烂辉煌。

第一节　炎帝神农传说的主要内容

神州大地到处流传着炎帝神农的各种传说，诸如陕西、湖北、湖南、山西、四川、贵州、云南等省，其中以湖北、湖南尤盛。大体而言，传说炎帝神农生长于湖北，故而湖北主要盛行其生前故事；传说炎帝神农葬于湖南，故而湖南流传故事与其葬礼密切相关。

湖北和炎帝神农相关的民间故事尤多。如神农误食断肠草、头顶一颗珠、神鞭驱兽、仙人脚等，在湖北各地广为流传；神农架因神农采药而得名，周边流传着诸如九龙盘、白鸽坪、九个包和望子坪等故事；丹江口、谷城一带，炎帝神农五谷来历的传说口耳相传；盛产茶叶的江汉平原至鄂西南一带，神农尝茶的传说屡见不鲜。

作为炎帝神农故里，随州与炎帝神农有关的传说甚多，诸如神农降生、羊子山、神农救民、太阳神炎帝、神农尝百草、漂水河、望天台、神农洞借宝、神农与生姜、神农造琴、白午集、神农为茶取名、獐狮助神农、九井的来历、神农降服独角兽、神农制节令定时辰等，为民众所喜闻乐道。

湖南作为炎陵所在地，传说自然不少，具体流传地域和故事如下。

花垣县：神农请太阳。

郴州市：天降嘉禾。

衡阳市：南岳衡山和五谷、草药的来历，南岳山竹米的来历。

茶陵县：神农盗谷、神农观蛇药、神农太子、胭脂石、踩田的来历。

炎陵县：赏狗与抬狗、响鼓坳、石人排、白鹭守炎陵、鲤鱼朝天子、倒挂金钩、沉香树。

临澧县：神农尝百草。

醴陵市：婆公菩萨。(原来称“坡公”，相传是神农的遗腹子。)

川渝地区有药蟾由来、神农吃茶、神农找谷子的故事，其中，四川都江堰市（古称灌县）有神农洗澡汤的传说，大竹县广为传播神农皇帝制四季节令的故事。此外，中原地区的山西长子县有药王爷治“吃不得病”的故事，河南淮阳有黄花菜、神农鞭药的故事。远至河北海兴县，甚至有神农向龙王借海的传说。

一、渗透着民俗的炎帝神农传说

炎帝神农的传说，今天看来，依然趣味横生。我们可以欣赏若干，如流传于湖南茶陵境内的关于踩田的来历：

> 古时候，禾苗插在田里，农民不晓得要踩田。到安葬炎帝神农时，灵柩抬经茶陵，抬棺的、送葬的，手拄哭丧棍，唱着丧歌在田垄里走过，把禾苗都踩倒了。谁知秋后，凡是被踩过的田，稻谷反而收得特别多。从此，茶陵农民每年插秧十天左右，便手拄木棍，口唱踩田歌谣，模仿孝子拄哭丧棍唱丧歌的样子，到田里踩田，踩松禾蔸、踩死杂草。于是，踩田的习俗由茶陵传到其他各地，沿用到现在。

这是将农田生产的宝贵经验归于炎帝神农之身。炎帝神农在世之日，教民种五谷，民间觉得意犹未尽，殁后丧事置办依然不忘他有功于民。如此锦上添花，实乃发自内心。只要是有关炎帝神农的故事，老百姓莫不由衷喜爱。

湖南炎陵还流传着赏狗与抬狗的风俗。所谓赏狗，是每年新米做饭之后，首先要装一碗赏给狗吃。所谓抬狗，就是闹旱灾求雨的时候，几人抬着狗满村跑。这一风俗，居然和炎帝神农密不可分，且看其来历。

先讲赏狗的来历：

> 自从炎帝神农教民耕种有了五谷以后，人人过着安居乐业的日子。有一年秋收时节，人们把打下的谷子晒在山沟里的一块大石板上，晒干后大家好吃新米饭。可是当天正午陡然狂风大雨，山洪暴发，人们眼巴巴地望着石板上晒的谷子就要被水冲走。正当众人焦急万分的时候，炎帝神农喂养的那条狮子狗跑了出来，勇敢地从洪水中泅了过去，爬上石板，在稻谷中乱打滚，狗身上的湿毛沾满了谷子，又从洪水中泅渡过来。狗的全身浸在水中，但它的尾巴仍然高高地翘在水面之上。狗回到炎帝神农身边，身上的谷子虽然没有几粒了，但尾巴上沾的谷子大部分还留着。炎帝神农细心地把这些谷子一粒一粒收集起来，交给人们耕种，人们又获得了丰收。就在人们吃新米饭的时候，炎帝神农想起了狮子狗抢救谷种的功劳，便亲手装了一碗新米饭给狗吃，奖赏它为人们做了好事。从此世代相传，年年尝新时，家家户户首先用新米饭赏狗。老人们说，稻谷、高粱穗子像狗尾巴一样，也是这个缘故。

抬狗的来历是这样的：

> 那时炎帝神农已经逝世了，有一年遇到大旱，九九八十一天没落一滴雨，好多禾苗都旱死了，怎么办呢？在困难和灾害面前，人们又想起了炎帝神农，大家说只要祈求炎帝神农就会有办法。但是炎帝神农的神灵在哪里？怎样才能找得到？一个名叫四岳的人想起

了炎帝神农喂的那条狮子狗还没有死，心想它一定知道神灵在什么方向，何不让它去请炎帝神农的神灵来帮助百姓求老天爷降雨，解除旱情。可狮子狗老了，走不动路了，大家就用竹椅、竹竿扎成轿子，让狮子狗坐在上面，几个青年后生抬着狗满村跑一阵子。后来，老天爷真的下了大雨，旱情解除了，禾苗得救了，这一年又获得了丰收。此后，抬狗求雨便成为当地的风俗习惯。

这个故事，更是通过炎帝神农豢养的狮子狗为民解困的神话，将民间风俗和炎帝神农为民造福的功德密切联系起来。

二、山川河流演绎的炎帝神农传说

事实上，不仅风土人情、民俗习惯，即使是山川河流、地理地貌，也被演绎为与炎帝神农有千丝万缕联系的神话传说。

譬如随州五大水系之一的漂水，具有强力去污功能。漂水流经区域，有一常年澄清的深潭。这被演绎成为一个美好的传说：

漂水河源于桐柏东山脚下，经过殷店烈山的地方，有一个深潭，传说是神农经常洗澡、漂洗药材的地方。日子一长，深潭里的水清澈见底，就是下瓢泼大雨，泥浆一样的山洪，涌到这里也一下子变清，过了深潭而水色不变。这是什么原因呢？因为神农尝百草，全身有解毒、防腐、镇污、避邪的功能。他经常到这里洗澡、漂洗药材，那些药草的作用渗进了水里，多么浑浊的水也会变清。更神奇的是，有人长了恶疮，或得了什么皮肤病，到潭下的河水中一冲洗，第一天止疼止痒，第二天结疤，第三天掉疤，看不到一丁点痕迹。喝了这里的水，百病不生；再脏的白布，放在河里一漂，马上变得洁白。就是这个缘故，潭下沿河一带的人，才将这条河取名为“漂水河”。

同样，湖北随州离神农洞不远处有山曰羊子山，山坡上屹立不动的一块块石头，宛如石羊。这一独特的地貌，人们也认为与炎帝神农相关：

据说神农出世后，三天能说话，五天能行走，七天长齐齿，三岁知稼穑之事，人们称他“龙子神童”。他智力超人，力气盖群，每天赶着羊群上山吃草，自己就到处采摘野果子吃，并时常把果仁丢在羊粪上。第二年开春，他发现果仁都生根开花，不久就长出了果实。他有时只顾观察这些植物去了，忘了看管羊群。羊群经常跑到别人的地里吃庄稼，人们就指责神农。神农十分恼恨这些羊群，随口骂了一声：“你们这些家伙，再糟害别人的庄稼，小心遭雷打。”羊群哪里会听他的话，照样偷偷地吃庄稼。有一天雷雨交加，神农正准备把羊群赶回家，突然一阵炸雷把羊群都打死在山上，变成了一块块的石头。从此，人们就叫这座山为羊子山，又称常羊山。

这个故事，不仅将奇特的地貌来源与神农联系起来，更是将神农塑造为一个童稚未脱的放羊娃。有意思的是，神农毕竟是神农，即使是小孩子发恼，上天也会应验。

与此类似的故事还很多，如流传于湖南炎陵一带的响鼓坳、石人排等均是如此。且看故事：

由炎陵往南走30里就到了皮石，再由皮石南行30里便到了汤市（现汤市、皮石合并设为汤溪镇）。皮石有个响鼓坳，汤市有个石人排。响鼓坳有一个很大的怪石，样子像一面鼙鼓，每逢刮风下雨，人们就隐约可以听见山坳上有擂鼓的响声。石人排却又是另一番景象，一排排石头活像一排排人低头垂手，好像在等待什么，又好像在怀念着什么。千百年来，它们一直这样肃穆地站着，经过了多少风霜雨雪，丝毫没有改变它们的神情面貌。

相传远古时候，炎帝神农种五谷、尝百草造福黎民，使人们的日子过得太太平平、安安乐乐。但是，天有不测风云，人有旦夕祸福。炎帝神农不幸去世，人们悲痛万分，为了报答炎帝神农的恩德，大家决心要把他安葬在最好的地方，让他老人家安息。人们找了七七四十九天，终于找到了一个非常理想的地方——汤边。那里苍松翠竹，绿水环绕，鸟语花香，还有一个天然的汤湖，温泉汩汩流出，好似蓬莱仙境。人们就决定将炎帝神农安葬在那里。

到了下葬那一天，百姓举哀悲号，他们用世间最好的木材——沉香木做的棺木殓装着炎帝神农的遗体，用镶满夜明珠的龙船载着溯洣水而上。沿途迎殡送葬的人们数也数不清，分列在洣水两岸。

如此隆重的葬礼，早已惊动了天庭，众位神仙星宿纷纷下凡观看。看到尘世间的人们对炎帝神农这样虔诚、这样衷心拥戴，所有的仙家神明也深受感动，纷纷表示要为安葬炎帝神农助上一臂之力。他们擂起天鼓，发动神威，帮着逢山开路，遇水平涛。因此载着炎帝神农遗体的龙船所到之处，高山就往两边退，江河险滩变成深潭，真是一路顺风。

龙船在洣水河里行了七天七夜，还没有到达汤边。一天正午，龙船行至鹿原陂下的时候，皮石的人正在擂鼓，汤边的人正在张望，天空突然出现神奇的光彩，高山不再往两边躲闪，河水也更急湍，不管人们怎样用力，龙船就是前进不了半分。天慢慢昏暗下来，地也在颤动，电闪雷鸣中龙船放射出金光，慢慢沉入江中。片刻后，风停浪静，天空复明，河洲上的鹿原陂变成了一座龙形山。这时大家才明白，炎帝神农已经葬入龙身。于是，人们三拜九叩谢过天地，并在龙形山上建造了庄严肃穆的陵园，世代朝拜，永远铭记炎帝神农的恩德。

然而，在皮石擂鼓和在汤边张望的人不知炎帝神农已经安葬，依然在那里擂鼓、张望。等啊等，不知等过了多少个桃红柳绿，等过了多少个春夏秋冬……直到擂鼓的地方变成了响鼓坳，张望的人群变成了石人排。

这个故事，说的是炎帝神农功德在民，故而感天动地。炎帝神农为民所深爱，故奔赴葬礼者也石化了！

如果说炎帝神农长于湖北，葬于湖南，湖北、湖南和炎帝神农相关的故事，神乎其神，尚能理解，而远至河北，居然也有炎帝向龙王借海的传说。这个传说，将大海的潮汐演绎为炎帝神农的神力无边、智慧无穷，可谓一箭百里，一诺万年。且看以下声情并茂的民间故事：

> 传说很古的时候，炎帝来沧州望海寺观海潮，只见辽阔的海域浪涛汹涌，他心里想，如果这万里海域变成陆地该多好哇！对，找龙王商量商量。
>
> 炎帝派人把龙王请来，在寺中大摆酒宴。酒过三巡，菜过五味，炎帝说："为兄儿女众多，缺少土地耕种，想求龙弟借我一箭之地。"
>
> 龙王不想借，盛情之下又不好拒绝，便问炎帝："不知大帝何日归还呢？"炎帝笑说："您借给我宝地一箭，我每日归还你宝地一线，龙弟看如何？"龙王捋须一想，一箭地最多四十里，区区小事，就答应了。炎帝吩咐内侍取出铁笔龟板，刻上一道借契。借契内容是这样的：
>
> > 东海龙王借给炎帝土地一箭，答应每日归还一线。射点望海寺，立字为契，永不反悔。
> >
> > ×年×月×日
>
> 炎帝拿出神弓宝箭，运足力气，一声弦响，神箭穿射马镫。龙王只想借给四十里，哪里知道，炎帝的神箭连高山峻岭都能射穿，海水一下子退去一百多里。从此炎帝子孙就在这退海地里种庄稼，直到今天。有诗为证：
>
> 炎帝借海数千年，
> 一箭之地日日还。
> 海水潮起又潮落，
> 何日何月能还完？

流传于此的传说，进一步说明了炎帝神农活动区域的广泛和影响范围的深远。

三、与地名有关的炎帝神农传说

与地名相关的炎帝神农故事更多，最著名者莫过于湖北的神农架和谷城。神农架位于湖北、四川、陕西三省交界之处，这里山高林密，人烟稀少，与外界接触不多，文化不易流失；悬崖峡谷，人迹罕至，故药草繁茂；距离道教圣地武当山不远，宗教的神秘色彩十分浓郁；美不胜收的名胜，很容易引起人的遐想……这些因素汇集一起，以至于神农架关于神农采药的传说就像这里的药草一样丰茂喜人。众多的传说故事中，除了讲述炎帝神农如何历尽艰险采药、治病的作品以外，最为引人注意的要算奇异药材发现的传闻趣事。因神农架与炎帝神农的关系尤其密切，故有关这一类的故事，下文将专门介绍。这里重点讲述谷城与炎帝神农的关系。

谷城的来历，据说“因神农氏在此尝植五谷得名”。这个故事是如此演绎的：

> 神农出生在烈山，长大以后成为烈山部落的首领。他前往神农架采集中草药时来到谷城，发现这里东面有汉水滔滔，西南有南河滚滚，两水之间的冲积平原是天然的五谷生长之地。于是他把自己千辛万苦获得的谷种留下一些，在这里试种。一年过去了，稻谷试种成功，为当地的老百姓带来新的生存希望。后来人们为纪念这位人类始祖，便将这里取名谷国，这便是谷城最早的名字，后来才称谷城，意为产谷之地。

不只是五谷，调味品的发明也与炎帝神农有关。民间常言“姜不折本”。关于生姜的发现和命名，依然和炎帝神农相关。流传于湖北的炎帝神农与生姜的故事，会为我们解开其中的奥秘：

> 一次，神农在田间劳作，天气闷热，大汗淋漓后又遭暴雨浇淋，加之劳累过度，感觉到头昏眼花，四肢无力，高烧不退，心想怕活不下去了。他找到一处林地边坐下，病痛的折磨使他昏睡过去。不

知过了多久，他才慢慢地醒过来。他发现身边有一丛长得绿油油的植物，叶阔似竹叶，便拔了一蔸，刮去根茎上的泥土闻了闻，有种芳香和辛辣的气味。他吃下一块根茎后，感觉头也不昏了，气也顺畅了，不一会儿，头上冒出微汗，神志清醒，全身轻松。他认为这种根茎挽救了自己的生命，有起死回生的作用，因自己姓姜，便取名“生姜”，意思是它救了姓姜的生命。从此，生姜这种植物有了特殊功能，每年将母姜种到地下后生出子姜，子姜长大后，母姜完好无损，不腐不烂，能继续食用，母姜就是“本”。子姜不折损母姜，是因为它救了神农的缘故。

第二节　炎帝神农与神农架

一提起神农架，人们便会想起那浩瀚的林海、珍奇的物种、洪荒的景观，殊不知，这里也是炎帝神农长期活动的地方。仅从其名来看，我们便可窥见神农架与炎帝神农有着不解之缘。

炎帝神农与神农架有什么联系？神农架又流传着哪些有关炎帝神农的传说？下面我们将逐一揭开这些答案。

一、神农架的得名

神农架的得名与炎帝神农颇有渊源。神农架称谓较多，据尹本顺整理统计，大概有神龙山、神农山、神农架山、老君山、南山、景山、熊山、太阳山、野人山、木城、神龙、神龙架、神农架、森林架、巴山老林、南山老林、中央山地、华中屋脊、华中第一峰、大巴山东段、大巴山主峰等，多达20余个，其中有的是借代名。

但是，神农架之名在史籍中却鲜有记载。从行政区划来看，神农架林区所在地房县、兴山县、巴东县，自夏至西周分别为彭部落方国、后夔国、廪君国地，春秋时属麇、庸二国和夔子国。千里高山、人迹罕至的神农架可以说是多国之间的边缘地区，长期处于原始封闭状态，史籍鲜有记载，不足为奇。

神农架最早被称为“熊山”。《山海经·中山经》云：“又东一百五十里，曰熊山，有穴焉，熊之穴，恒出神人，夏启而冬闭……熊山，帝也。”有学者认为，这里的“熊山”，从名称、地望、方位来看，即今神农架。有趣的是，科学家们通过考察后发现，神农架发现的熊不仅数量多，种类也多。其中的“神人”，有可能是人们常推测的“野人”。“熊山，帝也”，是说神农架是古代帝王的圣地，这位帝王，有可能是炎帝神农。

神农架

“神农架”之名直到清代才正式见诸方志，清同治年间编纂的《兴山县志》云：“老君山其最高处曰神农架，悬崖峭立，林木蒙茸，人迹罕至”，“神农架终年有积雪”。光绪年间《湖北通志·舆地志·山川四》记述：“老君山，在（兴山）县西八十里，高三千丈，山最高处曰神农架，悬崖峭立，人踪不至，每除夕闻爆竹鼓吹声，土人以声多卜来岁丰稔。”可见神农架在老君山的顶峰，是一处人迹罕至的荒凉之地，且终年积雪，似有高处不胜寒之感。

民国初年重修的《兴山县志》上也说：“老君山高寒，屋瓦被冻、多坼，居民多以木为之。产赤蛇，长五寸；有独角兽，如羚羊，重千斤，明崇祯初兽见……山上有老君观，观旁有大人足迹，长一尺，广六寸”；“县西北之神农架，县境第一高山也，神农山脉出自四川……入县境为神农山，一名神农架山”。

众所周知，老君为道家的奠基人，后演变为道教的主神“三清”中的“道德天尊”，民间传说又为铁匠的“祖师神”。相传，远古时代太上老君曾从天宫来到神农架炼过长生不老仙丹，并与炎帝神农一起建起冶金炉，冶炼钢铁打制农具，为民造福。后来，人们就在这里修建了老君庙（老君观），供奉太上老君神像和神农像，此山便称为老君山，比老君山更高的山就称为神农山。而老君山之名渐渐从人们的记忆中淡化，神农架之名却越来越响。

老君与炎帝神农是不同时代又互不搭界的两位古人，后人将二人联系在一起很可能是因为他们都与农事有关。炎帝神农播五谷，老君炼铁制农具，又是驯牛的能手。炎帝神农传说于先，老君传说于后，后人还修了老君观。据考察，山上确有老君观遗址，还有不少古墓石碑。其间古木参天，石峰林立，风光奇特而险要，方圆数百里无人烟，奇禽异兽的传闻更平添神秘色彩。

神农架最显著的一个特色，是神话色彩极为浓厚。神农架的得名，自然被赋予了神话色彩，成为民间广为流传的美丽故事：

> 上古时候，五谷和杂草长在一起，药物和百花开在一起，哪些粮可以吃，哪些草药可以治病，谁也分不清。
>
> 神农率众从家乡随州烈山出发，向西北大山走去。他们整整走了七七四十九天，来到一个地方。这里，高山一峰接一峰，峡谷一条连一条，山上长满奇花异草。神农他们正往前走，突然从峡谷中蹿出一群狼虫虎豹，把他们团团围住。神农挥舞神鞭，向野兽们打去，打了七天七夜才把野兽赶跑。那些狼虫虎豹被神鞭抽出一条条、一块块的伤痕，后来就变成皮上的斑纹。
>
> 神农和大家来到莽莽大山脚下。这山半截插在云雾里，四面是

陡崖，崖间挂着瀑布，长着青苔，难以登攀。神农站在一个小山峰上，查看山势。后来，人们就把他站过的这座小山峰叫“望农亭”。神农看见几只金丝猴顺着高悬的占藤和横倒在崖腰的朽木上爬过来，便立即招呼众人砍木割藤，靠着山崖搭架子，一天搭一层，从春天搭到夏天，从秋天搭到冬天，搭了一年，搭成360层，一直搭到山顶。后来人们盖楼房用的脚手架，就是模仿神农搭架登山的办法。

神农率众上了山顶，山上真是花草的世界，各色各样，密密丛丛。神农和大家在山上栽了几排冷杉，做成墙的样子来防野兽，在墙内盖茅屋居住。后来，人们就把神农住的地方叫“木城”。

有一天，神农把一棵草放到嘴里一尝，霎时天旋地转，一头栽倒。大家慌忙扶他坐起。他明白自己中了毒，可是已经不会说话，只好用最后一点力气指指面前一棵红亮亮的灵芝草，又指指自己的嘴巴。众人慌忙把那株灵芝草放到嘴里嚼嚼，再喂到他的嘴里。神农吃了灵芝草，顿时毒性尽消。从此，人们都说灵芝草能起死回生。

神农尝完一山花草，又到另一山去尝。登山的方法还是搭架。他尝了七七四十九天，踏遍了这里的山山岭岭。他尝出了麦、稻、谷子、豆子能充饥，把种子带回去种植，这就是后来的五谷。他尝出了三种草药，带回去为部落人们治病。

神农尝完百草，准备下山回去。他放眼一望，遍山搭的木架不见了。原来，那些搭架的木杆，落地生根，淋雨吐芽，年深月久，竟然蔓延成一片茫茫林海。

为了纪念神农尝百草、造福人间的功绩，后世便把这一处原始山林取名为“神农架”。

二、神农架与炎帝神农相关的传说

诸如神农架得名之类的传说故事，在神农架民间遍地流传，极为丰富多彩。这些传说故事表明，炎帝神农曾踏遍神农架的千山万水：他架木为巢，供老百姓居住；他搭架采药，为民治病；他首制耒耜，教民稼穑、养蚕、纺织、种树、采茶、制陶、饲养禽畜，改善民生；他创立集市、制作琴瑟，与民同乐，体现出百姓情怀。

在神农架，还有一个流传极广的发现茶叶的传说：

> 一次，神农采药尝百草时中毒，生命垂危，他顺手从身旁的灌木丛中扯下几片树叶嚼烂吞下去，用以解饥疗渴。奇迹出现了，这几片树叶救了神农的命。于是，神农将这种树叶命名为“茶”，并倡导植茶、喝茶。

在神农架林区红花乡、下谷乡和兴山县万朝山等地的原始森林中，确有大量野生茶树，最大的茶树高达 3 米多，属野生灌木型大叶茶，是我国野生茶树的又一新类型，并使我国野生茶树起源地由北纬 22 度的云南省红河流域大幅度延伸到北纬 31 度的神农架，向北推移了数千公里。这一重大的发现为远古时代炎帝神农采药中毒时用茶叶解毒的传说又提供了一个可能的佐证。

神农架茶树

民间传说还认为神农架有“帝女桑”，有特大野生桑树，炎帝神农之妻借这种大桑树养蚕织布。《山海经·中山经》载：“又东五十五里，曰宣山，沦水出焉，东南流注于溉水。其中多蛟。其上有桑焉，大五十尺，其枝四衢，其叶大尺余，赤理黄华青拊，名曰帝女之桑。”《太平御览》卷九二一引《广异记》云：“南方赤帝女，学道得仙，居南阳愕山桑树上……因名帝女桑。今人至十五日焚鹊巢作灰汁，浴蚕子招丝，象此也。”鄂西北包括神农架的部分地区在古代曾隶属于南阳郡、襄阳府，而“愕山”即“鄂山”。

1987年以来，在神农架林区多次找到了我国尚未发现过的特大古老原生桑树，树龄最长者达800年；发现了桑葚长度是普通桑葚2.5倍的果、桑兼用的桑树；甚至发现了无籽桑树，该树高达9米，桑葚果呈圆柱形，无籽，汁甜蜜。这为传说中的“帝女桑”及炎帝神农之妻在神农架借大桑树养蚕织布提供了某种佐证。

神农架炎帝雕像

神农架民间还流传着一个传说：

神农在神农架采药时，登上了具有仙境之称的燕子垭、天门垭，继而攀登回生寨，以便将回生寨的七十二种还阳药记入他的紫竹简——《神农本草经》。据说，这回生寨的还阳药能起死回生，所以该寨被称为“回生寨”。而神农在跨越回生寨中的一座独木小桥时，不慎将《神农本草经》失落桥下，此桥因而得名“失书桥”。神农惋惜为难之际，忽然飞来一群白鹤，把他接上了天庭，他成了“药仙”。回生寨从此一年四季香气弥漫，遂改名“留香寨”。

《史记·五帝本纪》"张守节《正义》"引皇甫谧《帝王世纪》载：

> 神农氏，姜姓也，母曰任姒，有蛟氏女登为少典妃，游华阳，有神龙首，感生炎帝。人身牛首，长于姜水。有圣德，以火德王，故号炎帝。

神农架林区曾发现过人身牛首的雕像。燕子垭、留香寨北麓的官封乡塔坪村，有一座古塔遗址。据说原有宝塔九座，到了明清时代只剩一座。宝塔附近有九口古井，九井之水相通，汲一井则众井水动。

这座宝塔系清乾隆五十六年（1791）所补修，补修时所立的碑石至今犹存。考古人员在塔基旁找到了一块"人身牛首"的"神农氏砖雕像"，是古塔上的装饰部件，长 28 厘米，宽 16 厘米，厚 11 厘米。这块雕像虽是清代遗留下来的，尚不足以证实史书所载炎帝神农人身牛首的传说，但至少说明了炎帝神农在此留下过活动印迹。

史籍中将炎帝神农刻画为人身牛首的形象可能与炎帝神农发明了耒耜、牛耕、稼穑有关。

南宋罗泌《路史·后纪三》记载："（神农）乃命邢天作扶犁之乐，制丰年之咏，以荐釐来，是曰下谋。"神农时代的"扶犁""丰年"皆与牛相关，而牛是农民的宝贝，也是勤劳、富裕、安居乐业、为民造福的象征。在上古时代生产力极低的情况下，人们依靠牛、热爱牛、崇拜牛，是天经地义的。所以，古籍和民间传说中认为炎帝神农是"牛首人身"，不足为奇。

神农架之"架"字，主要有"搭架采药"、"架木为巢"、"架木为屋"、"架木为城"（城：木城）、"架木为坛"（祭祀之用）、"架木为梯"、"架木为桥"、"架柴车穿破衣以启山林"等多种含义。至今，神农架林区以"架"字组名的古老地名还有黄连架、架上、雪架光、龙架垭等，以神农尝百草的传说故事而命名的古老地名则有百草冲、百草垭、百草园、百草坪等。

在神农架、随州厉山等地，民间一直流传着独角兽麒麟或药兽白熊协助炎帝神农尝草辨毒、采药治病的故事。有学者指出，厉山民间传说还有麒麟帮炎帝神农尝草识毒的故事，“赭鞭”和“麒麟”助人尝百草是神话、是传说，也是对炎帝神农尝百草的推崇与景仰。

独角兽麒麟

令人惊异的是，象征麒麟的独角兽和象征“药兽”的白熊这两种传说中的神奇动物，后者至今仍生活在神农架，前者在清末《兴山县志》《归州（秭归）志》中也有被人发现的记载。这些珍奇动物的发现都引起了海内外关注，启迪人们去思考、推断炎帝神农相关的史事。

林海苍茫的神农架及其周边地区，早就有人类活动，如75万年前的郧县猿人、60万年前的郧西猿人等。这说明神农架及其邻近地区有炎帝神农的传说不是偶然的。原始农业的发明经历了漫长的过程和若干环节，而炎帝神农尝百草与教民植五谷与神农架和随州厉山相联系，符合早期人类活动从山地逐步走向丘陵、平原的总体趋势。在这个意义上说，炎帝神农的传说反映了历史的某些影子。

第三节　《黑暗传》与炎帝神农传说

《黑暗传》中记载了大量有关炎帝神农的传说，这些传说从另一个侧面证明了炎帝神农与神农架的不解之缘。

一、《黑暗传》的发现

《黑暗传》是 1984 年在湖北神农架首次发现的一部创世神话长诗，系神农架地区打“丧鼓”时所唱，生动形象地描述了盘古开天辟地从而结束混沌黑暗、人类起源及社会发展的历程，融汇了盘古、女娲、伏羲、炎帝神农、黄帝轩辕等众多英雄人物在洪荒时代艰难创世的一系列神话传说。著名学者袁珂、刘守华等给予其高度评价，认为它可以作为“汉民族广义神话史诗”来看待。

这部创世神话长诗是神农架林区文化馆干部胡崇峻发现的。胡崇峻在搜集整理民间故事、民间歌谣工作中，在林区松柏镇张忠臣老人处，无意发现了一长达 3000 余行的《黑暗传》手抄本。随后胡崇峻便对其进行了整理，并节选其中的 600 行编辑在《神农架民间歌谣集》中。十几年间，他跋山涉水，四处奔波，走访了 200 多名神农架深山里的民间歌师和会讲故事的老人，先后搜集到《黑暗传》8 种文本，将《黑暗传》由最初的几千行增加到 3 万多行。

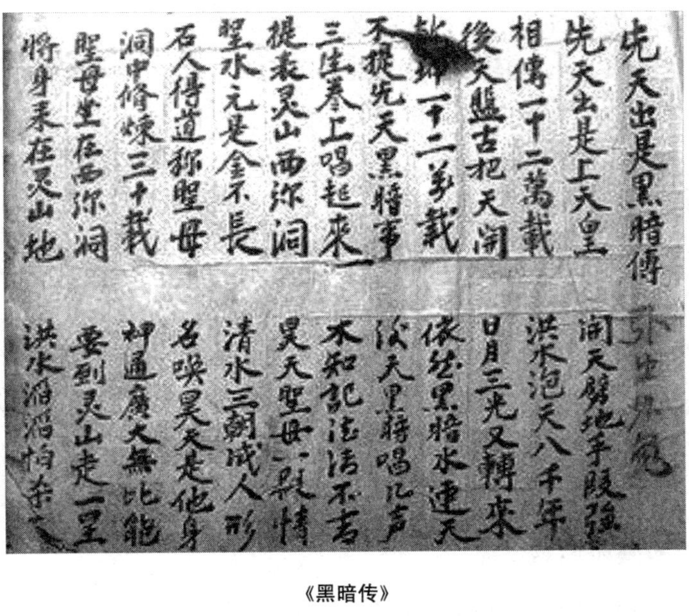
先天出是黑暗傳
先天出是上天皇
相傳一十二萬載
後天盤古把天開
[illegible]一十二萬載
不提先天黑暗事
三生卷上唱起來
提表靈山西弥洞
聖水元是金不長
石人傳道稱聖母
洞中修煉三十載
聖母坐在西弥洞
將身來在靈山地
開天闢地手段強
洪水泡天八千年
日月三光又轉來
依然黑暗水連天
[illegible]
不知記法清不[illegible]
昊天聖母一點情
清水三朝成人形
名喚昊天是他身
神通廣大無比能
要到灵山走一[illegible]
洪水滔滔[illegible]

《黑暗传》

1986年7月，中国民间文艺研究会湖北分会整理编印了《汉族长篇创世纪史诗神农架〈黑暗传〉多种版本汇编》（简称《汇编》），收录了8种文本的原始资料。又觅得一个抄本后，1993年，陈人麟综合9种原始资料，再次整理出一部长达2100多行的唱本。2002年4月，《黑暗传》一书由长江文艺出版社正式出版发行，正式出版时有5000余行。

《黑暗传》对于研究我国古代神话、历史、哲学、文艺、宗教、民俗和巴楚地域文化等，都具有重要价值。

二、《黑暗传》不同文本中的传说

关于炎帝神农的传说，《黑暗传》因传抄之不同，故有多种文本之分，据钟宗宪研究，除《汇编》所录《歌头》之外，计有8种文本，其中并非每个文本的内容都提到炎帝神农，即使提及，内容也各有相异之处。

（一）黄承彦所藏文本

在神农架林区新华乡黄承彦先生所藏文本中，炎帝神农与属火的南方之神并非同一指称，故事说玄黄老祖斩杀浪荡子，将之分为五块，并用葫芦里的甘露水为其洗身，再吹气使这五块死尸化作人形，玄黄老祖取名为金、木、水、火、土，其中“一人姓孔名明宴，故名楚域星德君，在天为日又为闪，在地为火又为烟，归在人心为心火，南方丙丁火为精”。

又说玄黄老祖传给徒弟泥隐子三支铁笔，曰：“一支名叫画天笔，会画日月与星辰；二支名叫画地笔，画出江河与山林；三支名叫画人笔，一画盘古来出生，二画女娲传世人，三画天皇十二个，四画地皇十一人，五画人皇八九个，六画伏羲八卦身，七画神农尝百草……”三支铁笔等于是开天辟地、滋生万物的工具，这里的神农尝百草，属于“画人笔”所绘，说明神农单纯为上古人帝，与玄黄老祖所命之五行之神全然无关。以三支铁笔画天、地、人，是《黑暗传》的特色之一，在不同文本中都曾提及。

（二）熊映桥所藏文本

据神农架林区青滩乡熊映桥先生所藏的文本，佛祖传三支铁笔以安天安地定乾坤后，有天皇、地皇、人皇，继之以帝系传承为有巢氏、燧人氏、仓颉皇帝、有皇氏、中皇氏、大庭氏，另陕西城太昊圣母踏燧人气生伏羲。继之以女娲，而后有神农："唱起神农来出世，生下三天能说话，五天之中能走行，七天牙齿俱长齐，置下方书山中行，尝百草，救万民，流毒躲在老山林，神农皇帝识流毒，不知流毒那边存。长沙茶陵把命倾，在位一百四十四年春。"又说："轩辕皇帝立朝纲，置五谷与衣裳，造屋宇，造饮食，天下万物造齐备，炎帝崩驾他为神，又出五帝把位登。"五帝指的是少昊、颛顼、尧、舜、禹。这个抄本前半部有浓厚的佛教色彩，帝系朝代大抵与古代传说相似，唯神农似乎只强调尝草之功，而将五谷、饮食之初作归功于黄帝轩辕氏。

（三）李德樊所传抄本

据清光绪十四年（1888）李德樊抄本，洪水之后，葫芦内生兄妹二人，玄黄老祖劝兄妹二人成婚，成亲三十载生男女十个人，曰："长子取名伏羲氏，姬仙女纪管中州。第二取名神农氏，姬赵女纪管湖州。第三取名云阳氏，姬钱女纪管江州……"此谓"男女十个人"依文义判断应是男女各十人，或男子十人。比较特别的是，除姬仙女外，自姬赵女以降，皆按《百家姓》赵钱孙李周吴郑王排列，盖以为表序而已，其伏羲管中州、神农管湖州者，系分封至各地以为神。分野说自春秋时已有，而《淮南子》载之尤详，五帝五神与五行五方的结合，也是如此。伏羲氏、姬仙女纪管中州，似乎有尊伏羲首大者之意。

（四）张忠臣所藏文本

炎帝神农的故事，以张忠臣先生所藏文本最为详细齐全，原抄本封面书名为《黑暗传》，胡崇峻先生认为原名应为《黑暗大盘头》，因《黑暗传》原始刻本据信应为七言诗句，但不能用于唱孝歌，孝歌要有一定的格式才能合得上板式，所以民间歌师便将《黑暗传》的诗句改编为孝歌形式的唱词，成为盘歌的形式，其内容如下：

女娲在位三十年，又有神农来出世，歌师传来老先生，七言四句念你听。诗曰：圣人诞生自天工，首出称帝草昧中，制作文明开千古，补天溶日亘苍穹。歌师果然记得清，提起神农一段文，又将神农问先生，神农出在什么地？又是怎么教百姓？……歌师问得真有趣，听我一一说与你，神农治世从此起。神农皇帝本姓姜，指水为姓氏，日后为谷皇。南方丙丁火德王，又号炎帝为皇上。提起神农有根痕，他是少典亲所生，母亲蛴氏女贤能，安登夫人是她名，配合少典结为婚，生下两个小娇生，长子石莲次神农，烈山上面长成人，他今教民耕稼事，女子采桑蚕吐丝。当时天下瘟疫广，械毓户户死无人，神农治病尝百草，劳心费力进山林，神农尝草遇毒药，腹中疼痛不安宁，急速尝服解毒药，识破七十二毒神，要害神农有道君，神农判出众姓名，三十六七逃了生，七十二种还阳草，神农采回救黎民，毒神逃进深山林，至今良药平地广，毒药平地果然稀，神农尝百草，瘟疫得太平。又往七十二名山，来把五谷来找寻，神农上了羊头山，仔细找，仔细看，找到粟籽有一颗，寄在枣树上，忙去开荒田，八种才能成粟谷，后人才有小米饭。大梁山中寻稻籽，稻籽藏在草中间，神农寄在柳树中，忙去开水田，七种才有稻谷收，后人才有大米饭。朱石山，寻小豆，一颗寄在李树中，一种成小豆，小豆好种出薄田。大豆出在维石山，神农寻来好艰难，一颗寄在桃树中，五种成大豆，后有豆腐出淮南。大小麦在朱石山，寻得二粒心喜欢，寄在桃树中，耕种十二次，后人才有面食餐。武石山，寻芝麻，寄在荆树中，一种收芝麻，后来炒菜有油盐。神农初种五谷生，皆因六树来相伴。神农教人与贸易，物物相换得便宜。斩木为耒来耕地，才有农事往后继。又有夙沙太欺心，要反神农有道君，大臣箕文劝不可，夙沙大怒杀箕文。百姓群集心大怒，要杀夙沙这反臣。夙沙孤寡不敌群，被百姓杀死命归阴。

少典娶有蛴氏之事屡见文献记载，皆言其生二子，一为炎帝姜姓，一为黄帝姬姓，这里云长子名石莲，次为炎帝神农，而炎帝又传名石年，则石莲者，可能出于石年。

这段传说对于炎帝神农如何到各地寻觅五谷，有十分生动的描述。这里所说五谷，指的是粟、稻、豆（大豆小豆）、麦（大麦小麦）与芝麻；六树，应该为五树，即枣树、柳树、李树、桃树、荆树，而桃树重复，疑为传抄讹误所致。其中，将枣树配以粟，柳树配以稻，李树配以小豆，桃树配以大豆、大小麦，荆树配以芝麻。从所谓“荒田”“水田”“薄田”来看，可能是以该植物的生长特性作为配对的原则，借来说明其属性。而“八种”“七种”“一种”“五种”“耕种十二次”等，则可能是指其耕种难度或生长期的时间长度。

《黑暗传》的这段记载，确实彰显了炎帝神农创始医药、饮食的功绩。有关炎帝神农寻五谷与还阳草的传说，据杨东来先生搜集的与神农架相关的两则传说，又略有不同。一说是女娲将自己束发的红头绳送给稷，让稷作鞭去鞭打草木，又把稻、黍、麦、菽、麻这五个儿子给稷做侍从。稷要去寻找粮食时，女娲拿五色袋，把白袋给稻、黄袋给黍、红袋给麦、绿袋给菽、黑袋给麻，由稷率领出发，一路上遇有谷籽便按色装入五色袋中，后来他们觅得一地，试着种植这五色袋中的谷籽，果成后该谷籽就因其人而命名。稷死后为神农氏，种植的地点就是今天的神农架。一说是炎帝神农在神农架上尝百草，不慎掉落悬崖而死，为一名长毛姑娘采草药所救而还阳，所以将这种草药叫“九死还阳草”。炎帝神农后来与长毛姑娘相爱，生一子，连同炎帝神农本来已有的八子共为九子。炎帝神农寿终之后，九子手持火把守孝，遂演变成为守孝时放在灵堂上的九子长明灯。

神农架以炎帝神农为地名，其传说托寄于炎帝神农者自然颇多，前已详明。而各自衍生出精彩生动的传奇故事，大抵为纪念炎帝神农在医药、农业方面的贡献，此则各地皆然。炎帝神农之火神、日神地位，逐渐为燧人氏与火德星君所取代。

《黑暗传》之名为“黑暗”，大概出自天地阴阳万物肇始于黑暗混沌，其故事也由此展开，继而发展至历史传说，并非独为神农架的炎帝神农所作。但《黑暗传》中关于炎帝神农的描写，说明在湖北地区民间炎帝神农传说历史久远。

三、其他诗歌形式表达的传说

《黑暗传》用诗歌这种题材将炎帝神农的一生表达得淋漓尽致。无独有偶，湖北随州大洪山一带，亦有《涢山祭祀歌》，这是一种祭神锣鼓，包含了与炎帝神农有关的唱词。现摘录《神农出世》节如下：

古佛西天为神君，殿堂后面九口井。
突然一天九井穿，产一牛头人身人，
这是神农来出世，歌到此处落下文。
神农皇上本姓姜，他是天堂草德王。
十万万年修炼苦，修成不朽玉金刚。
只因凡间人多病，古佛差他下凡尘。
叫他去尝百种草，采集草药治万民。
神农皇帝下天堂，无心去把皇帝当。
坐位不在金銮殿，走遍四面和八方。
那日他到中原地，病魔缠得百姓泣。
皇上当时支铜锅，熬药为民把病医。
天神感他仁德君，传来五游八方神，
又把当方土地请，平地长出一座城。
神农皇帝修炼人，天神地意他知情。
就在城中来住下，坐位一百二十春。
都因国正天星顺，天降五谷济万民。
此城就在神州地，中原大国陈州城。
如今又称河南省，地炁连着陈州县。
仁兄不信请去看，那里至今还有城。

可见，《涢山祭祀歌》是讲述远古神话传说的又一部“汉民族史诗”，与《黑暗传》同为人类史前的活化石。

第四节　炎帝神农传说的历史文化价值

众所周知，在世界文明古国中，对远古文明的描绘基本上都是从神话传说开始的，而且在文字没有出现以前经历了一个漫长的岁月。中国这个文明古国自然也不例外，盘古开天辟地、女娲造人、炎帝神农采药救人等都是那个蒙昧时期最动人的故事。

人类考古发掘证实了许多神话传说并非空穴来风。正如法国政治家法拉格所说：神话既不是骗子的谎话，也不是无所谓的幻想产物，它们不如说是人类思维的朴素和自发的形式之一。只有当我们猜中了这些神话对于原始人和他们在许多世纪以来丧失了的那种意义的时候，我们才能理解人类的童年。

那么，该如何科学地看待包括炎帝神农传说在内的上古神话传说，我国史学界曾有信古、疑古、释古三种倾向。

信古者对神话传说和史籍关于远古的记载不加分析，凡能为我所用者皆可以引以为证，毫无科学依据地把一切神话传说都当作“史实”。

疑古者认为，古籍有真有伪，不可轻信。有学者认为，时代愈后，传说中的中心人物愈放愈大。童书业先生在《古史辨》第七册《自叙二》中指出：“三皇”“五帝”的名称系统和史迹，大部分是后人有意或无意假造或伪传的。“皇”“帝”的名号本属于天神，“三”“五”的数字乃是一种幼稚的数学范畴，“三皇”“五帝”和古代哲学与神话是有密切的联系的。大约：盘古、天皇、地皇、泰皇（或人皇）决无其人；燧人、有巢、伏羲、神农，也至多是些社会进化的符号。至于黄帝、颛顼、帝喾、尧、舜、鲧、禹等，确实有无其人虽不可知，但他们的身上附有很多的神话，却是事实。把这些神话传说剥去，他们的真相也就所剩无几了。至启以下的夏史，神话传说的成分也是很重，但比较接近于历史了。到商以后才有真正的历史可考。总而言之，夏以前的古史十之七八是与神话传说打成一片的，它的可信的成分贫薄到了极点！

释古者认为，古人口头相传，虽不可尽信，却事出有因，必有史实的残影存乎其间，不能一概抹杀，应以新史观加以归纳推理。

著名学者袁珂先生认为：神话与传说是有区别的，一般来说，神话是原始初民对自然现象和社会生活的不自觉的艺术加工，是人类社会童年时期的产物。传说则主要产生于文明时代，它斥去了神话中过于朴野的成分，而代以较合理的人情味的构想与安排。从神话演进为传说，我们就可以看到人民是怎样把自己在政治上和生活上的愿望渗入神话中去的这一事实，从而我们也就可以看到人类是怎样从文化的较低阶段进入到文化的较高阶段。著名史学家翦伯赞也说过：神话虽然不是历史，但却可能是历史的影子，是历史上突出的片段的纪录。要把神话中的人物都当作是一个个实有的古先帝王看，固然是荒谬绝伦，可是一概抹杀神话事迹所暗示的历史内容，也不妥当。著名史学家郭沫若先生在《中国史稿》一书中认为：或者把这样的神话仅仅作为氏族和部落的代号，仍然可以从传说材料中理出当时历史的一些头绪来。

把人加以神化，这不仅是中国传统文化的特点，也是世界古代文化的共同点。一些真实的历史人物也同样被神化了。正如苏联作家高尔基所言："古代'著名的'人物，乃是制造神的原料。"

著名史学家徐旭生先生在《中国古史的传说时代》中指出：很古时代的传说总有它历史方面的质素、核心，并不是向壁虚造的。传说与神话是很相邻近却互有分别的两种事情，不能混为一谈。清华大学历史系教授李学勤先生认为：中国古代的历史传说，特别是炎黄二帝的传说，不能单纯看成是神话故事。这些传说确乎带有神话色彩，但如果否认其中的历史"质素、核心"，就会抹杀中国人的一个文化上的特点，中国人自古以来有着重视历史的传统。

炎帝神农传说，从不同侧面、不同角度，勾画出中华民族灿烂的远古文明，为我们研究炎帝神农提供了丰富的资料。但也不否认，上古神话作为一种口头流传的话语，流传过程中的变异性是它的基本特征。随着传说者生活特点和思维特点的改变，神话也不断变异。但神话传说无论怎样变异，最基本的“内核”是不会改变的，如民间长期流传的神农尝百草的故事、生姜的故事、茶叶的故事、獐狮的故事、断肠草的故事等。

传说之所以名之曰“传说”，最初都是口耳相传的。扩散得愈广，流传得愈久，变异就愈大。后来见之于文献的传说，只是实际存在的传说的一部分，而且必然有不少参差之处乃至抵牾之处。异源的传说，凡互有出入之处，孰是孰非，有些是分得清楚、可以考实辨明的，但也有些是一时分不清楚甚至永远分不清楚的，那就不妨众说并存。对于这类真伪莫辨的难题，宁可多一点模糊性而少一点明确性。先哲有言：“太古之事灭矣，孰志之哉！三皇之事，若存若亡；五帝之事，若觉若梦；三王之事，或隐或显，亿不识一。”的确，传说毕竟是传说，它们折射甚至幻化出远古的某些史迹，适度的模糊才是求实的态度，过度的明确反而会失真。

我们要正确地看待炎帝神农的传说。著名史学家王国维先生早就提出了“二重证据法”，即将地下考古材料同史书文字记载相参证。随着考古挖掘遗址的不断增多，炎帝神农的神话传说的内涵会越来越丰富，史影也会越来越清晰。如在河南省郑州市西山发现黄帝时代的古城，在河北省阳原县姜家梁发现5000年前具有炎帝神农和黄帝轩辕时期特征的遗址等，无疑为我们考证炎帝神农的神话传说提供了丰富的实物资料。

第三章　炎帝神农时代

炎帝神农之前的远古时期，盘古开天、女娲造人，揭开了远古创世神话的始源。伏羲始作八卦，教民结网捕鱼、结绳记事，文明草创，人类过着采集渔猎的游牧生活，是为旧石器时代晚期。

当人类由采集渔猎的游牧生活逐渐过渡到农耕时代后，炎帝神农时代来临。这一时代的产生，距今1万年左右，按考古学上对于人类历史阶段的划分，当为新石器时代早期的前段。当时人类已经发明农业和畜牧业，会制造陶器，并且已学会纺织。

炎帝神农时代是一个漫长的历史时期，这一时期到底延续了多少岁月，古籍记载不一而同，有的说是十七世，有的说是七十世，相差甚远。当黄帝应运而生，建立等级秩序，攻伐不服之族，炎帝神农时代从此终结。

炎帝神农早期活动地域基本上以今湖北随州、谷城和神农架等地为中心。这里气候温和，雨水充沛，土壤肥沃，草木茂盛，非常适合先民繁衍生息。因而这些地区的考古发现，总能和炎帝神农的传说遥相呼应。这些考古发现足以准确反映远古时代先民的生活，虽无法印证为炎帝神农时代，却可以为其提供参考。尤其是随州周边的枣阳市雕龙碑遗址，所反映的生产力水平和社会经济文化发展状况，与我国古代文献记载中炎帝神农时代的传说大体一致。雕龙碑遗址印证了炎帝神农首制农具、播种五谷、发明陶器、日中为市、建造房屋等传说，为我们深入了解和研究炎帝神农时代的历史提供了实物证据。

第一节　炎帝神农之前的远古时代

中华五千年的文明史是从炎黄二帝开始的，但在炎黄之前，还有许多古老的神话传说，让我们透过这些传说，去领略那远古时代的无穷魅力。

一、盘古开天辟地

不管是东方还是西方，几乎每一个国家和地区都有自己最美丽的创世纪传说，而我们中华民族的创世纪始祖就是盘古。“自从盘古开天地，三皇五帝到于今。”这种通俗而又生动的说法，描述了中国从远古到今天的历史。

盘古的传说直达非常久远的太古之初，这时地球上天地还没有形成，到处混沌一片，既分不清上下左右，也辨不出东西南北，整个世界就像一个中间有核的浑圆体。人类的祖先盘古正是在浑圆体的核心中孕育而成的。

据说盘古经过了一万八千年的孕育才有了生命。当他有了知觉的那一刻，便迫不及待地睁开了眼睛。可是周围一片黑暗，他什么都看不见。急切间，他拔下自己的一颗牙齿，把它变成威力巨大的神斧，抡起来奋力向周围劈砍。

浑圆体破裂了，沉浮成两部分：一部分轻而清，一部分重而浊。轻而清者不断上升，变成了天；重而浊者不断下降，变成了地。盘古头顶天，脚踏地，诞生于天地之间。

盘古在天地间不断长大，头在天为神，脚在地为圣。天每日升高一丈，地每日增厚一丈，盘古每日生长一丈。如此一日九变，又经过了一万八千年，天变得极高，地变得极厚，盘古的身体也变得极长。盘古就这样与天地共存了一百八十万年。

盘古想用自己的身体创造出一个充满生机的世界，于是他微笑着倒了下去，把自己的身体奉献给大地。就在他倒下去的刹那间，他的左眼飞上天空变成了太阳，给大地带来光明和希望；他的右眼飞上天空变成了月亮，眼中的液体撒向天空，变成夜里的万点繁星；他的汗珠变成了地面的湖泊，他的血液变成了奔腾的江河，他的毛发变成了草原和森林，他呼出的气体变成了清风和云雾，他发出的声音变成了雷鸣。

盘古倒下时，他的头化作了东岳泰山（在山东），他的脚化作了西岳华山（在陕西），他的左臂化作了南岳衡山（在湖南），他的右臂化作了北岳恒山（在山西），他的腹部化作了中岳嵩山（在河南）。从此人世间有了阳光雨露，大地上有了江河湖海，万物滋生，人类开始繁衍。

河南驻马店盘古园盘古开天雕塑

盘古开天辟地的故事，显然是古人对人类始祖的神化，体现出中华民族向往光明，为造福人类社会无私奉献的伟大精神。类似神话在中国许多民族中都有流传，而见于史籍者不多。盘古神话出现在文献典籍中的时间较晚，最早见于三国时期吴国徐整著《三五历纪》：

> 天地混沌如鸡子，盘古生其中。万八千岁，天地开辟，阳清为天，阴浊为地。盘古在其中，一日九变，神于天，圣于地。天日高一丈，地日厚一丈，盘古日长一丈，如此万八千岁。天数极高，地数极深，盘古极长。后乃有三皇。数起于一，立于三，成于五，盛于七，处于九，故天去地九万里。

其后，南梁任昉所撰的《述异记》称盘古身体化为天地各物。

明代董斯张在《广博物志》中条引《五运历年纪》云：

> 盘古之君，龙首蛇身，嘘为风雨，吹为雷电，开目为昼，闭目为夜。死后骨节为山林，肠为江海，血为淮渎，毛发为草木。

这些记载大同小异。当人类对于周围的种种自然、社会和生活现象无法做出科学的解释时，便幻想出一种超自然的力量。这类创世纪神话，是人类童年的智慧。据现代科学考证，在古史三百万年以前，地质年代属于新生代第三纪的上新世，考古年代为使用天然木石时代，人类族源属于南方古猿，社会组织形式是原始群，婚姻方式为群婚制。由此可见，盘古时期人类的先祖（猿人）已经存在，开天辟地只是古人对天地起源的一种大胆猜想。

二、女娲补天造人

西方人说世界是上帝创造的，上帝先创造了男人亚当，然后又用亚当的一根肋骨创造了女人夏娃，此后才有了人类。而我们中国人则认为，盘古开天辟地之后，女娲创造了人类。

据说天地被开辟以后，天上有了太阳、月亮和星星，地上有了山川草木，甚至有了鸟兽虫鱼，可是单单没有人类。这世间，无论怎样说，总不免显得有些荒凉寂寞。

据说，女娲一天当中能够变化七十次。有一天，女娲行走在这片莽莽榛榛的原野上，看看周围的景象，感到非常孤独。她觉得在这天地之间，应该添一点什么东西进去，让它生气蓬勃起来才好。

她偶然在一个池子旁边看见了自己的倒影，就想创造一种像自己一样的生物加入世间。她顺手从池边掘起一团黄泥，掺了水，在手里揉团着、揉团着，揉团成了第一个娃娃模样的小东西。这个小东西会活动，女娲很高兴，给他取了一个名字，叫作“人”。

人的身体虽然小，但据说因为是神创造的，相貌和举动也有些像神，和天上飞的鸟、地上爬的兽都不同。女娲对她的作品很满意。于是继续动手，她用黄泥做了许多能说会走的可爱的小人。后来，她太累了，又想出了一个绝妙的造人方法。她从崖壁上拉下一条藤蔓，伸入一个泥潭里，搅成了浑黄的泥浆，向地面这么一挥洒，泥点溅落的地方就出现了许多小小的叫着跳着的人儿，和先前用黄泥捏成的小人儿模样一般无二。不久，大地上就布满了人类的踪迹。

她又把这些人分成男的、女的，让这些男人和女人配合起来，生儿育女，繁衍后代。人类就这样世世代代绵延发展至今。

关于女娲造人的传说，先秦史籍《山海经》和《楚辞》的记载都比较模糊。《山海经·大荒西经》载："有神十人，名曰女娲之肠，化为神，处栗广之野，横道而处。"袁珂则以晋人郭璞注为解："或作女娲之腹。"又云："女娲，古神女而帝者，人面蛇身，一日中七十变，其腹化为此神。"并以汉人许慎和刘安的话作为参证。尽管如此，这些记载当中仍然没有明确提出女娲造人的说法。

古籍中最早明确提出女娲造人故事的是《风俗通义》，其文曰："俗说天地开辟，未有人民，女娲抟黄土作人。剧务，力不暇供，乃引绳于絙泥中，举以为人。故富贵者，黄土人也；贫贱凡庸者，絙人也。"这则故事虽然正面描写了女娲造人的事迹，但毫无疑问，其中已经烙上人类社会变迁的影子。"抟黄土作人"被认为是人类文化史上制陶技术的发明在神话中的投影，而所造人类出现富贵贫贱之分则是人类进入等级社会的反映。这说明，神话一旦离开了它自身的生长土壤，它的形态就要随着新的生长土地而呈现出新的姿态。

除了女娲造人的故事我们耳熟能详外，女娲补天的传说在中国也家喻户晓。

女娲时代，随着人类的繁衍增多，社会开始动荡。水神共工一向与火神祝融不合，他向火神发动进攻。他们都有非凡的威力，仗打得很激烈。最后代表光明的火神祝融获得了全胜。共工心力交瘁，无法再战，狼狈地向天边逃去。他一直逃到不周山，回头一看，追兵已近。他又羞又愤，一头向山腰撞去，"哗啦啦"一声巨响，不周山竟被共工撞折了。不周山一倒，大灾难降临了。原来不周山是撑天的大柱，柱子一断，半边天空就坍塌下来，露出石骨嶙峋的大窟窿。顿时天河倾泻，洪水泛滥，民不聊生。

在这种情况下，女娲为了使她创造的人类免遭灭顶之灾，开始补天。她从河滩上捡来了一些红、黄、蓝、白、黑颜色的“五色石”，用火把它们熔化成石浆，拿来填补天穹的漏洞。为了使补好的天不再坍塌，她砍断海中巨鳌的脚来做撑起四方的天柱，用芦灰堆积起来堵塞住了洪水。

天空被修补了，天地四方的柱子重新竖立了起来，洪水退去，中原大地上恢复了平静；凶猛的鸟兽都死了，善良的百姓存活下来。女娲背靠大地、怀抱青天，让春天温暖，夏天炽热，秋天肃杀，冬天寒冷。她头枕着方尺、身躺着准绳，当阴阳之气阻塞不通时，便给予疏理和贯通，而当逆气伤物危害百姓积聚财物时，便给予禁止和消除。

就这样，女娲成了中华民族的母亲。她慈祥地创造了生命，又勇敢地照顾生灵免受天灾，是被民间广泛而又长久崇拜的创世神和始母神。

关于人类起源问题，近代自然科学早已给出了合理解答。女娲创造人类的神话，反映了我们的祖先对人类起源问题的一些思考。女娲补天的传说，体现了中华儿女不畏艰险、战胜灾害的大无畏精神。

三、伏羲作卦结网

伏羲，古书上有多种不同的称谓，《史记》中原称伏牺，亦称宓羲、庖牺、包牺、虑牺、伏戏、牺皇、皇羲、太昊。传说伏羲风姓，生于成纪，也就是今天甘肃天水。据唐司马贞《三皇本纪》记载：伏羲和女娲的母亲是同一个人，这就是华胥氏。华胥氏在雷泽踩了巨人的足迹，生了伏羲。伏羲和女娲兄妹俩为了繁衍后代，结为夫妻，缔造人类。

传说伏羲是人首蛇身，他团结统一了华夏各个部落，定都在陈地（今河南淮阳），封禅泰山。伏羲取蟒蛇的身、鳄鱼的头、雄鹿的角、猛虎的眼、红鲤的鳞、巨蜥的腿、苍鹰的爪、白鲨的尾、长须鲸的须，创立了中华民族的图腾——龙。

从历代典籍的记载看，伏羲的贡献主要有以下几个方面。

（一）始作八卦

提到八卦，人们很自然就会想到伏羲，这是伏羲为人类文明进步做出的巨大贡献。

对伏羲始作八卦，从先秦的《易》经、汉代的纬书，直至清代的解经著作，历代学者都众口一词。《周易·系辞下》载："古者包牺氏之王天下也，仰则观象于天，俯则观法于地，观鸟兽之文，与地之宜，近取诸身，远取诸物，于是始作八卦，以通神明之德，以类万物之情。"《史记·太史公自序》说："余闻之先人曰：'伏羲至纯厚，作易八卦……'"东汉王充《论衡·对作篇》说："《易》言伏羲作八卦。前是未有八卦，伏羲造之，故曰作也。"

绘有八卦的纺轮

原始人和大自然的联系相当紧密，他们对大自然的感觉能力是十分敏锐的。面对大自然留给人类的各种各样的疑问，伏羲在质朴简易的文化环境中思考、探索，对人与自然的关系进行深层次的考察，从而感悟到天地万物运行变化的规律，从具体的事物中抽象出“阴”和“阳”这两个最基本的元素，并用八卦这种特殊“语言”表达出来，这就是“始作八卦”。

伏羲始作八卦，标志着先民认识水平的突进，对自身的发展和社会的进步有特殊的意义。对立统一的阴阳八卦思想，构成了中华民族认识主观世界和客观世界的独特模式，对中国传统的自然科学和社会科学的创立和发展，提供了一种思考方式。

（二）教民结网

伏羲，又作“伏牺”。伏，通“服”，制服、驯服的意思；牺指禽兽。《周易·系辞下》说，包牺氏（即伏羲）“作结绳而为罔罟，以佃以渔”。佃，打猎；渔，捕鱼。意思是伏羲氏教民结网，用来打猎捕鱼。《尸子》说：“虑牺氏之世，天下多兽，故教民以猎。”伏羲发挥聪明才智，借鉴蜘蛛结网方式，教导部众用绳索编结成网，网禽兽，网鱼虾。

工具的进步具有划时代的意义，它使渔猎业空前发展，捕获量大增，于是人们将消费不完的渔猎品加以驯养，开始了畜牧业，进而开始了原始农业，人类社会进入农牧并举的时代。正因如此，伏羲也就成了畜牧文化的代表。直至现代，渔猎行业还将伏羲尊为祖师爷。仰韶文化遗址中发现有石网坠、骨鱼钩、鱼叉等捕捞工具，鱼或动物的形象也进入了彩陶艺术制品中，网格装饰纹样更是常见，都能证明伏羲时代畜牧在生产生活中的重要性。

（三）制嫁娶之礼

氏族社会早期，人类过着原始群居生活，氏族内部实行“乱婚”，但是近亲繁殖会造成人种退化。经过很长时间，氏族内部的“乱婚”过渡到氏族外的“群婚”，即一个氏族的男性，婚配其他氏族的女性。

到伏羲时，他改革婚制，提倡一夫一妻制的对偶婚，三国时期谯周《古史考》说：“伏羲制嫁娶，以俪皮为礼。”俪皮就是两张鹿皮，送俪皮表示希望成双成对。这样一来，婚姻制度发生了革命性的变化。血缘杂婚变为族外对偶婚，从而提高了人口的生育质量，提高了人类的体能，推动了社会进步。而俪皮为礼作为一种古老习俗也就流传下来了。《诗经》中就有猎人以猎获来的鹿吸引少女的故事，《仪礼·士昏礼》的“纳征礼”中仍有“俪皮束帛”一项。

伏羲制定姓氏，实行同姓不婚，对于人种的进化具有重要意义。因此，伏羲也被认为是中国姓氏文化的始祖，现在研究中国姓氏文化，一般都从伏羲开始。不过，最初的姓氏只是氏族之间互相区分的一种徽号、标识而已。

（四）首造书契

《周易·系辞下》说，“上古结绳而治，后世圣人易之以书契”。这里所说的“后世圣人”指的就是伏羲。原始时代，结绳记事是全世界各民族的共同现象，具体办法大致是大事结大结，小事结小结，有些还在绳上印染不同的颜色作为辅助，同时结绳还有计数的功用。伏羲造书契，指的是契刻符号，有什么事非记不可，就先刻画一个特定的符号，这比结绳记事简捷方便。其实八卦就有书契的功能。和伏羲时代相对应的秦安大地湾文化遗址中，发现有刻在陶器上的几十种符号，虽暂时难以证明就是文字的前身，但说明那个时代表示简单思想的符号确已出现。

伏羲所处时代为旧石器时代中晚期，人类过着采集渔猎的游牧生活，当逐步过渡到农耕时代后，即新石器时代，便进入了炎帝神农时代。

第二节　炎帝神农时代及早期活动区域

炎帝神农时代是一个漫长的历史时期。在这一时代，炎帝神农部落创造出了巨大的物质财富，并推动了生产力的进一步发展。

一、炎帝神农时代

作为一个时代，炎帝神农时代应有一个大致的时间和特征。《庄子·

盗跖》言“神农之世，卧则居居，起则于于。民知其母，不知其父，与麋鹿共处，耕而食，织而衣，无有相害之心”，《白虎通义》说“（神农）制耒耜，教民农作”，《太平御览》说“神农耕而作陶”，我们可以从中了解到炎帝神农时代尚处于母系氏族时代，发明了农业、制陶和纺织等。而按《尸子》言，“神农氏七十世有天下”，则已然进入父系氏族时代。同为战国时代的记载，看似相互矛盾，实则相辅相成，因为它反映了不同时期炎帝神农部落的情况。

由随州早期的遗址来看，数量众多的陶窑得以发现，陶器制作工艺高超，大量的纺轮被发现，说明纺织盛行。考古资料所反映的距今一万年至七八千年时期，随州地区的农业、制陶以及纺织等，均与炎帝神农生活时代的有关传说一致，所以可以说，炎帝神农时代的开始大约距今一万年，此时正相当这一地区的新石器时代早期的前段。

《尸子》曰：

> 神农氏治天下，欲雨则雨，五日为行雨，旬为谷雨，旬五日为时雨。正四时之制，万物咸利，故谓之神。

虽然尸子所言，神乎其神，却可以解说为当时风调雨顺，先民生活如《商君书·画策》所言，“男耕而食，妇织而衣”，也如《老子》所言，“甘其食，美其服，安其居，乐其俗。邻国相望，鸡犬之声相闻，民至老死不相往来”。

后世将教民农耕、种植五谷、创制耒耜、首创医药等伟大功绩归之于炎帝神农，绝非溢美之词。可以说，炎帝神农的伟大发明，是整个部落在长期发展中的经验积累，是以炎帝神农为代表的先民集体智慧的结晶，《左传·昭公二十九年》言“有烈山氏之子曰柱为稷，自夏以上祀之”。炎帝神农世代业农，精益求精，后来居上，仍归功于先人。当然，炎帝神农无愧于其尊号，其“身亲耕”，以为天下先。故《吕氏春秋·爱类》言：“神农之教曰：‘士有当年而不耕者，则天下或受其饥矣；女有当年而不绩者，则天下或受其寒矣。’”可见炎帝神农之教，流播久远，广为传颂。

农耕需要水源，当自然河流难以满足灌溉和饮水之需时，则有凿井之举。故《论衡·感虚》言神农“耕地以为田，凿地以为井，井出水以救渴，田出谷以拯饥。”凿地为井，更进一步拓宽了先民耕作和活动的范围。所以，《水经注》记载，神农生地“有九井”，《荆州记》更言“九井自穿”，“汲一井则众水动”，莫不将凿井的功业归之神农之体。

炎帝神农时代，农业不断发展，耕作工具的改进极大地提高了社会生产力。由此，自给自足的经济模式得以突破，剩余物品得以交换，所以，《周易·系辞下》言炎帝神农时代“日中为市，致天下之民，聚天下之货，交易而退，各得其所”。由此可知，当时已然有了社会分工，这是生产力发展的必然结果。

原始农业的改进，剩余物品的出现，物物交易的发达，社会分工的形成，使得炎帝神农时代一度繁荣。生产的发达，人口的繁衍，“小国寡民”的状况势必改变，“民至老死不相往来”的局面势必突破，故《吕氏春秋·用民》言“夙沙之民，自攻其君，而归神农”。当此之时，炎帝神农部落及其联盟的势力范围进一步扩张，其先进的农耕技术得以更为广泛地传播。

贫富分化和社会分层现象，促成了阶级萌芽的潜滋暗长。《淮南子·齐俗训》言神农之法鼓励耕织后，明确指出：“是故其耕不强者，无以养生；其织不力者，无以揜形。有余不足，各归其身。”如此，其下文所言“衣食饶溢，奸邪不生。安乐无事，而天下均平”的原始理想必然土崩瓦解。

《汉书·食货志》晁错引《神农之教》言，“有石城十仞，汤池百步，带甲百万，而亡粟，弗能守也”。虽然此语在于强调积粟之重要性，亦可知炎帝神农时代早有城池的修筑，至少后人认为其时已有城池的概念。城池，作为防御工事，绝非“安乐无事”的象征。

炎帝神农时代延续了多少岁月，古籍记载互不一致，但炎帝神农时代的没落则无法避免。

《商君书·画策》言：“神农之世，男耕而食，妇织而衣，刑政不用而治，甲兵不起而王。神农既没，以强胜弱，以众暴寡，故黄帝作为君臣上下之义、父子兄弟之礼、夫妇妃匹之合，内行刀锯，外用甲兵，故时变也。”

炎帝神农部落及其联盟的势力范围进一步扩张，贫富分化和社会分层现象进一步加剧，刑政不用，甲兵不起，自然无法适应整个社会潮流。所以，以强胜弱、以众暴寡流行之际，黄帝应运建立等级秩序，攻伐不服之族，从此终结了《庄子・盗跖》所言“至德之隆”的炎帝神农时代。

二、早期活动区域

炎帝神农故里在随州烈山，已为多数学者认可。我们可以推知，烈山必然是非常适合先民繁衍生息之地。在今随州殷店一带，群峦迭起，绵接于桐柏山脉；漂水分流，北流于淮河，南注于汉水支流涢水。这里气候温和，雨水充沛，土壤肥沃，草木茂盛，是上古先民生息劳作的理想之地。

当然，我们以为炎帝神农生于烈山，绝不意味着认可今日所见之神农洞乃其诞生之所。事实上，即使炎帝神农真居洞穴，亦该早已坍塌。然而，炎帝神农及其部落早期生活于此，应不是虚言。在炎帝神农时代，先民早已告别巢居穴处，住进了简陋的地面建筑。这一时期，出于对自然界长期认识的积累和加深，先民开始选择河边较为干燥的高台居住，既方便生活用水，也免受害于泛滥的河水，而就近耕作，一则河谷地带土地肥沃，一则无虞旱灾。

随州地区地处鄂北，属于北亚热带季风气候。北有桐柏山之环列，南有大洪山之拱峙，其间为连绵不断的丘陵岗地和河谷平川。从西向东的桐柏山，海拔 1000 多米，犹如一道天然屏障，挡住了冬季南下的寒潮，又能在夏季抬升太平洋吹来的暖流从而形成丰沛的雨水。如此，随州大部分年份，水旱无忧，夏无酷热，冬不暴寒。

上古时代，随州东南属于一望无涯的八百里云梦古泽，一直连绵到大洪山和烈山脚下，水产丰富，鱼虾成群，可供先民捕捞；遍布岗地丘陵，林木茂盛，群兽出没，可供先民狩猎。

优越的地理位置，特别是良好的气候条件，为先民居住和从事农耕提供了便利的条件。而森林边缘、隙地和山麓，干湿分明，林木稀疏，极其便于刀耕火种。在原始农业初步发展之际，狩猎采集仍为先民生活不可或缺的重要补充。

至于汉代刘安在《淮南子·主术训》中说，炎帝神农“其地南至交趾，北至幽都，东至汤谷，西至三危，莫不听从”。（“交趾”，今两广以南和越南北部一带；“幽都”，北方山名，可能在今山西、河北北部；“汤谷”，今山东东部；“三危”，今甘肃敦煌一带。）由此可见，炎帝神农部落活动范围达大半个中国。对于这一记载，应该视作炎帝神农部落及其联盟的最大活动地域，其早期活动中心，则在湖北境内随州、谷城和神农架等地。

第三节　考古发现与炎帝神农时代

有关炎帝神农的传说，见之于典籍记载和民间口耳相传。虽然并非信史，却反映了中华民族对于先祖的深刻记忆和缅怀崇拜，体现出中华远古文明的灿烂辉煌。当地考古发现，随枣走廊与炎帝神农的传说互为呼应，虽无法确证其为炎帝神农遗迹，却可以为考察炎帝神农时代的历史文化状况提供重要参考。

一、西花园、金鸡岭遗址与炎帝神农时代

数万年前，随州境内便有人类活动的足迹，大量旧石器时代和新石器时代的文物，证明随州乃古代中华文明的摇篮之一。1957 年，考古工作者在距离随州市区约 5 公里的山地采集到一件打制石器。该石器打击点集中，半椎体较平，石片角为 118 度，放射线较清楚，而且器物大部分边缘做了粗糙的第二步加工，刃缘呈明显的弯曲状，在石器左侧，从

台面到末端均保留着天然的砾石面。经著名考古学家裴文中鉴定为旧石器时代遗物，当时在长江流域属首次发现。

据不完全统计，仅随州市曾都区和随县，已发现新石器时代文化遗址 60 余处，出土文物 5000 多件，其时代大致介于距今 6000 年至 4000 年。在这些遗址上，发现采集有石器、陶器、骨器、玉器，以及生产工具、生活用具及其他大量的新石器时代遗物。遗址文化内涵极为丰富，仰韶文化、屈家岭文化、龙山文化和石家河文化都有体现，可谓南北文化交融，具有鲜明的地方特色。

值得一提的是位于淅河镇蒋家寨村的西花园遗址和位于洛阳镇金鸡岭村的金鸡岭遗址。

西花园遗址采集到陶、石、骨、玉器 2000 余件。遗址包括东周、石家河文化和屈家岭文化三个时期的遗存，而出土文物最丰富的是石家河文化层，有石刀、石凿、石锛、素面纺轮、盂形器、喇叭口红桃杯、长颈壶、鬶、盉、圈足盘、器盖等。考古工作者认为，西花园遗址石家河文化是一种新的类型，是直接继承当地屈家岭文化晚期而发展起来的一种新文化，可惜叠压于遗址最下面的屈家岭文化层，大部分堆积于潜水面以下，发掘困难，以致出土文物较少。

西花园遗址所揭示出的社会状况主要有如下特点：

其一，当时社会已经出现贫富差别，出现剥削和压迫。从发现的将人骨架弃置于灰坑的现象，可推测这些人身份地位低下，可能是俘虏或罪犯。

其二，农业生产已经相当发达，水稻已经成为主要农作物。除了大量的生产工具，遗址出现不少猪骨，说明猪已经成为当时主要家畜之一。遗址之中同时出现大量酒器，说明粮食生产已出现相当数量的剩余，足以批量酿酒。

其三，纺织手工业相当发达。西花园遗址共出土陶纺轮 250 件以上。

其四，遗址中出土玉环、玉珠、陶环等装饰品，甚至有手工制作的鸟、羊、鸡、狗等小动物，造型逼真，形象生动，表明这些动物为先民所熟知乃至豢养。尤其是不少器物上有不同的记号，这或许与原始文字有关。

这一切都清楚地表明，随州在新石器时代是人类生活的重要地区之一，也是中国远古文明的重要源头之一。

同样重要的金鸡岭遗址，其发掘成果大大超过了人们的预期和想象。

2002年3月，考古工作人员在随州曾都区洛阳镇金鸡岭村发现一处古代遗址，后来命名为金鸡岭遗址。该遗址是随枣走廊一处十分重要的新石器时代晚期聚落遗址，涉及范围10万平方米。其文化类型从5000年前的屈家岭文化早期一直延续到4000年前的石家河文化晚期，时跨千年，为进一步认识炎帝神农时代聚落形态的演变，以及长江中游史前社会的文明化进程，提供了十分重要的实物资料。

金鸡岭遗址发掘现场

遗址中陶器数量尤为众多，已复原者有600多件，其中炊煮类有鼎、罐、锅，盛食类有盘、豆、碗、钵，饮用类有杯、碟、鬶，贮存类有缸、瓮等，应有尽有。从发现的数量众多的陶窑和质地非常细腻的磨光黑陶、极其罕见的白陶及薄如蛋壳的陶片，我们可以看出当时陶器制作业的发达和工艺高超。

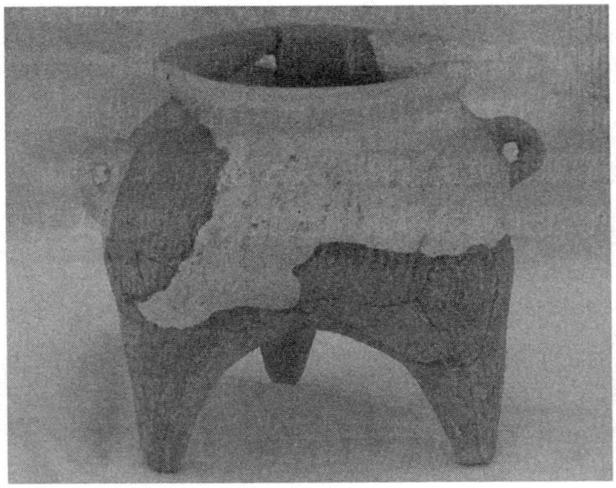

金鸡岭遗址出土的陶器

在该遗址石家河文化晚期地层中，考古工作者还发现了9件距今4300多年的刻有珍贵“陶文”的陶器，为探寻中国文字的起源提供了新的线索。

考古工作者研究发现，金鸡岭“陶文”均为陶器烧制前施加在泥坯之上的，除一件为抽象的浅浮雕外，其余多采用阴文刻画的艺术写实手法，刻画符号多已接近于文字，如“6”字纹、“9”字纹、“丰”字纹，具有简洁、生动、形象的文字书写特点，某些已经摆脱了象形写法，与现代书写方式基本相同。

这些“陶文”主要集中于泥质陶碗、罐、钵、豆、杯等器物的外底部，皆为较隐蔽部位，不仅是用于装饰，而且具备了在巫术或宗教活动中使用的特殊功能。就“陶文”的象征内容来看，有“植物、房屋、旗帜、武士”等写实类刻画符号，也有“井、米、丰”等生产与生活类刻画符号，以及“五、圆圈”等记事、记数的几何类刻画符号，涉及史前人类的衣、食、住、行及天文历法、宗教信仰等，几乎涵盖了生产、生活、精神方面的全部内容。这些“陶文”表现出象形、指事、会意的文字特征，体现了“仰则观象于天，俯则观法于地，观鸟兽之文，与地之宜，近取诸身，远取诸物”的原始造型艺术，是一幅幅生动描绘原始社会文明的“视觉画卷”。

带有图案符号的陶片

金鸡岭遗址出土的陶碗

金鸡岭遗址出土的陶豆

考古工作者据此推断，金鸡岭“陶文”具有多项实用功能：

首先，它是记录史前时期人类生产、生活和宗教仪式活动的符号，具备了文字的记录功能。

其次，刻画者将这些符号刻在陶碗上，是让使用它的人每天看到、记住、了解并熟练运用这些知识，又具备了文字的教育功能。

最后，同一“陶文”不仅在本氏族部落使用，还在不同空间地域、不同文化环境、不同历史时期出现，具备了文字的传播功能。

据史载，中华“陶文”的创造者仓颉系黄帝的史官。黄帝是距今

4000多年的黄河流域原始社会晚期的部落首领，与金鸡岭遗址石家河文化晚期（距今约4300年）属同一时代。在交融互渗中，双方的原始特征逐渐弱化，文化兼容的共性逐步彰显，并通过对双方原来的刻画符号的改良、提炼和升华，最终创作出形态接近的原始“陶文”，为之后商周甲骨文的成形提供了文化积累。金鸡岭“陶文”的发现和研究，从某种程度上揭示了炎帝神农时代随州地区中华文化融合的历史轨迹。

金鸡岭遗址还发现了房屋建筑。虽然仅保存房基，但单体房基较大，而且从早期到晚期，建筑规模逐渐变大，最早的红烧土建筑尚存炕坑，晚期建筑风格大变，居然发现了一座大型的长方形石头房基，房基面积近140平方米。值得一提的是，发现一薄层灰白色的类似于水泥的粉末状物质。

从种种迹象来看，当时人类过着以农耕为主的生活，水稻是主要食物，同时不乏捕鱼和狩猎。或许尚有采集，因为发现大量的内有刻槽的擂钵，这种器物主要用于加工块根和浆果类食物。各种家畜的陶塑或手工艺品的发现，说明饲养家畜已非常普遍，人类已经可以稳定地生产肉类食物。

总之，炎帝神农传说和随州远古时代曾经拥有的文明应有某种关联，传说炎帝神农制耒耜、植五谷、耕而陶、织而衣，均可在随州新石器时代遗址中得以印证。

二、雕龙碑遗址与炎帝神农时代

枣阳市与随州山水相连，其境内的雕龙碑文化遗址是一处内涵丰富、特色鲜明、保存较好的新石器时代文化遗址，总面积约5万平方米，是1957年湖北省文物普查时发现的。从1990年至1992年，中国社会科学院考古研究所先后进行过五次发掘，在发掘面积1500平方米的范围内，发现距今6300年至4800年三个不同时期的房屋建筑基址21座、贮藏窖穴75座、氏族公共墓地2处、土坑竖穴墓133座、儿童瓮棺葬63座、动物葬23座，出土生产工具和生活用具等遗物4000余件。特别是晚期（距今5300年至5000年），遗址面积不断扩大，人口不断增加，房屋建筑布局井然有序，物质文明发展出现了前所未有的局面。大量遗迹、遗物的发现，为我国史前文化研究提供了重要资料，许多发现都属首次。

雕龙碑遗址发掘现场

雕龙碑遗址的年代、文化内涵与炎帝神农时代基本相符，考古发现的大量实物证据充分展现出这里曾经有过的辉煌，为进一步开展炎帝神农文化研究提供了可资参考的实物例证。

（一）印证炎帝神农发明农具、播种五谷

雕龙碑遗址发掘出土的工具大多属于农业工具，其中有一批较先进的石质工具，如犁、斧、铲、锄、镰、镢、锛、矛、凿等。此外，还发现有与工具有关的木质朽痕，但器形难以辨认。

《周易·系辞下》云，“包牺氏没，神农氏作，斫木为耜，揉木为耒，耒耨之利，以教天下”，又《论衡·感虚》说，“神农之桡木为耒，教民耕耨，民始食谷”。《白虎通义》也说：“于是神农因天之时，分地之利，制耒耜，教民农作，神而化之，使民宜之。”

考古发现与史书所载内容基本相符，木质农具不可能保存至今，而石质农具的发现，说明当时这种农具确实存在。

生产工具的进步带来粮食产量的增加。遗址还发现了大量的水稻颗粒和稻壳，当时的住房建筑墙壁表层都使用稻谷壳拌泥涂平抹光，可见当时水稻已是主要农作物之一。在一些住房内的灶围附近，发现了瓮、罐之类大型容器贮存有大量粟、黍类的粮食。这两种农作物分别生长于水、旱田地，而雕龙碑及其附近的耕地正适合上述两种作物的生长；大片低洼的水田和一望无垠的丘陵岗地，为人类生产提供了旱涝保收的理想耕地。依据土地的水分、肥饶，因地制宜，同时兼种两种以上作物并获得丰产，不能不说是农业耕种方面的一大进步，这在同时代的文化遗址中未见先例。

（二）印证炎帝神农发明陶器、日中为市

炎帝神农发明制陶器的传说，也在这里得到某种证实。雕龙碑遗址第三期遗存出土了大量的彩陶用具，其种类之多、数量之大远远超过前两期，主要包括炊具、饮食用具、葬具、贮藏容器等。烧制的火候控制具有相当高的水平，因而陶器硬度大、质量好。绝大多数陶器是轮制，其造型规整，可见是批量生产，而且通过不断的技术革新，使其更适合发展的需要。以婴儿葬具为例，第一、二期的婴儿葬具大多是当时使用过的残破器皿，即利用废物作为葬具，而第三期的葬具则为完整器皿。器型基本相同，统一使用折沿、深腹、小平底矮圈足罐，腹中部以下使用均匀小颗粒砂粘贴敷其表，这反映了三期制陶业的发展和在葬具使用方面的进步。而且瓮棺葬具除大小有别外，其相同性也显而易见，无疑出自专业陶工之手。

雕龙碑遗址地处中国中部，是南北交通的要道。从出土文物观察，远在6000多年前，北方中原地区的早期先民就拓展到这个地方，并留下具有仰韶文化特征的陶器。在5000多年前的文化遗存中，曾发现仰韶文化西安半坡类型特征、大溪文化关庙山二期特征的陶器和含有其因素的陶器遗存，其中有筒形瓶、草帽形器座等。在雕龙碑遗址晚期文物中，还发现含有仰韶文化大河村类型特征的陶豆和部分彩陶纹饰图案等，也有南方屈家岭文化早期遗物。这些来自南北文化的遗存，无疑是当时南

雕龙碑遗址出土的陶罐（一）

雕龙碑遗址出土的陶罐（二）

北相互交往的反映。而异地的陶器在此出现，正是《周易·系辞下》所说“日中为市，致天下之民，聚天下之货，交易而退，各得其所”情景的再现。

种种迹象表明，雕龙碑所处的地理位置，使其成为当时的集贸交易中心，南北之物品通过在这里交易集散到周边各地，促进了各文化之间的交流与发展。

（三）印证炎帝神农建造房屋的传说

雕龙碑遗址最引人注目的是群居建筑遗址，房屋建造技艺水平明显高出同时代其他文化遗址。例如，考古队发现 F17、F18、F19 三处建筑遗存，共有 7 间 8 个推拉门。

雕龙碑先民智慧高超、技艺精湛，规范化房屋建筑与现代某些民居相比并没有多大区别。雕龙碑三期民居建筑格局的发展变化、石灰建材及优于石灰的类似“水泥”类型的混凝土的应用、推拉门的发明创造等，不仅解决了家族人口增长的需要空间，提高了住房建筑的质量，而且大大增强了安全感与和谐审美的效果。《淮南子·主术训》谓神农“明堂之制，有盖而无四方；风雨不能袭，寒暑不能伤”。炎帝神农建造的明堂，或许与雕龙碑遗址所见房屋有类似的功能和水准。

使用火烧而建造的赤色房屋建筑更是令人惊叹。这种房屋在施工过程中，室内全部使用了火的工艺。地面用火烧烤，使它结成坚硬的表层，达到今日水泥地面的使用效果；墙体用木条做骨架，再用稻草、稻谷壳

雕龙碑房基遗迹

雕龙碑推拉门遗迹

与水、土拌和成草泥涂抹于木骨架外层，经火烧烤成红色墙壁；屋顶檩、椽涂抹泥层后，仍经火烧烤，使整个房屋通体烧烤成一个整体。火候均匀适度，坚固耐用，防水防潮，经过5000多年的自然侵蚀，至今仍能观其原貌。这是人类善于运用火为人类造福的一个创举，是我国乃至世界史前考古的重大发现。

（四）印证炎帝神农起于烈山说

雕龙碑遗址相距传说中的炎帝神农故里烈山不过70公里，地处随枣走廊西北端的枣阳境内。中国社科院考古所研究员王杰认为，雕龙碑遗址很可能是炎帝氏族的都邑。

在古史传说中，有关炎帝都邑的说法多是“初都陈，又徙鲁”，即河南陈州和山东曲阜。考古发现表明，雕龙碑文化的中心区域处于湖北省的襄阳和河南省的南阳两地区之间，且活动的范围远不止于此。雕龙碑二期所反映出的活动范围，南到长江附近，曾与大溪文化有过接触；北至黄河附近，曾与关中、中原的仰韶文化半坡类型和庙底沟类型有过交集。而三期的雕龙碑文化又曾与大河村类型和源于鲁、苏地区的大汶口文化有过某种联系。这与传说中的炎帝神农故里位于烈山及迁徙活动的区域范围到达陈、鲁基本相符。

三、随州周边的文化遗址与炎帝神农时代

无独有偶，不仅雕龙碑遗址的年代与传说中的炎帝神农时代相符，建国后发掘的雕龙碑周边的其他新石器时代文化遗址，其文化性质也都与雕龙碑遗址相同或基本相同。雕龙碑文化与仰韶文化晚期仍保持着文化交往关系，与屈家岭文化更是有着渊源的关系。

与随州相邻的京山县屈家岭文化遗址，是长江流域最早的新石器时代晚期文化代表，其分布以江汉平原为中心，包括湖北、湖南、重庆巫山等地。早期文化遗存有斧、锛、凿等石器，磨制一般比较粗糙。陶器以黑陶居多，灰陶次之，黄陶、红陶较少，也偶见彩陶。陶器分为三大类：一是生活用品，有陶杯、碗、壶、锅、鼎等；二是生产工具，主要是彩绘陶制纺轮；三是工艺品，有陶鸡、鸟、猪、羊等，形象逼真，神态生动。遗址中最有特点的是薄胎近乎蛋壳的彩陶碗、杯和圈足壶等，说明新石器时代江汉地区已具有较高水平的制陶技术。

屈家岭文化遗址出土了大量含谷壳的红烧土块，经鉴定，谷壳属粳稻品种。红烧土块是当时人们涂抹墙体，用火烧墙壁形成的。这种建房

方式在雕龙碑遗址也有发现，说明鄂中、鄂西北的建筑风格较为一致。

湖北青龙泉遗址出土的屈家岭文化彩陶壶

屈家岭文化早期 6 号房基址复原图

屈家岭文化遗址还出土少量玉质和玛瑙装饰品，有的呈鱼形，有的像龟头，有的为长方形，有的是圆形和环形。说明这时的人们已不满足于果腹而已，他们有了审美需求，注重装饰打扮自己。

1999 年，在离随州百余公里的湖北应城市发现一座距今 5000 年左右的城址——门板湾遗址，面积约 20 万平方米，西城垣保存最好，发掘时仍高出原地面 3～5 米。为了解古城的形制、结构和始建、使用、废弃的年代，考古工作者在西城墙北段进行了探方解剖，又意外地挖出一座被古城掩埋并保存完好的大型房屋。这座房屋坐南朝北，长形四开间，中间两间较大，其南侧各开两个落地天窗，北侧有回廊；四间房内均有形状规整的火塘，房屋四周有院墙。房屋的始建时间还略早于其上的城墙。

中国传统建筑多为单开间制（如三开间），这间房屋为什么是双开间呢？有学者认为，双开间的房屋在中国南方自古就有，今天云南的傣族和哈尼族还住这种双开间的房屋。火塘在陕西半坡遗址中也曾发现，但很不规整。火塘的使用反映出人们对生活细节的要求，从而表现了文明发展的程度。

这座房屋墙体残存 2 米多高，门窗俱全，是我国发现最早、保存最好的大型房屋。房屋墙体现存的落地大窗，在我国尚属首次发现。墙体有一部分是用土坯砖垒砌起来的，而且砌法先进，如上层砖压着下层砖的缝隙；墙体上还涂有一层黄黏泥，能使墙壁平整坚硬，且有美化和防潮作用。这表明在 5000 多年前，当地人已经采用经过加工的建筑材料建造和装修房屋，其建筑工艺已具有相当高的水平。

第四章　炎帝神农的历史功绩

关于炎帝神农的历史功绩，自古以来就众说纷纭，史籍中鲜有系统而全面的记载。有关炎帝神农时代的传说资料，大多散见于先秦两汉古籍中，如《周易》《淮南子》《吴越春秋》等。

相对而言，比较系统和全面地记载炎帝神农历史功绩的史籍要算宋代罗泌所著的《路史》。《路史》说炎帝神农“斫木为耜，揉木为耒”；“教之麻桑，以为布帛”；“相土停居，令人知所趋避”；“众金货，通有亡。列廛于国，日中为市，致天下之民，聚天下之货，交易而退，各得其所”；“尝草木而正名之。审其平毒，旌其燥寒，察其畏恶，辨其臣使，厘而三之，以养其性命而治病。一日之间而七十毒，极含气也”；“每岁阳月，盍百种，率万民蜡戏于国中，以报其岁之成”；“命刑天作扶犁之乐，制丰年之咏，以荐釐来，是曰下谋。制雅琴，度瑶瑟，以保合大和而闲民欲，通其德于神明，同其和于上下”，等等。

概括起来，炎帝神农的历史功绩可以分为以下八个方面：始作耒耜，发明农具；开创农耕，种植五谷；遍尝百草，和药济人；日中为市，教民贸易；作陶冶斤，发明器具；削桐绳丝，首制琴瑟；治麻为布，始兴纺织；筑台建室，改善民居。

随州炎帝神农功德殿

这些历史功绩，是炎帝神农部落乃至部落联盟集体智慧的结晶，是炎帝神农氏族世世代代生生不息奋斗的结果，反映了人们对炎帝神农的景仰与崇拜。

第一节 始作耒耜，发明农具

炎帝神农所处的时代是由母系氏族社会向父系氏族社会过渡的时代，是由渔猎采集经济向农耕经济转型的一个重要时期。这个阶段，有的部落尚处于母系氏族社会，有的则已跨入父系氏族社会的门槛，是人类社会文明初创的时代。

这个时代里，最伟大的发明非农业莫属，农业不仅为人们提供了充足的食物来源，也增强了人们的体质。

上海青浦崧泽遗址出土的穿孔石斧

采集狩猎生产转变为原始农业生产后，两者劳动对象不同，方法不同，使用的工具也不同，后者远比前者复杂细致。采集狩猎生产只需要简单的木棍、石球、砍砸器、刮削器、尖状器和弓箭即可。农业生产则不然，它从开发森林、垦辟土地、播种培土、灌溉施肥一直到收获产品，有一系列复杂的工序，没有适应各项劳动的工具，生产就无法进行。加之制陶、建筑等行业的出现，都强有力地推动着人们不断创制新的生产工具。

农业生产的客观要求，必然促使人们在总结过去生产经验的基础上去发明创造新的生产工具，而炎帝神农就担当了这一重任。

《周易·系辞下》《论衡·感虚》《白虎通义》都记载了炎帝神农制作耒耜，《世本》的记载略有不同，说是“垂作耒耜”，但宋衷注以为“垂，神农之臣也”，仍然说明发明耒耜者属炎帝神农部落。

关于耒耜，《辞海》（第六版）注释为：“古代耕地翻土的工具。……耜是直接作用于土壤的铲状部件，也有用骨、石制作的，耒是扶持耜的把柄。”综考相关材料可知，炎帝神农所作耒耜，大多为木质。实际上，“耒”是一根尖头木棍加上一段短横梁，使用时把尖头插入土壤，然后用脚踩横梁使木棍深入，然后翻出，如此连续操作，便耕翻出一片松地。这种改进，比用石刀、石镰更为省力，它不仅深翻了土地、改善了地力，还增加了农作物的产量。弯曲的耒柄比直的耒柄用起来更省力，将“耒”做成曲柄，劳动强度大大减轻。

后经过不断改进，在松软土地上翻地的耒，尖头又被做成扁形，成为板状刃。耒耜的刃口在前，破土的阻力大为减小，还可以连续推进，耕地的效率大为提高。但木制板刃不耐磨，容易损坏，于是便将材料换成了骨质、石质或陶质，但应用比较稀少。为了适应不同的耕播农活，先民们又将耒耜的主要组成部分制成可以拆装的部件，使用时根据需要进行组合。

在生产力水平十分低下的原始社会，生产工具的改进，势必对生产力产生巨大的推动作用，从而也推动了我国原始农业的发展。耒耜的发明标志着我国古代农业由点种向锄耕阶段的过渡。

那么，炎帝神农是如何发明耒耜的呢？

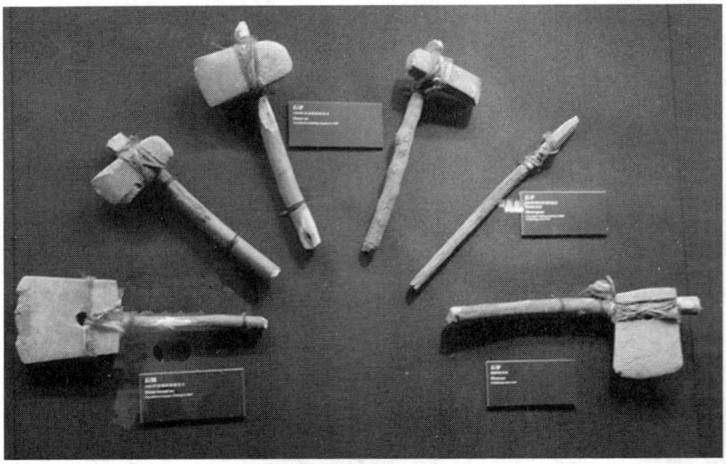

石质农具

据民间传说，有一天炎帝神农上山采药，看见一群凶猛的野猪正在拱土，长长的嘴巴伸进泥土，一撅一撅地把土拱起，在山坡上拱出一道道松软的土坎。野猪拱土的情形，给炎帝神农留下深刻印象。

他想，能不能做一件工具，依照这个方法翻松土地呢？经过反复琢磨，炎帝神农在刺穴用的尖木棒下部横着绑上一段短木，先将尖木棒插在地上，再用脚踩在横木上加力，让木尖插入泥土，然后将木柄往身边扳，尖木随之将土块撬起。这样连续操作，便耕翻出一片松地。

农业生产工具的巨大改进——耒耜就这样诞生了！

传说总带有神秘色彩。无可否认，耒耜的发明对于先民农耕生活所带来的便利是巨大的。据说为了进一步提高效力，后来人们在使用耒耜时，一人扶着把柄，两三人在前面用绳子拉，这就是犁的雏形。战国时期铁犁的发明，则使农业生产工具的改进又进了一步，也标志着人类改造自然的进程又进入一个新的阶段。

在考古发掘中，炎帝神农发明耒耜的传说得到了印证。距今 8000 年至 7000 年的浙江萧山跨湖桥新石器时代文化遗址，出土了许多形态各异的生产工具，其中有一种工具骨耜，是目前一致公认的有关耒耜的最早实物。

骨耜是用大型哺乳动物的肩胛骨制作而成的，其上端厚而窄，是柄部，下端薄而宽，是刃部。柄部凿一横孔，刃部凿两竖孔。端部有圆形插孔用以装柄，横孔插入一根横木，用藤条捆绑固定。两竖孔中间安上木柄，再用藤条捆绑固定。这与其他遗址的耜用捆扎安柄法不同。使用时，手持骨耜上的木柄，用脚踏插入横孔的木棍，推耜入土，然后手腕一翻，就能掀起土来。骨耜比石器轻便灵巧，表面光滑，不容易沾泥，适宜在江南水田里使用。而且从这件半成品来看，其成孔的方式是用火烫灼后再行挖掘。

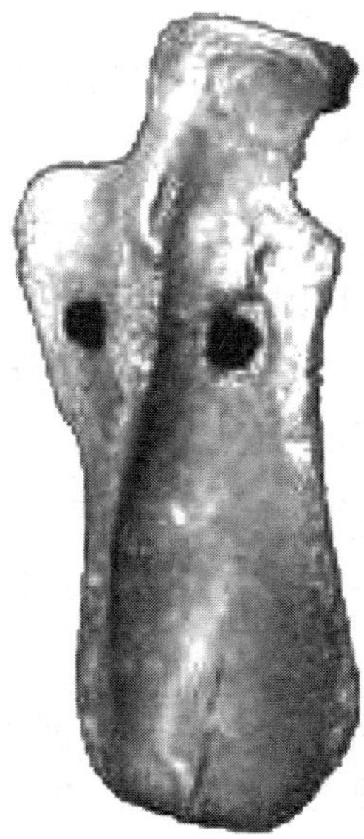

河姆渡遗址出土的骨耜

与骨耜同时发现的还有少量的稻谷颗粒，说明当时的耜耕农业已经存在。遗址内出土的鱼类、爬行类、鸟类和哺乳类动物骨头，还证明家畜饲养业已出现，这是农业文明的又一显著标志。

耒耜的发明，是人类通过劳动，积极地利用自然、改造自然，生产自己所需生活资料的重要体现。耒耜作为原始农业的基本工具和重要的生产要素，其产生标志着人们征服自然能力的提高，人类开始了由低级向高级、由野蛮时代向文明时代的迈进。

第二节　开创农耕，种植五谷

在盘古神话中，我们看到了天地的开辟；在女娲神话中，我们看到了人类的诞生；在伏羲神话中，我们不仅看到了渔猎生产的起始，而且看到了人文的辉光——八卦的创造；而在炎帝神农传说中，我们则看到人类赖以生存发展的最重要的基础——农耕。农耕不仅保障人类健康发展，告别了茹毛饮血的蒙昧阶段，而且使人自身发展到了一个崭新的时代，即依靠自身不断发展壮大起来。

考古发现已经证实，早在七八千年前，我国长江、黄河流域已有一定水平的原始农业，在长期的生产实践中，先民们积累了丰富的农业耕作经验，在世界上处于领先水平。而引领先民们在农业上跨进一大步的则是炎帝神农，他开创了我国的农耕文明，是中国农耕文明的奠基者，是当之无愧的“农业始祖”。这也成为炎帝神农对中华文明的诸多贡献中作用最大、影响最深的一项，他改变了远古人类茹毛饮血的原始生活状态，树立起中国农业文明的第一个里程碑。

在我国众多的古籍中，有许多炎帝神农开创农耕文明的记载，摘录数则如下：

《逸周书》云：“神农之时，天雨粟，神农耕而种之。”

《管子·形势解》：“神农教耕生谷，以致民利。”同书《轻重戊》载：“神农作，树五谷淇山之阳，九州之民乃知谷食，而天下化之。”

《淮南子·修务训》载：“古者民茹草饮水，采树木之实，食蠃蛖之肉，时多疾病毒伤之害，于是神农乃始教民播种五谷，相土地宜燥湿肥垸高下。”

此外，《庄子·盗跖》《商君书·画策》《吕氏春秋·爱类》《三皇本纪》《汉书·食货志》《帝王世纪》等也都说到炎帝神农氏“身亲耕”，“为天下先”。

古籍所载已表明，炎帝神农之前，人类处于采集狩猎的时代，人们吃飞禽走兽、野果蔬菜。后来人口逐渐增加，食物不足，迫切需要开辟

随州炎帝神农雕像

新的食物来源。炎帝神农制耒耜，教民播种五谷，人们以五谷为食，这才产生了农耕文化和农业文明。古籍虽未明言所种谷蔬的具体名称，但炎帝神农时已有人工栽培的谷物则无疑问。

大量的考古资料表明，早在七八千年前，我国北方的黄河流域就开始大面积种植粟谷。在宝鸡的北首岭、福临堡，西安的半坡，华县的柳子镇，河北的磁山等新石器时代遗址中，都有大量碳化粟粒的发现，其中在北首岭、半坡等遗址中还出土了加工粟谷的器具，如石磨盘、石棒等。这说明，在炎帝神农时代的中期，粟谷的种植已是很普遍了。

农耕的出现，使原始先民不仅开始了定居生活，而且生活有了最基本的保障。粟谷的培育，调整了原始先民的饮食结构，提高了先民们的饮食质量。在未有农耕之前，先民们是以采集、渔猎为主要经济活动，他们的饮食处于自然饮食阶段，食物来源主要依赖于天然食库，基本上未脱离动物的饮食状态，其食物以“茹草木之实，食禽兽之肉”为主，营养单一，且无保障，不利于先民们的体质发展。随着农耕的出现，经过原始先民的不断驯化、筛选，粟谷作物的种类也不断增加，出现了粟、黍等谷物，以后又培育出了稻、麦等高质量的农作物。

1993 年与 1995 年，湖南道县玉蟾岩洞穴遗址先后两次发现迄今世界上时代最早的稻谷，年代距今 1.2 万年以上。此后又在江西万年仙人洞、吊桶环两地发现稻作遗存，距今年代 1 万年以上。迄今为止，据不完全统计，长江流域发现原始稻作遗存的地点已达 132 处。这些发现既代表了我国长江流域原始稻作农业的发展进程，又代表了我国长江流域原始文明的发达与繁荣。

在炎帝神农故里的大洪山下，有一处与京山屈家岭文化内涵大致相同的冷皮垭遗址，遗址中发现了大量含稻谷壳（经鉴定绝大部分属粳稻）的红烧土块，某些土块稻料呈密集块状，虽大部分已经碳化，但仍能清晰辨识稻壳的痕迹。说明 5000 多年前随州的原始农业已进入到相对繁荣阶段，并能根据季节种植水稻和其他农作物。

湖南澧县彭头山遗址出土的稻谷

不仅如此，相传炎帝神农还培育了蔬菜。《国语·鲁语上》云：“昔烈山氏之有天下也，其子曰柱，能殖百谷百蔬”。烈山氏发明五谷、种植蔬菜，丰富了原始饮食文化的内涵。

总之，谷物的出现，使原始先民的饮食结构发生了重大变化，开始形成了以谷物为主食，其他肉类、蔬菜瓜果为副食的饮食结构。人们把收下的谷物储藏在窑穴里，吃的时候再拿出来，放在石制磨盘上，用石饼或石棒反复摩擦，脱去谷壳。最初是把粟米和稻谷放到烧热的石板上烤熟吃，后来有了陶器，就用火煮熟食用。苦难的先民迈开艰难的步伐，跨过了通向文明的最初门槛。

炎帝神农为什么想起来种五谷呢？《白虎通义》是这样记载的："古之人民皆食禽兽肉，至于神农，人民众多，禽兽不足，于是神农因天之时，分地之利，制耒耜，教民劳作，神而化之，使民宜之，故谓之神农也"。这说明，炎帝神农所处的时代，正是从原始畜牧业向原始农业发展的关键时期。那时，人口生育繁多，维持生计的是猎物和植物的果实。可是，天上的飞禽越打越少，地上的走兽越打越稀，河里的鱼虾越捕越难，所得食物难以果腹。怎样才能解决人们的吃食问题？炎帝神农苦苦思索，生存的压力迫使他必须为先民们寻找一条生路。

关于炎帝神农种植五谷的传说，许多地方的典籍都曾有记载。据《拾遗记》记载：一天，一只周身通红的鸟衔着一颗五彩九穗谷，飞在天空。掠过炎帝神农的头顶时，九穗谷掉在地上，炎帝神农见了，拾起来埋在了土壤里，后来竟长成一片谷穗。炎帝神农把谷穗在手里揉搓后放进嘴里，觉得很好吃。于是他让人砍倒树木，割掉野草，用斧头、锄头、耒耜等生产工具，开垦土地，种起了谷物。这些谷物既可以为人们充饥，又能强身健体，延年益寿。

炎帝神农由此得到启发，谷物可年年种植，源源不断，若能有更多的草木之实多多种植，大家的吃饭问题不就解决了吗？那时，五谷和杂草长在一起，草药和百花开在一起，哪些可以吃，哪些不可以吃，谁也分不清。炎帝神农就一样一样地尝，一样一样地试种，最后从中筛选出了稻、黍、稷、麦、菽五谷，所以后人尊他为"五谷爷""农皇爷"。

炎帝神农种植五谷的传说，寄托着人们对炎帝神农的崇拜和景仰。我们知道，古代农业的发展，是远古先民集体智慧的结晶，炎帝神农可能起到了一个总结推广的作用。在浙江萧山跨湖桥新石器时代文化遗址中，人们发现距今7700年的水稻还处在野生半驯化阶段。可见，水稻完全驯化成人工栽培稻经历了相当长的过程，在当时科学技术不发达的年代，这并非炎帝神农一人之力所能完成的。但这丝毫不能否认炎帝神农开创农耕、种植五谷的伟大功绩。

第三节 遍尝百草，和药济人

神农尝百草，发明了中草药，提高了人类自身的防御力量，增强了人们调适自然、改造自然的能力。

一、神农尝百草

关于神农尝百草，古代典籍记载颇多。《世本·作篇》云“神农和药济人”。唐司马贞《三皇本纪》载神农“以赭鞭鞭草木，始尝百草，始有医药。”《易经》《淮南子》《述异记》《帝王世纪》等，都有或隐或显的记载。

从史籍记载来看，神农遍尝百草，发明了医药，这是从渔猎采集到刀耕火种时代的伟大创举，也是历史的巨大进步。因为在开化状态下的原始人类，他们的生存面临着四大威胁：第一是食物来源的缺乏；第二是人类自身身体素质的低下；第三是饮食粗糙、低劣；第四是生存的环境非常恶劣，风霜雷电、自然灾害、寒暑瘴气都威胁着人类。这种恶劣的生存条件、茹毛饮血的生活，使原始先民的生命得不到保障。所以当时人的寿命非常低，平均年龄30岁左右，大约有三分之一的人在十三四岁的时候就死去。作为部落首领，神农是看在眼里，急在心头。为了把百姓从死亡的边缘拉回来，从艰难困苦中解救出来，他决定冒着生命的危险，拿自己的身体做赌注，亲自遍尝百草，和药剂人。

也有学者推测，神农尝百草最初并非是寻找草药为民治病，那时最主要的目的是寻找更多、更充足的食物。原始采集经济下，人们的饮食主要靠大自然的恩赐，即靠采集野外的野果、植物。而当时，人类对野生植物的认识十分有限。随着人口的急剧增加，以前认识的植物已经远远不能满足当下生活的需要，这就需要更大范围地去认识、品尝新鲜的品种，以保证能获得充足的食物使人民免于饥饿。在品尝、发现新植物的过程中，神农发现，有些植物人一旦吃了就神清气爽、耳聪目明，有些植物一旦入口就令人精神振奋、力量倍增，有些植物人吃了就感到昏昏欲睡、全身无力，有些植物人吃了就百病全消、身体康健。时间一长，神农对植物的物理药性有了认识，以后再遇上什么新的症状，身体有什么需要，就去采集相关的植物。这些植物，慢慢就变成了药物。由此看来，神农尝百草实际上是为了寻找食物，最后得到的药物只不过是寻找食物的副产品而已。

据说神农在遍尝百草的时候，一种一种的草木去品尝、去鉴别，不知道昏死了多少次，不知道受了多少折磨。据传他总共辨识出了47000种（药物），并将哪些植物可以入药、哪些可以入食、哪些可以外用、哪些可以内用，一一记载下来，分辨清楚，然后告知人们。这样既增强了人们抵抗疾病和恶劣自然环境的能力，同时更将大批处在死亡边缘，受到各种毒花、毒草威胁的人拉了回来，保障了人的生命安全。

神农尝百草遇毒在史籍中也有记载。《淮南子·修务训》云：神农“尝百草之滋味，水泉之甘苦，令民知所避就。当此之时，一日而遇七十毒。”《纲鉴会编》记载：“民有疾病，未知药石，炎帝始味草木之滋，察其寒、温、平、热之性，辨其君、臣、佐、使之义，尝一日而遇七十毒，神而化之，遂作方书以疗民疾而医道立矣。”其中，刘恕的《资治通鉴外纪》记载得特别明确：“又尝百草酸碱之味，察水泉之甘苦，令民知所避就。当此之时，一日而遇七十毒，神而化之，使民宜之。”而《搜神记》说神农以赭鞭鞭百草，目的是“尽知其平毒寒温之性，臭味所主”，这就更为彰显神农尝百草的神秘色彩了。

那么神农尝百草、发明医药的地方在哪里呢？据学者研究，在汉水中上游的鄂西北一带。

为了尽快地解救百姓的痛苦，为了寻找采到自己需要的药草，神农不怕山高谷深、道路险阻，不畏树大林密、毒蛇猛兽，在神农架这个地方，砍断木藤架梯，搭成了一百层高的云梯，最后攀上了药草宝库——神农顶。

据传说，神农遍尝百草，之所以取得成功，是由于他得到了三件宝物的帮助，这就是石花、茶叶、灵芝。

第一件宝物是石花。传说神农带着自己的大臣赤松子和大女儿一起沿着汉江河谷寻找草药，他们在一个秀丽险峻的山谷发现了一片盛开着白色花朵的玉石树林。这些树晶莹洁白，玲珑剔透，散发着一种淡淡的清香。几个人为此发现惊喜不已，围绕这片玉石树林反复徘徊，久久不忍离去。

还是神农的大女儿活跃，她从玉石树上采摘了一朵花蕾，把它揉碎后丢到嘴里。这东西入嘴即化，凉丝丝、甜津津的，非常好吃。她把此发现告诉神农，三个人连续几天以它作为饭食。几天之后，奇迹发生了，三个人的皮肤变得非常洁白，身体也变轻了，最大的变化是身体变得透明了，连五脏六腑都可以看得清清楚楚。这个法宝的发现，改变了赤松子和神农大女儿的命运，他们再也不想走了，而是留在这个地方吃石花，结果身体越吃越轻，最后轻得像一片羽毛一样，终于飞到昆仑山做了神仙。但神农还要对他的部落和人民负责，他坚定地告别了自己的大女儿和赤松子，继续向前走。

在《艺苑》中，对神农尝石花也有隐隐约约的记载："随县永阳有山，壁立千仞，岩上有石室，古名为神农窟。窟前有百药丛茂，莫不毕备。"

石花的发现，对神农帮助很大，以后他再吃什么草木，再遇到什么毒物，都可以亲眼看到这些东西在自己身体内的变化。为了纪念这一发现，神农就将石花的发现地命名为石花，据说这个地方就是今天襄阳市谷城县的石花镇。

第二件宝物是茶叶。茶在西周时主要是当作祭祀的礼物。而茶的发现，则要追溯到神农。据说神农沿着汉江河道向北行走，来到茶店这个地方，在这里他发现了一种新的植物，叶子圆润，四季常青。神农顺手就摘了几片叶子放到嘴里。只见这种叶子在五脏六腑之间上下翻腾，五脏六腑就像水洗过一样变得晶莹起来。神农对这个叶子的功效非常看重，异常高兴，他把这种植物取名为茶。

第三件宝物是灵芝。灵芝的发现与石花的发现有异曲同工之妙。据说神农搭造云梯，攀上神农顶后，发现了一种像脸盆那么大、像蘑菇一样颜色鲜红的植物。他大胆地掰下一块送到嘴里，顿时感觉清香满口，舌底生津。同时还感到一股暖气从丹田升腾而上，以前身体被各种毒物侵害后的不舒服、疼痛，顷刻之间消失得无影无踪。神农认为这是遇到毒物的克星了，于是他把这种植物取名为灵芝。在以后的日子，神农随身带着这种灵芝，遇到剧毒的时候掰下一块，丢进嘴里，毒就会立刻化解，神农也因之逢凶化吉、转危为安。据说这都是因为灵芝有起死回生、化解百毒的奇效。

但神农尝百草，最终也命丧于此。民间传说，有一天，神农带着帮手胡真官进山采药，在一个峭壁的裂缝中发现了一种开着黄花的藤状植物，花朵异常玲珑、艳丽。神农伸手采了一朵，轻轻地用舌头一舔，感觉味道奇特，不一会就觉得天旋地转，心如刀绞，肝肠寸断。胡真官赶忙找来茶叶、灵芝、金银花、甘草等解毒药让神农吃下，不料却毫无效果。

神农拉着胡真官的手说："看来我误吃了剧毒的草。过去曾经一日之间遇到六七十种毒草都解过来了，今天各种解毒药用了都无效，恐怕是遇到毒药之王了。"神农说着说着，肚子疼得更厉害，他感觉肠子就像一寸一寸断了似的，他忍着剧痛对胡真官说："就把这种毒药叫'断肠草'吧！以后让百姓再也不要误食了。"神农最终昏死过去，再也没有醒来。这种本名叫狼毒花的植物又多了一个新名字：断肠草。

在神农架一带流传的《黑暗传》中也讲述了神农尝百草的故事："可恨七十二毒神，要害神农有道君，神农判出众姓名，三十六次逃了生。"神农多次死里逃生，最终仍命丧毒草。他虽然献身了，但其留下的经验和教训却奠定了中国传统医药的基础。神农的魅力不仅在于创造了物质文明，而且在于他的献身精神，也正因为如此，他的传说才有永恒的魅力。

二、《神农本草经》

人们景仰神农在开创中国医药学方面所做出的杰出贡献及献身精神，故将出现的第一部药物学著作归之于“神农”。人们根据神农尝百草的经验，代代口耳相传，在东汉时期整理成书，名之曰《神农本草经》。

全书分 3 卷，载药 365 种，按药物的性能功效分为上、中、下三品：上品 120 种，主要是一些无毒药，以滋补营养为主，既能祛病又可强身延年；中品 120 种，一般无毒或有小毒，多数具有补养和祛疾的双重功效，但不需久服；下品 125 种，是以祛除病邪为主的药物，多数有毒或药性峻猛，容易克伐人体正气，使用时一般病愈即止，不可过量使用。

《神农本草经》对所收录的各种药物的功效和主治疾病都进行了简要的记载与描述，这无疑是早期临床药学宝贵经验的总结。长期临床实践和现代研究都证明，《神农本草经》中对于所载药物的功效认识大部分是正确的，其中许多药物至今仍然在临床上广泛应用，比如人参补益、黄连止痢、麻黄定喘、常山截疟、大黄泻下等。而且各种药物主治疾病的种类也非常广泛，有 170 余种，包括了内、外、妇、儿、五官等科疾病。此外，《神农本草经》中对于药物的性味、产地与采制、炮制方法，乃至用药原则和服药方法等都有涉及，极大地丰富了药物学的知识体系。

《神农本草经》的问世，是对中国中医药的第一次系统总结，它与《黄帝内经》同是中国传统医药学的经典著作。这两部医药学著作奠定了我国中医药学的基础，对中国医药学的发展产生了深远影响。

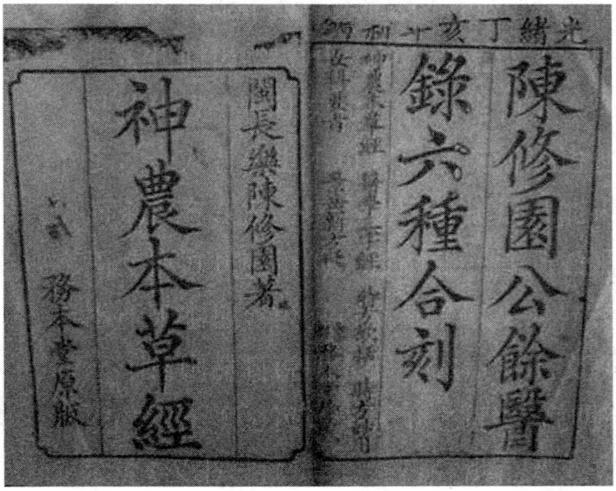

《神农本草经》

第四节　日中为市，教民贸易

在商品经济日益发达的今天，各地的中小市场数不胜数，如湘南的“赶墟”，云贵的“赶场”“赶街”，广西的“赶闹子”，还有北方的“赶集”，都是名称不一的各种“市”。而最早以“日中为市”的便是炎帝神农。

关于“日中为市”，古文献中最早的记载要数《周易・系辞下》，其书云：“神农氏作……日中为市，致天下之民，聚天下之货，交易而退，各得其所”。说的就是在农业已有一定发展而城乡还未分离的氏族社会时期，每当太阳正中的时候，在当时交通能力所及范围内的各氏族部落成员聚在一起，拿出本氏族部落生产有剩余的东西，或辗转从远方换来的东西，相互交换。交易完成，大家都满意而归。交易有了一定时间、一定场所，参加交易的人和用来交换的东西更为广泛，交换的愿望也更容易实现。

农耕文化的发展，必然带来产品的剩余，也为社会分工提供了物质基础。不仅仅有传说的炎帝神农时“日中为市”，而且还有颛顼时

“祝融作市”，黄帝时“市不预贾”，这说明市作为交易的场所，起源是很早的。

最早的市出现在什么地方呢？古人说：“因井为市，交易而退，故称市井也”，“古人未有市及井，若朝聚井汲水，便将货物于井边货卖，故言市井”。从这些文字可以看出，古人一般将“市”设立在水井周围，既便于货物在井上洗涤，使货物清香洁净，又可以就井汲水，便于人畜饮用。此外，水井还可以用来储藏食物。

考古工作者对楚郢都纪南城的发掘与复原研究也证明了这一观点。1975 年和 1979 年冬，考古工作者先后在纪南城板桥向东的龙桥河西段新河道长 1000 米、宽 60 米的带形范围内，发现水井 400 口以上且集中在此段河道的西部，在此范围内还有丰富的文化堆积。依周代“面朝后市”之制，这里正处于宫城以北、贵族区以南的三河交汇的水运中心地带，因此专家大多认为这里是南郢，即楚郢都纪南城“市”之所在。

楚纪南故城

那么，为什么要规定“日中为市”呢？这是人为约定的还是自然形成的？事实上其所以要在“日中”，主要是小生产的局限使然。小生产，不论是古代的还是近代的，其特点都是狭小细碎。那时的剩余产品无非是少量的粮食、布帛、鸡猪肉和蛋等，而且只能零碎地拿到市上去“为买而卖”。买卖很细碎，只能就近交易，当天来回。去远了，不能当天返回，就得投宿旅店，买饭充饥，售卖所得也许还不够宿食之费。而且在乡间，不会处处有宿店饭馆，不回家就有可能露宿荒郊。因此，即使披星戴月，也非回家不可。这就限定了他们到集市去的最远行程只能是半日程，即上午赶集，中午交易，下午回家。所以“日中”是市上交易最盛的时刻。过了这个时刻，市上便空无一人了。

炎帝神农所创立的市大概都交换哪些物品呢？我们先来看一则有关炎帝神农的传说。

传说炎帝神农教人们种田和养殖后，人民的生活越来越好，吃的东西越来越丰足。大家都能按照天时地利，从事各种劳动。住在水源好的平原地带的人，主要种水稻；水源差一些的地方的人就种麦、黍、稷、菽；靠山的人兼之以狩猎；近河的人辅之以捕鱼。人们生活得井井有条。

有一天，炎帝神农来到一个位于平原的部落巡视，问大家现在的生活过得怎么样。一位老人说，现在食物充足，就是单调一些。我们这里出产稻谷，别的东西就很少，有肉没鱼，有饭缺菜，要是能相互交换一些东西就好了。

炎帝神农一听，这个想法很对。于是召集众人商议，决定开辟市场，让大家把出产的东西拿到市场上来，根据需要互相交换。当时没有钟表，也没有记录时间的方法，凭什么来确定交换的时间呢？炎帝神农告诉大家拿太阳来做标准，即太阳当顶的时候，就在市场上进行交易，过了这段时间就散市。

这个办法既准确，又简便，人人都欢喜。每天一到日中时分，人们就把各自出产用不完的东西，拿到一个商定的中心地点来交换。这一下可热闹了，五谷、鱼虾、野果，还有晒制的兽皮和编好的麻布、黏土做成的陶器、用石头磨成的杵臼等，五花八门，摆满了一地。大家都挑选自己部落需要的东西进行交换，高兴而来，满意而归。从此以后，百姓的日子过得更加丰富多彩。一个地方这样做了，别的地方也跟着学，“日中为市”的办法慢慢地就传开了。

从传说中看，人们交换的主要是生活必需品。但仅凭传说尚不足为据，我们仍然要用考古资料来证实。以良渚文化的玉器为例，当时玉器已转化成一种社会化、礼仪化和宗教化的物品。良渚人使用玉料数量之多，今人看来也不可思议。良渚周边地区没有玉矿存在，这些玉料从何而来？有专家考察，这些玉料很可能来源于天目山或江苏小梅岭，是采用交换方式获得的。在湖北一些新石器时代遗址中也发现玉器，玉料也不产于本地，极有可能是采取交换方式或战争掠夺获得的。

这则材料说明人们在“市”上交换的不仅仅是必需品，既然炎帝神农“致天下之民，聚天下之货”，说明商品交换规模已经很大了。

《汉书·食货志》载：“洪范八政，一曰食，二曰货。食谓农殖嘉谷可食之物，货谓布帛可衣，及金刀龟贝，所以分财布利通有无者也。二者，生民之本，兴自神农之世。”可见，神农之世，除了“农殖嘉谷可食之物”外，还有“布帛可衣，及金刀龟贝”，这已不仅仅属于单纯的物物交换的范畴了。根据马克思关于简单的商品形式就能产生简单的货币形式的理论，我们可以推测，炎帝神农所开创的市场贸易已经迈入用货币进行交换的门槛了。

“金刀龟贝”，“兴自神农之世”。考古工作者曾在随州环潭的梅丘遗址发现汉代残砖一块，其长侧面饰连山图案，短侧面饰孔方兄图案，把外圆内方的钱形与连山结合起来，其文化含义显然是“钱出连山氏”。这就告诉我们，炎帝神农时代已经有了“通货”。

在我国的许多地方，“日中为市”的传统一直保留了下来。在随州，称之为白午集，就是太阳当顶的正午时分，人们就聚集到一起交换货物，交易完后便回家。

第五节　作陶冶斤，发明器具

炎帝神农发明陶器、冶制斤斧，为原始先民提供了陶制和铜制生活用具，大大提高了当时人们的生活水平，促进了原始手工业的发展。

一、发明陶器

陶器是继原始农业出现后而发明的，二者有相互依存的关系。《太平御览》引《周书》曰："神农耕而作陶。"《周书》载："神农作瓦器。"《物原》载："神农作瓮。"《路史·后纪》说炎帝神农"埏埴以为器"。"埏埴"就是把泥土放入模型中制作陶器，可见陶器的发明和制作是炎帝神农的一大功绩。当然，陶器的发明是历代先民们集体经验智慧的积累，它只不过在炎帝神农时代发展兴起，并非一人的功劳。把这一功绩记在炎帝神农头上，是一种文化上的认同。

陶器发明的原因不一而足。陶器满足了人类取水、盛水和煮食的需要。人每天都要喝水，而水是液体，若无器具则难于取用和储存。再者，随着火在日常生活中的运用和稻粟农作物的出现，人们的饮食结构发生了变化，需要熟食。于是便有了发明陶器的动力。

炎帝神农发明陶器的另一个原因可能是受了"火种"的启示。在刀耕火种的过程中，原始先民发现黏土经过火烧之后变硬，遇水不变形，盛水不渗漏。于是，经过多次试验和探索，便发明了陶器。

从陶器的造型来看，一种是几何体陶器，最常见的有罐、钵、盆、壶、杯、碗、器盖等；另一种是仿生形陶器，有动物形、植物形、人物形及其他物体形态，如猪形器、船形器等，这最能显示当时陶器造型艺术水平。

模拟植物形的陶器有葫芦形、瓜形盖罐、竹节状瓶、莲蓬器口鬶等。《后汉书·南蛮传》引《魏略》"槃瓠"，记载了有关"槃瓠"的古老传说。说帝喾高辛氏族中有一老妇用槃（剖瓠为槃）和瓠（葫芦）制成"槃"与"瓠"，即用葫芦制成容器盛物。以此推测，新石器时代的葫芦形（或葫芦变形、葫芦局部）陶器有可能是模仿自然界中的植物葫芦形状而制成的。

长期的生活实践，使炎帝神农与其部落的人民掌握了葫芦外表光洁、质地坚韧、形状美观、掏空能容物的特点，于是在葫芦外表涂敷泥土，烧煮食物。后来发现，经过高温，葫芦可以烧掉，而泥壳犹存，而且变得十分坚硬，又不怕水和其他液体浸泡，于是便产生了模仿葫芦形状来烧制陶器的意识。

以后，炎帝神农又按不同需要，把各种形状的葫芦从不同部位割截，仿制出各种形状的陶器。如截去葫芦上半部三分之一或一半便成了瓮或缸；截去葫芦长颈的一半或三分之一便成了瓶、壶、杯、豆，自长颈以下及腹部截去三分之二成盆，将长颈连腹的三分之一倒置使腹口向上则成豆或杯；短颈葫芦截去短颈的顶部成为壶，截去短颈则成为罐，截去自顶以下二分之一成为碗或钵。

由此可见，葫芦可能是陶器的祖型，陶器是由葫芦“滋生”的。此外，模拟动物或其他器物制作的陶器有猪形鬶、龟形盉、鸟形彩陶壶、鸡首壶、鸮鼎等。

金鸡岭遗址出土的陶罐

随着制陶技术的不断进步，陶器的种类越来越多，用途也越来越广泛。

一是生产工具。陶瓶等用于汲水、灌溉，陶刀用于收割庄稼，陶锉用于脱去谷粒、锉磨工具，陶球用于狩猎，陶纺轮用于纺织等。

二是储盛器。用陶器储存粮食可防潮、防虫、防鼠、防霉变；储存水和流质半流质食物可防损耗、污染，也便于搬运；还可盛放其他生活资料。

三是蒸煮器。各种食物都可以用陶制炊具煮熟食用。这不仅扩大了饮食品类，使之易消化、易被人体吸收，更富于营养，更适合生理需要。蒸煮有消毒、灭菌、消灭寄生虫的作用，食物营养结构因之得到改善，人们的身体素质自然大为提高。

四是饮食器。按饮食品种不同，可分别用不同的陶制器具来储盛，既方便拿取，又提高了卫生水平。另外，陶器还可用于医药和治疗，某些药物的加工、服用离不开陶器，如蒸、煮、焙、炮、炙等，拔火罐、刮痧刀则直接用于医疗。

对原始先民的饮食生活来说，陶器的发明无疑是一场革命。陶器发明以前，人们只能用火直接熏烤食物，或“释米于烧石上”以熟食物。陶器发明以后，人们就可以用陶器来蒸煮食物、烧炒蔬菜、烧开水等，直接促进了原始先民饮食结构的改变和饮食方式、饮食品种的多样化，大大加速了人类饮食文明的进化。

关于这一点，可从仰韶文化和龙山文化遗址中出土的大量陶器得到说明。如在宝鸡北首岭、福临堡遗址中，出土的炊事器具有陶鼎、釜、罐之类，用来蒸煮各种食物，饮食器具有陶钵、碗、盘、杯等，还有储盛东西用的陶瓮、罐等。

史籍中不仅有炎帝神农“耕而作陶”的记载，也记载有黄帝制作陶器的传说。《吕氏春秋》载，“黄帝有陶正”。《通鉴续编》详述说：“帝命宁封为陶正……以利器用。”《古史考》亦道：“黄帝时有釜甑。”而《物原》则说：“轩辕作碗碟。”这说明黄帝也是制陶技术的积极倡导者，他不但主持烧制了许多新的陶器品种，而且还任用了专门负责陶器制作的技术人员和管理人员，使制陶技术有了新的发展。

从考古资料来看，在距今七八千年的裴李岗文化及磁山文化中，就发现有大量陶器，且已脱离了原始阶段。仰韶文化时期陶器制作技术有了较大进步，从陶质、造型、装饰及焙烧技术方面看，已经达到了相当成熟的水平。所需陶土已事先经过选择，即能根据不同的器物使用适宜的陶土，如碗钵类陶器选用淘洗黄土而成的细泥陶土，而炊器和大型容器等夹砂粗陶则在黄土中掺入颗粒均匀的砂粒，以改良陶土的成形性和适应炊具所需要的耐热急变性。在制陶技术上，从捏塑、泥条盘筑、泥圈叠筑逐步发展到慢轮修整、快轮制陶等技术。陶器器表已由素面为主发展为施加纹饰，彩陶成为仰韶文化最有代表性的成就之一。由于陶窑结构有所改进，陶器的烧成温度可达 950～1050 ℃。

属于炎帝神农时代文化的随州冷坡垭遗址、西花园遗址、枣阳雕龙碑遗址，都出土了大量的陶器。其中以夹砂黑陶和夹砂灰陶为主，泥质黑陶、灰陶及夹砂粗红陶次之，泥质红陶较少，泥质白陶最少。除少量的素面陶外，多数陶器有纹饰，如篮纹、附加堆纹、凹凸弦纹、方格纹、镂孔刻画纹、绳纹、叶脉纹等，另外还有少量的彩陶。器形有鼎、罐、厚胎喇叭形红陶环、陶纺轮、碗、盆、圈足盘、器盖、瓮、尖底缸、长颈壶、四足方鼎等，这一发现为研究炎帝神农时代的制陶文化提供了有价值的参考。

陶器在炎黄二帝活动区域被大量发现，说明炎黄时代的陶器制作技术已得到普遍推广。制陶工艺逐渐从简单的形状向美观、大方的方向发展，这也带动了社会向新的发展方向前进。

在陶器未发明以前，人们在加工石器、木器和骨器的时候，最多只能改变一下材料的形状，而不能改变其性质。到了烧制陶器的时候，人类才第一次利用火的威力，改变了物体的化学性质，从而创造出全新的事物。因此，陶器的出现，是人类一项具有划时代意义的创造发明。在人类发展史上，制陶术的发明与种植业的发明一样，都是原始社会两项十分重要的创造，也是人类由茹毛饮血的蒙昧时代走向野蛮时代进而向文明时代迈进的基础。

西花园遗址出土的陶器

二、冶制斤斧

炎帝神农不仅发明陶器，还冶制斤斧。《周书》称神农“作陶，冶斤斧”。所谓“冶”，应指金属熔炼，这种金属在当时只能是铜。斤斧均是砍物的工具。司马迁在《史记·封禅书》中说：“黄帝采首山铜，铸鼎于荆山下。鼎既成，有龙垂胡髯下迎黄帝。”看来黄帝时代已迈进青铜的门槛。

在新石器时代考古中，也时有铜器遗物被发现，如半坡仰韶文化遗址中曾出土有一件铜片，在姜寨遗址发现了一块黄铜片和一件黄铜管状物；在河北武安赵窑仰韶文化遗址中也发现了指甲纹将军盔残片和铜炼渣；在甘肃东乡林家马家窑文化遗址中还出土了一件铜刀，经鉴定为锡青铜。到了龙山文化时期，铜器遗物有更多的发现。虽然这些遗址多是黄帝活动区域，但炎帝神农和黄帝先后相承，炎帝神农使用铜器应是情理之中的事，这也说明炎黄二帝发明和利用铜器的传说是真实可信的。铜器是人类文明史上的伟大发明之一，是人类社会进入文明时代的一个重要标志。

第六节　削桐绳丝，首制琴瑟

在原始的农耕劳动中，人们逐渐产生了统一劳动节奏的号子和相互间传递信息的呼喊，如“嘿呦、嘿呦”等，这可以说是最早的原始音乐的音符。另外，当原始先民们庆贺收获和分享劳动成果时，往往敲打石器、木器以表达自己的喜悦、欢乐之情，这些石器、木器便是原始乐器的雏形。而最早的丝弦乐器相传就是炎帝神农发明的。

一、发明五弦琴

古书上不乏关于炎帝神农发明乐器的记载。如《世本·作篇》中记载：“神农作琴。神农氏琴长三尺六寸六分，上有五弦，曰宫、商、角、徵、羽。文王增二弦，曰少宫商。”桓谭《新论·琴道篇》记载：“昔神农氏继宓羲而王天下，上观法于天，下取法于地……于是始削桐为琴，绳丝为弦，以通神明之德，合天地之和焉。”文献记载已表明，琴瑟皆由炎帝神农发明，他将桐树的木料刮削成琴身，将蚕丝加工成琴弦，发明了五弦琴，从而开创了我国乐器制作的先河。

从考古资料来看，随州曾侯乙墓中就曾发现了在我国秦汉时期失传的五弦琴，琴全长 115 厘米，折合为三尺四寸五分，同《世本》中所说的五弦琴相差无几。著名音乐史学家黄翔鹏研究认为，这种五弦琴就是

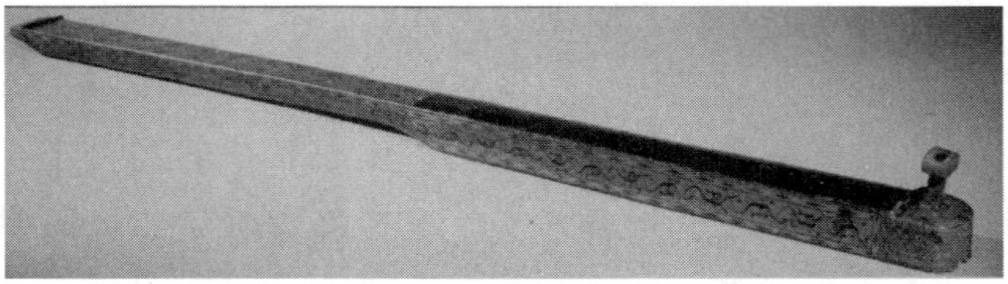

曾侯乙墓出土的五弦琴

《国语》中提到的“均钟”，是专门用来调音律的音高标准器，也是中国古代的一种声学仪器。

无独有偶，河南舞阳贾湖遗址中出土一批七孔骨笛，证实中国8000年前就有了七声音阶。在浙江余姚河姆渡遗址中还发现了20多件7000年前的木筒。每件木筒两端的直径相似，外表都经过刮削、锉磨，平整光滑。有的还经过髹漆，还有的两端用藤篾等箍圈，显然为防止打击时出现破裂。木筒壁厚多为1厘米左右，内壁上下平直，厚度一致，有的内壁的不同部位有一圈凸脊。木筒长短不一，最长的48厘米，最短的27厘米，多数为三四十厘米。学者们认为，这是人们精心设计制作的一种打击乐器。按上述木筒仿制打击演奏时，确实能发出不同音阶。在我国一些新石器时代中后期遗址中，还发现有陶鼓、陶埙、陶号、陶钟、骨哨、木鼓、石磬等乐器。

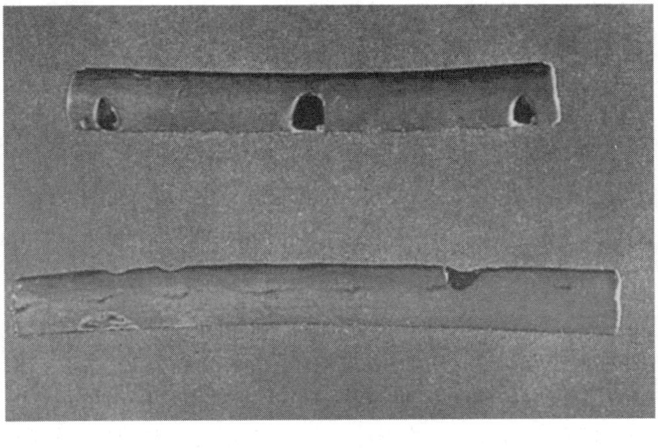

浙江萧山跨湖桥遗址出土的骨笛

炎帝神农为什么会用桐木做琴呢？这有一段民间传说。

炎帝神农教民学会耕种以后，庄稼一年比一年长得好，每年秋天丰收的季节，人们就燃起篝火，敲着木棍，跳起欢快的舞蹈来，但没有音乐伴奏的舞蹈未免显得单调。有一天，炎帝神农看见一只凤凰歇息在梧桐树上，鸣叫得十分好听，其他鸟也鸣叫起来，唱出了一支支十分动听的乐曲。为什么只有落在梧桐树上的凤凰叫得最好听呢？炎帝神农想一定和树有关。他把梧桐树砍下来，去掉两头，只留中间的一段来做琴，以绳丝为弦，反复试验了七七四十九天才做成了五弦琴。琴长三尺六寸六分，第一弦为宫，其次是商、角、徵、羽。从此，人间有了美妙的音乐。

二、以乐化民

炎帝神农创造原始音乐有哪些功用呢？上引桓谭《新论·琴道篇》中已点明其功用："以通神明之德，合天地之和焉。"由此看来，大致有三个功用。第一个功用是炎帝神农作为一个原始氏族部落的首领，希望利用音乐去"规范"原始先民们的思想意识，逐步彰显原始音乐对先民们的思想"规范"的魅力。尤其是在原始氏族部落中，创建礼乐，对部落氏族的图腾进行膜拜以及对原始农业等进行祭祀，诸如祭天、祭祖、祭神等，是治理部落的一项重要举措。利用音乐将自我归化为神明，有利于炎帝神农有效地统领与教化部落子民。

第二个功用是使人与人、人与自然能够和谐相处。炎帝神农造琴制乐的一个重要意义就是为了实现原始社会的和谐。优雅的琴声、美妙的音乐，能够使先民尊重大自然，与人和睦相处，回归到人性中的"真、善、美"。

第三个功用是用音乐陶冶性情。即用原始的音乐来陶冶部落先民的情操。蛮荒蒙昧时代的先民们，在当时艰难恶劣的环境中，劳动之余，用音乐来熏陶情感，"制丰年之咏，以荐釐来"，"以保合大和而闲民欲"，做到以乐养性、以乐怡情。正如桓谭《新论·琴道篇》记载："琴之言，禁也……古者圣贤玩琴以养心……穷则独善其身，而不失其操，故谓之操；达则兼善天下，无不通畅，故谓之畅。”汉扬雄也曾言，“昔者神农造琴以定神，禁淫嬖，去邪欲，反其真者也。”

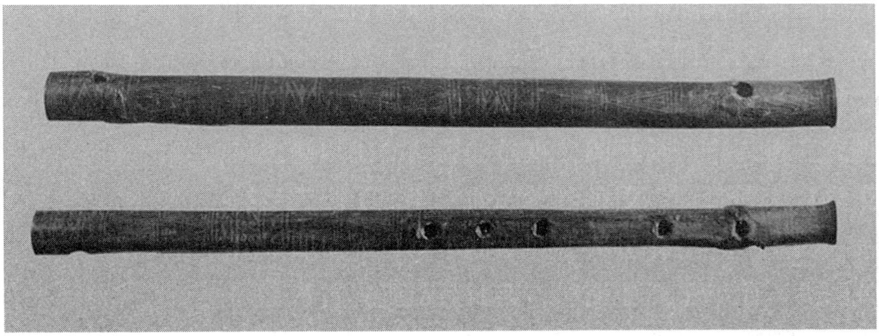

骨笛

当然，除了上述功用之外，炎帝神农创造原始音乐还起着其他重要的作用，比如“驱兽”“传情”等。蛮荒时代的先民们征服自然的能力十分有限，在先进武器发明之前，用击打树木等方式产生的原始音乐，在很大程度上可以驱赶野兽，保护族民的安全。另外，在炎帝神农的带领下，原始先民们用树叶等工具创造出的原始音乐，在一定情形中还起着传情的作用，因为男女双方可以用树叶等工具将自己的心声传达出来，表达彼此的爱慕之情。

音乐是一门源远流长的高雅艺术，是中华文明史上一份不可或缺的精神佐料。在原始的蛮荒时代，饥不果腹，为能使原始先民们“成于乐”，炎帝神农能“削桐为琴，绳丝为弦”，这是难能可贵的，他对中国的音乐发展做出的重要贡献永载史册。

第七节　治麻为布，始兴纺织

在旧石器时代的中期或更早时期，先民们为抵御寒冷，平时蔽体就把自然形态的兽皮、鸟羽和茅草之类的东西披围到身上，聊以改善赤身裸体的状况。当然，这并不表明已产生了衣服，因为再简单的服装也必须经过人工裁、缝所制成。

考古发现证实，山顶洞人遗址发现的骨针距今约 2 万年，说明这时的山顶洞人已经能够用兽皮一类的材料缝制衣服了。到了新石器时代，形成了以农业为主的农耕经济，原始手工业如陶器和纺织工艺也得到极大发展。自然界的东西不仅被广泛利用，还不断被人们加工改造或再生出来。

传说炎帝神农治麻为布，最早开始纺织。《庄子·盗跖》说："古者民不知衣服……神农之世……耕而食，织而衣。"《商君书·画策》："神农之世，男耕而食，妇织而衣。"《吕氏春秋》也说："神农之教曰……身亲耕，妻亲绩"。《淮南子·齐俗训》载炎帝神农"故身自耕，妻亲织"，这显然是男耕女织生活场景的再现。

炎帝神农在大力提倡农业的同时，发明了纺织制衣技术，把人们从衣兽皮、披树叶的窘境中解放出来。这时的纺织材料除了毛皮外，已有了葛、麻、丝等天然有机材料。传说中的"手经指挂"，指的就是纺织网席的活动，由编网发展为纺织，这符合纺织发展的一般规律。

由于纺织品的原料极易腐烂，所存遗物较少，为我们研究古代纺织品造成了困难。但从考古资料中我们仍可找到蛛丝马迹，在裴李岗文化遗址中，发现陶器上有绳纹痕迹，说明当时的人们已会捻线成股并将其合成绳了。

在新石器时代的许多遗址中，都发现有纺轮。在半坡遗址发现有石纺轮 2 件、陶纺轮 50 件，纺轮的形状有平圆式和圆锥式两种。并发现骨针 281 件，其中 270 件为带孔骨针。结合在陶片上发现的粗绳纹、细绳纹、布纹痕迹，可以想见当时麻纺织的发展情形。

西安半坡、临潼姜寨、华县泉护村以及河南陕县庙底沟等仰韶文化遗址出土的陶器上均有麻布印痕。据测定，每平方厘米约有经纬线各 10 根。距今 6000 年的江苏草鞋山遗址发现的织物残片，经鉴定可能是用葛（一种豆科藤本植物）的纫皮纤维所织成。可见，葛、麻织物在炎帝神农时代就得到了广泛的应用。

屈家岭文化彩陶纺轮

不仅如此，丝绸生产也发轫于这个时期。传说炎帝有个女儿“名曰帝女之桑”，“学道得仙，居南阳愕山桑树上”，善于“浴蚕子招丝”。虽然其中杂糅有神话色彩，但将后世“浴蚕”“招丝”之事推及“帝女桑”，并非毫无根据和道理。

山西夏县荫村新石器时代遗址出土的蚕茧、山西芮城西王村仰韶文化遗址出土的陶蛹，以及浙江吴兴县钱山漾遗址出土的炭化丝绒和绢片等，则以实物证明那时已有了养蚕、抽丝、织丝生产。从殷商时期高级丝绸的生产和丝绸技术的成熟水平来推断，此前必然有一个较长的发展过程，其时间至少应在新石器时代的中晚期。

炎帝神农时代，先民发明了纺织工具。在已发掘的新石器时代遗址墓葬中，几乎都有纺捻纱线的纺轮出土。我国境内较早的纺轮，出土于河南密县莪沟遗址和河北武安磁山遗址，距今已有 7000 多年的历史。

在距今 7000 年左右的浙江余姚河姆渡遗址中，发现了保存完好的成套纺纱、纺织及缝纫工具。其中，纺纱工具以陶、木、石纺轮为主；纺织工具大多由硬木所制，少数为骨、鹿角磨制品，分为梭形器、机刀、布轴、定经杆、绞纱棒、分经木、骨匕刀、综杆及齿状器等，均属原始织机上的部件。这是我国已有最早的原始织机的佐证。缝纫工具主要是骨针和一些细小的骨锥，数量不少的骨针长 7～10 毫米，磨得精巧细小，后端穿有小针眼，部分孔径仅 1 毫米。当时人们的纺织原料主要是葛麻和动物毛等。

浙江余姚出土的带青玉捻杆的玉纺轮

《吕氏春秋·爱类》云："神农之教曰……女有当年而不绩者，则天下或受其寒矣。"说明炎帝神农之世，不仅有了纺织，而且能够制作衣服。观察出土陶器上粘留的布纹，粗纹像现在的麻袋，细纹和现在的帆布差不多。缝衣服的骨针，纤细精巧，出土的数量也很多。这些原料和用具说明当时人们缝制衣服不仅较为普遍，而且成为先民生产生活的基本内容之一。在宝鸡地区发现一件彩陶，上有妇女穿衣服采摘果子的侧面图像，衣服是两个三角形，上衣和下裙是分开的：上衣无袖，类似今日的马甲；下衣像短裙一类的形式。

到了黄帝时代，传说他的正妃嫘祖就是教民养蚕织布的先祖，《周易·系辞下》中说："黄帝、尧、舜垂衣裳而天下治"，这已不是最初的大麻类的纺织品了，很可能已到了蚕丝运用的阶段。在浙江湖州钱山漾良渚文化遗址第四层中发现了为数不少的丝麻织品，包括丝线、丝绳、丝带、丝帛和麻绳、苎麻布残片等。同时出土的手工编织的竹器用品，其编织技巧同现在并无区别，经测定，距今约 4700 年至 4140 年。

可以说，炎帝神农率先治麻为布、制作衣裳是时代的一大进步。

第八节　筑台建室，改善民居

居住是人类生活和生产的重要条件，也是社会进步的重要成果。《礼记·礼运》载："昔者先王未有宫室，冬则居营窟，夏则居橧巢。"也就是说在新石器时代以前，先民们无固定的居所，仅是巢穴之居。随着原始农业和畜牧业的产生和发展，人们开始选择一些适宜于发展生产、具备生活条件的定居点。《路史》中说“（神农）相土停居，令人知所避趋”。《皇王大纪》载，“（神农）兴农桑之业，春耕夏耘，秋获冬藏。为台榭而居，治其丝麻为之布帛”。《淮南子·主术训》云，“昔者神农……祀于明堂。明堂之制，有盖而无四方；风雨不能袭，寒暑不能伤”。看来古人把摆脱巢穴之居而建造房屋的创举归功于炎帝神农。

但是炎帝神农并非随便选择一地点就定居。炎帝神农建造房屋，对所建地方按照农耕和定居的不同要求，相地之宜，划分不同土地类型，根据水源质量的优劣，择地而居。《淮南子·修务训》载：“（神农）相土地宜燥湿肥垸高下；尝百草之滋味，水泉之甘苦，令民知所避就”。也就是说在炎帝神农时代，相土主要是把握燥、湿、肥、硗、高、低等类型，尤为注重定居点周围的环境优劣。而到了黄帝时代，建造房屋的技术已经有了较大提高，显然更为成熟，甚至出现了“上栋下宇”的房子，故《帝王世纪》载：“及至黄帝，为筑宫室，上栋下宇，以待风雨”。

在许多新石器时代遗址中，一个突出的表现是房屋与穴居并存，形成居民点的自然分布和组织。从随州及其周边地区发掘的一些新石器时代遗址看，居民点都是优选在背山面水的高爽地段，既便于取水，又便于防备水患。

这个时期的居民点已有简单的功能分区：居住区与作坊区分开，住宅区与墓地分开。在建筑布局上也有一定规律：聚落中心是氏族公共活动中心的大房子和开阔场地，周围环建住宅，宅门都向着中心；中心场地留着东向或东南向的开口，住宅只在北、西、南三面环绕布局。这种布局有利于接受阳光和通风，有利于安全防范，应当是远古先民们对自然环境研究而优选的结果。依山傍水、向阳避风，众星拱月、向着公共中心，这种原始的功能分区，是一种“物竞天择，适者生存”的“科学”选择。

新石器时代中后期，城市开始出现，人们的住宅环境有了更大的改善。枣阳雕龙碑新石器时代遗址的房屋建筑，地面平整、坚硬，涂抹材料与现代水泥几无二致，甚至出现了迄今为止年代最早的推拉门。

炎帝神农时代在房屋建筑技术方面的重大突破和进步，使原始先民结束了颠沛流离的状态，过上了安居乐业的生活。

第五章　炎黄之战与华夏族的形成

随着社会的不断发展，炎帝部落的势力不断衰微，这给正在崛起的黄帝部落提供了机会。于是，双方在阪泉展开了一场大战。阪泉之战后，炎帝部落与黄帝部落结成联盟，黄帝成为炎黄部落联盟的首领。炎黄结盟，为华夏集团的形成奠定了基础，对开启中华文明史、实现中华民族第一次大统一有着重要意义。

阪泉之战后，以黄帝为首的炎黄部落联盟，在不断的扩张过程中，与以蚩尤为首的东夷部落又展开了涿鹿之战。在这场战争中，黄帝与炎帝联合打败了蚩尤这一强大的劲敌，扫清了与之抗衡的一切对手，各个部落一致拥戴黄帝为首领，黄帝因此建立了新的统治秩序，实现了华夏与东夷两大民族集团的大融合。后来又一步步融合了南方地区的蛮族和西北、东北地区的戎狄各民族，华夏族开始逐渐形成，成为汉民族的前身。所以后人一直把炎黄二帝作为汉民族乃至中华民族始兴和统一的象征，作为共同的祖先加以崇奉，从某种意义上说，炎黄子孙已成为中华儿女的代名词。

尽管各民族之间或民族内部产生过种种矛盾、冲突甚至战争，也曾造成国家的暂时分裂和地区之间政权的短期对立，但统一的时间长于分裂，而且越到后来，统一时间越长，统一的局面也越巩固。这种巨大的凝聚性和牢固的稳定性，与炎黄二帝缔造的华夏族为汉民族乃至中华民族之核心主体有着十分密切的关系。

第一节　阪泉之战

提到炎帝，与黄帝轩辕是分不开的，否则，今天人们也不会把全世界具有中华血统的人称为炎黄子孙了。炎帝和黄帝，是我们华夏族最早的两位部落首领。按照《史记·五帝本纪》的说法，炎黄二帝同出自少典氏，本来就是亲兄弟。成书早于《史记》300多年的《国语》中说得更为具体，即炎黄二位兄弟长大成人后各立门户，形成了两个氏族。黄帝到了姬水流域，姓姬；炎帝到了姜水流域，姓姜。按照长幼次序，炎帝是哥哥，黄帝是弟弟。可这兄弟二人，为了各自扩展势力，却上演过中国历史黎明期的一场非常重要的战争——阪泉之战。

一、阪泉之战的原因

炎帝、黄帝本是同一父母所生的亲兄弟，为什么会同室操戈?《新书·制不定》载：“炎帝者，黄帝同父母弟也，各有天下之半。黄帝行道而炎帝不听，故战涿鹿之野”。由此看来，二人争战的本质问题是扩张势力。

炎帝大概的活动区域，前文已有交代，兹不赘述。炎帝兴起后，一部分先民傍渭水向东移动，进入中原地区，主要活动于今河南及河北、山东、河南交界地带，逐渐与这一带的东夷等混居杂处。炎帝族进入中原后，自身获得了很大发展，成为黄河流域几个著名的部落之一。相传炎帝族有四支后裔：烈山氏部落、共工氏部落、四岳部落、金天氏部落。进入中原后，各支又有了发展，繁衍为许多分支，如四岳姜姓分离出齐、吕、申、许诸部落，并一度在今河南省南阳市的唐河县及许昌市的许昌县（今建安区）建立部落政权。

与炎帝同时代的黄帝部落随着族体的繁衍壮大，其活动地区扩展到了西部地区，即今甘肃东北部与陕西的接壤地带。黄帝最早居所姬水在今陕西北部。兴起壮大后，势力不断扩张，生存空间显得狭小，于是一部分人留在原地，一部分人则顺着渭北高原一带缓慢地向东方迁徙。他们经渭水中下游，又沿豫晋交界的黄河中游两岸向东发展。黄帝部落东进到今郑州地区的时候，可能居留了较长的时间。他们在郑州一带站稳脚跟后，又以这里为基点，向四面八方发展。其中可能有重要的一支渡过黄河，沿着太行山东侧的台地缓慢北上。在拓宽地域的过程中，“天下有不顺者，黄帝从而征之，平者去之，披山通道，未尝宁居”。通过一系列战争，黄帝部落逐步扩大了自己的势力范围。

《史记・五帝本纪》有如是记载：

> 轩辕之时，神农氏世衰。诸侯相侵伐，暴虐百姓，而神农氏弗能征。于是轩辕乃习用干戈，以征不享，诸侯咸来宾从。……炎帝欲侵陵诸侯，诸侯咸归轩辕。轩辕乃修德振兵，治五气，蓺五谷，抚万民，度四方，教熊罴貔貅貙虎，以与炎帝战于阪泉之野。三战，然后得其志。

从这则记载来看，诸侯并起，百姓受难，而炎帝势力日渐衰微，难以镇压诸侯的暴乱，这给正在崛起的黄帝部落以可乘之机。武力强大的黄帝部落，为了扩大自己的势力，应付越来越多的战争，不断地结成联盟，用暴力征服不顺从者，根据“以力为雄”的原则，成为享有很高威信的“酋豪”，很多较弱小的部落纷纷投靠，以求得保护。但炎帝主要是在南方“侵陵”诸侯，并不妨碍在北方的黄帝的利益，更不会主动发动阪泉大战。有可能是炎帝在今豫东一带与东夷发生冲突，被东夷追赶北上至今涿鹿一带，方与黄帝发生利益冲突。《逸周书・尝麦解》有云：“蚩尤乃逐帝，争于涿鹿之河”，便指这个事态。为此，两强相遇，黄帝与炎帝之间爆发了阪泉之战。

二、阪泉之战的过程

这是当时实力最雄厚的两个部落之间的大战，双方势均力敌，战争的规模颇为壮观。汉代贾谊《新书》云：“炎帝者，黄帝同父母弟也，各有天下之半。黄帝行道而炎帝不听，故战涿鹿之野，血流漂杵。”《吕氏春秋・荡兵》也记述，“兵所自来者久矣。黄、炎故用水火矣”。《列子・黄帝》曰：“黄帝与炎帝战于阪泉之野，帅熊、罴、狼、豹、貙、虎为前驱，雕、鹖、鹰、鸢为旗帜。”《大戴礼记・五帝德》则云：“（黄帝）与赤帝战于版泉之野。三战，然后得行其志。”从上述文献记载来看，黄帝部落和炎帝部落为了取得这场战争胜利，做了相当充分的准备。

黄帝部落实行“修德振兵”的方针，注重部落内部的道德教化，以振作士气，提高战斗力。黄帝不仅调动了本部落的全部力量，而且联合了其他部落作为盟军。据有关学者研究，文献中所记述的熊、罴、狼、豹、貙、虎和雕、鹖、鹰、鸢并非猛兽飞禽，而是各部落图腾的名称。

阪泉之战以炎帝部落归顺黄帝部落而告终，二者结成联盟，黄帝成为炎黄部落联盟的首领。由此看来，阪泉之战重大的历史意义是为华夏族的形成奠定了基石。

三、阪泉之战的地点

关于阪泉之战的地点，历来争论较多，迄今尚无定论。归纳起来，大概有三种说法。第一种说法认为在河北涿鹿东南。认为阪泉在涿鹿的文献，有《帝王世纪》《魏土地记》《水经注》等书，如《帝王世纪》云：“（涿鹿）黄帝所都，有蚩尤城、阪泉地、黄帝祠。”《晋太康地记》云：“涿鹿城东一里有阪泉，上有黄帝祠。又曰阪泉亦地名也。泉水东北流，与蚩尤泉会，水出蚩尤城，城无东面”。

《水经注·㶟水》曰：

> 涿水出涿鹿山，世谓之张公泉。东北流，径涿鹿县故城南，王莽所谓褫陆也。黄帝与蚩尤战于涿鹿之野，留其民于涿鹿之阿，即于是也。其水又东北与阪泉合，水导源县之东泉。

《魏土地记》曰：

> 下洛城东南六十里，有涿鹿城。城东一里有阪泉，泉上有黄帝祠。

以上各书均提到阪泉在涿鹿，但真正将涿鹿附近的阪泉与炎黄阪泉之战的阪泉联系在一起的是张守节的《史记正义》。他在注释《五帝本纪》“阪泉之野”时说：

> 《括地志》云：阪泉今名黄帝泉，在妫州怀戎县东五十六里。出五里至涿鹿东北，与涿水合。又有涿鹿故城，在妫州东南五十里，

本黄帝所都也。

《晋太康地里志》云：涿鹿城东一里有阪泉，上有黄帝祠。按：阪泉之野，则平野之地也。

根据这段记载，阪泉是一处泉水的名称，唐代时曾叫黄帝泉。妫州，汉代时为上谷郡；唐贞观八年（634）改为妫州，怀戎为妫州的一个县，也就是今怀来县。据此推断，阪泉在涿鹿城东。

河北涿鹿县黄帝泉

今涿鹿县矾山镇黄帝城仍有黄帝泉，它的神奇之处，不仅在于其源于5000米深处的地下岩泉水，而且冬不结冰，夏不生腐，久旱不枯竭，天涝不外溢，水温常年保持在12.5～13.4 ℃。水在泉中时色如沉墨，掬起时又晶莹清澈。正如史书上说的："平地涌潴，聚而不溢。"

又《汉书·刑法志》注云："涿鹿在上谷，今见有阪泉地、黄帝祠。"所以，也有许多学者认为阪泉之战就发生在阪泉附近一带的旷野上。

第二种说法是阪泉在今山西运城盐池附近，证据为宋沈括《梦溪笔谈·辩证一》：

解州盐泽，方百二十里，久雨，四山之水悉注其中，未尝溢，大旱未尝涸。卤色正赤，在版泉之下，俚俗谓之蚩尤血。

这里记载解州有阪泉，宋之解州在今山西平陆，则此阪泉应在今山西南部。

第三种说法是阪泉之战的地点在今北京延庆附近。延庆位于京郊西北部，全县东、南、北三面被燕山山脉环绕，西临官厅水库，中间为延庆盆地。

延庆西北有一山名曰“阪山”，据《读史方舆纪要》记载，此阪山亦曰“阪泉山”，“相传轩辕与炎帝战于阪泉之野即此山也”。明确指出阪泉之战的战场就在这里。

阪山以南1公里处有地下喷泉，名曰“阪泉”，泉水清澈甘甜，长流不息。在阪泉之旁有上阪泉村和下阪泉村，阪泉就坐落在上阪泉村境内，村民世代劳动生息在这块古老的土地上。

在上、下阪泉村周围20公里的范围内，考古学家曾发现了距今约2万年的旧石器时代遗物，还发现了8处新石器时代遗址以及2处商代遗址，说明此地很早以前就有人类居住。

阪山脚下，有一片开阔地，站在高处远望，地势雄伟险要，正好可作战场。这里的阪山，在史籍中多有记载，《大明一统志》“龙庆州”下云：“阪山在州境内，轩辕与炎帝战于阪泉之野，即此。”《明史·地理志》在记延庆州的山川时说，“西有阪泉山，南有八达岭”。嘉靖《隆庆志》云：“阪山，在州城北十五里，轩辕与炎帝战于阪泉之野，即此。其下有阪泉。”《嘉庆重修一统志》“宣化府”下云：“按：今延庆州西北二十里亦有历山，相近又有阪山，一名阪泉山。”

以上文献记载得十分明确，阪山就是阪泉山，延庆境内的阪泉山下就是炎黄阪泉之战的古战场阪泉之野。

第二节　涿鹿之战

以黄帝为首的炎黄部落联盟在不断的扩张过程中，与以蚩尤为首的九黎部落又展开了一场大战，即涿鹿之战，这是继阪泉之后又一场重大战争，在华夏族形成过程中具有十分重要的地位。

一、九黎部落首领蚩尤

5000多年前，长江以北、黄河下游之间的济水、淮河一带，也就是今山东与河南、河北交界的地区，有许多氏族部落在那里居住、劳动。经过长时期交往，他们逐渐结成了一个庞大的氏族部落集团，即九黎部落，其首领名蚩尤。

最早记载蚩尤活动的古代文献《尚书·吕刑》说："蚩尤惟始作乱，延及于平民"，《史记正义》引孔安国语："九黎之君，号曰蚩尤"。另一重要的古代文献《逸周书·尝麦解》说："命蚩尤于宇少昊，以临四方"。说明最初的一个时期，蚩尤居住在少昊氏原来活动的地方，即今山东曲阜一带，正位于济水附近。

我们从蚩尤的名字来看，"蚩"是贬词。《说文解字》释为"虫也"，诸如今天的小爬虫之类。中国古代对氏族及部落的名称与其首领名称和氏族部落名称常常不加区别地称呼，所以"蚩尤"既为部落名，也为该部落首领与部落民的共名。

那么，这个九黎部落又是怎样的一个部落？

《史记·正义》引《龙鱼河图》云："黄帝摄政，有蚩尤兄弟八十一人"。传说蚩尤有兄弟八十一人，兽身人语、铜头铁额，造立兵杖、刀、戟、大弩，威震天下，势力非常强大。实际上这"八十一人"是指八十一个兄弟氏族，也可能指八十一个兄弟氏族的酋长。因为蚩尤的部落联盟由九个部落组成，每个部落又有九个氏族，总共八十一个氏族。这也从侧面说明，蚩尤所领导的部落联盟势力十分强大。

古代称"黎"的地方很多。这些称黎的地方，许多都是蚩尤领导的九黎部落足迹所到之处。例如山东郓城县西境，古称黎县，曾在九黎部落最初活动范围之内；山西长治市所属黎城县，也是九黎部落到过或其影响所及的地方。所以，蚩尤作为"九黎之君"，影响深远。

众所周知，黄帝、炎帝为中国古代文明做出了重要贡献，事实上蚩尤也同样为中国古代文明做出了重要贡献，是中国古代文明的伟大缔造者之一。蚩尤的贡献主要在以下方面。

第一，农耕方面的贡献。当时，蚩尤统率的九黎部落，生活在黄河中下游和长江中下游一带，是一个面对海河成长起来的部落，是一个比较强大的部落联盟，物质文明已经有了较大的发展。

他们借助当地的地理、气候、水源等优越条件，凭借比较精致的生产工具，开始谷物种植。九黎部落的原始农业经过逐步发展，粮食储存已达到相当规模，部落成员得以过着安定的生活。这是历史和文明的一大进步，是对古代文明的一个重大贡献。而谷物种植需要育苗、移苗、壮苗等。以至于有人推测，正是由于这个原因，后来人们就用“苗”字将蚩尤的部分子孙命名为“苗族”。当时的蚩尤九黎部落，如果没有比较发达的原始农业为基础，是不可能拥有强大的军事实力，并与炎黄部落联盟相对抗的。

第二，发明金属兵器。在原始社会末期，部落之间战争频繁。兵器对于战争的胜负和部落的兴衰，至关重要。蚩尤曾发明了金属冶炼和金属兵器的制造。《世本·作篇》说蚩尤“以金作兵器”，是指其用金属冶炼兵器，可以说蚩尤是金属冶炼的最早发明者。

蚩尤还是金属兵器制造的最早发明者。《世本·作篇》说，“蚩尤作五兵：戈、矛、戟、酋矛、夷矛”。可见矛在古代战争中具有重要的地位。《管子·地数》说，蚩尤能以金为兵，制作“剑铠矛戟”。

冶炼业的出现具有划时代意义，从此，人类进入使用金属工具的时代，它标志着原始社会生产力的一次新的飞跃。

第三，建立法规。在古代中国，蚩尤首创法规，实施刑事法，以肃纲纪。《周书·吕刑》说蚩尤对苗民“制以刑”，就是一个有力的佐证。《路史·后纪四》在记述蚩尤被擒杀后说：“后代圣人著其像于尊彝，以为贪戒。”罗苹注曰：“蚩尤天符之神，状类不常，三代彝器，多著蚩尤之像。为贪虐者之戒。”这也说明蚩尤因严格实行法制而树立了威严的形象，并产生了深远影响。同时，郑玄注《尚书·吕刑》曰：“苗民，谓九黎之君也。”“上效蚩尤重刑以变九黎言苗民者。”这也同样说明，蚩尤是刑法的首创者和施行者。

二、涿鹿之战的原因

“涿鹿之战”以《逸周书・尝麦解》所记最为详明：

> 昔天之初，□（疑作“诞”）作二后，乃设建典，命赤帝分正二卿，命蚩尤于宇少昊，以临四方……蚩尤乃逐帝，争于涿鹿之河，九隅无遗。赤帝大慑，乃说于黄帝，执蚩尤，杀之于中冀，以甲兵释怒，用大正顺天思序，纪于大帝。用名之曰绝辔之野。乃命少昊请司马鸟师，以正五帝之官，故名曰质。天用大成，至于今不乱。

这里所说的赤帝即炎帝，而“二后”当指炎帝和蚩尤。从材料来看，炎帝、黄帝、蚩尤曾和谐相处过。据《史记・五帝本纪》记载，蚩尤所处的时代，正值“神农氏世衰”之时。当时部落林立，各部落依仗自己的经济实力和武力互相争斗，不再服从由于发明耒耜的功绩而自然形成的部落联盟首领炎帝的约束，“诸侯相侵伐，暴虐百姓，而神农氏弗能征……蚩尤最为暴”，这里的诸侯是指原始社会末期的各部落首领，蚩尤是其中之一，而且最为残暴。

据《管子・五行》载：“昔者黄帝得蚩尤而明于天道，得大常而察于地利……黄帝得六相而天地治，神明至。蚩尤明乎天道，故使为当时”。由于蚩尤“明乎天道”，即善于观测日月星辰的运行和变化，黄帝特将蚩尤列于六相之首，任当时之官，即掌管时序节令。看来，蚩尤曾辅佐黄帝治理过天下。这种说法不一定确切，却也说明黄帝和蚩尤之间曾经相安无事。后来炎帝和蚩尤发生冲突，炎帝处于劣势，由于炎黄已结成联盟，因而炎帝向黄帝求助，黄帝才和蚩尤展开大战。

但是《史记・五帝本纪》则言：“蚩尤作乱，不用帝命。于是黄帝乃征师诸侯，与蚩尤战于涿鹿之野，遂禽杀蚩尤。而诸侯咸尊轩辕为天子，代神农氏，是为黄帝。”这里给出的涿鹿之战爆发的原因是蚩尤不听黄帝命令而兴师作乱，最终引发了一场战争。这个理由似乎比炎帝求助更加充分有力。《山海经·大荒北经》云："蚩尤作兵伐黄帝。"《尚书·吕刑》云："若古有训，蚩尤惟始作乱，延及于平民，罔不寇贼"。虽都归罪于蚩尤，但都相当空洞而无实际之事实。这是出自胜利者黄帝的后代编纂的缘故。

三、涿鹿之战的过程

涿鹿之战是两个部族集团之间的战争，空前激烈。蚩尤凶猛异常，战事开始时尤其惨烈。正如《鹖冠子·世兵》中云："黄帝百战，蚩尤七十二（胜）"。《通鉴纪事本末》曰，黄帝与蚩尤"三年九战而城不下"。

从史料分析，交战初期，黄帝在军事上处于劣势。随着战争的发展，黄帝用谋，"乃征师诸侯"，集结了大于蚩尤部落的作战兵团力量打败了蚩尤。交战初期在涿鹿之野，黄帝用谋逼使蚩尤节节败退，最后擒住了蚩尤，黄帝乘胜追击捣毁蚩尤老巢。此次黄帝大战蚩尤，三年内经过一百多场战事角逐，黄帝大获全胜。

对于这次战争的全部描述可谓连篇累牍，并添上了神话色彩。如说黄帝与蚩尤九战九不胜，蚩尤作大雾弥漫三天三夜，黄帝之臣风后在北斗星座的启示下，发明了指南车，才冲出大雾。还传说黄帝在困境中得到玄女的帮助，制作了八十面夔皮鼓，夔是东海中的神兽，"状如牛，苍身而无角"，"出入水则必风雨，其光如日月，其声如雷"。黄帝用其皮蒙鼓，用雷兽之骨作鼓槌，"声闻五百里，以威天下"。

黄帝与蚩尤的战争延续了不少时日，最后的决战进行于冀州之野，《山海经·大荒北经》记述了一个传说，"有人衣青衣，名曰黄帝女魃。蚩尤作兵伐黄帝，黄帝乃令应龙攻之冀州之野。应龙畜水，蚩尤请风伯雨师，纵大风雨。黄帝乃下天女曰魃，雨止，遂杀蚩尤。魃不得复上，所居不雨"。这个传说反映出在战斗中，双方先由巫师作法，希望借助自然力征服对方。黄帝呼唤有翼的应龙蓄水，以便淹没蚩尤军队，蚩尤也请风伯、雨师相助，一时风雨大作，黄帝军队再次陷入困境。危急之中，黄帝只得请下天女旱魃阻止风雨。果然天气突然晴霁，蚩尤军队惊诧万分，黄帝乘机指挥大军掩杀过去，取得了最后胜利。

黄帝的胜利得来不易，而胜利以后，又遇到很多新的困难，不仅天女魃制止了大风雨后神力大减，“不得复上”，应龙参战以后，也“不得复上”，天上“无复作雨者”，使地上连续大旱数年。近代环境考古资料告诉我们，距今5000年至4000年是自然环境又一次大变化时期，不断升高的气温、持续不断的冰川融化与降雨均骤然停止。距今5000年前后，从辽东半岛到长江三角洲都留下海退的遗迹，以后，距今4700年开始又发生了小的波动。涿鹿之战中，那些被巫术呼唤来的暴风雨及其后的干旱，正与气候由平稳到发生波动的情况相合。可见这些神话不是全无根据的，它确实浓缩了对过去的回忆。

涿鹿大战无论规模还是激烈程度，都远远超过此前的阪泉之战。晚唐的胡曾有诗写涿鹿之战：“涿鹿茫茫白草秋，轩辕曾此破蚩尤。丹霞遥映祠前水，疑是成川血尚流。”可见战事的惨烈——“流血百里”，蚩尤“身首异处”。传说南方的大荒之中，宋山上的香枫树是蚩尤被杀时的刑具所化；今山西解县盐池中，盐水作红色，民间称之为“蚩尤血”。很多地方都有蚩尤的传说，可见他显赫的威名早已超出了他的故地。

蚩尤虽死，但他在九黎部落的影响依然存在。《太平御览》卷七九引《龙鱼河图》说：“蚩尤没后，天下复扰乱不宁，黄帝遂画蚩尤形象以威天下。天下咸谓蚩尤不死。八方万邦皆为殄伏。”蚩尤死后，天下并没有祥和安乐，再次出现动乱。为了安抚人心，黄帝就画了蚩尤像，先民以为蚩尤还活着，都尊重他而不再叛乱，各氏族部落才逐步安定下来。黄帝始尊蚩尤为战神，出征之时，祭祀战神日后成为中原王朝的一种礼制，如《史记・高祖本纪》说刘邦起兵时，“祠黄帝，祭蚩尤于沛庭”。中原王朝能够接纳蚩尤为战神，把蚩尤和黄帝并祭，表明自黄帝以后，已不再把蚩尤视为“蛮夷”，否则正统的统治者不会对蚩尤崇敬有加。

四、涿鹿之战的地点

那么，涿鹿之战发生的地点在何处？这历来又有不同的解释。

一种说法是涿鹿在河北的涿州市。《史记·五帝本纪》载：“与蚩尤战于涿鹿之野”，《集解》引服虔曰：“涿鹿，山名，在涿郡”。

还有一说法是涿鹿在山西河东地区的解镇一带。据《解县志》记载，原解梁亦称“涿鹿”。如诗人王翰咏解州的《盐池晓望》诗写道：“涿鹿城头曙色分，素池如练迥无尘。”这里的“涿鹿”就是解梁。

此外，河南台前县、山东阳谷县和汶上县都有蚩尤冢，传说蚩尤被肢解，因而多处存在蚩尤冢，也有可能是九黎部落先民为了纪念蚩尤而建。

涿鹿之战后，黄帝打败了蚩尤这一强大劲敌，再也没有可以与之抗衡的对手了。“诸侯咸尊轩辕为天子”，各个部落一致拥戴黄帝为首领。《商君书·画策》说：“黄帝作为君臣上下之义，父子兄弟之礼，夫妇妃匹之合。内行刀锯，外用甲兵，故时变也。”意思是说，黄帝建立了新的统治秩序，这种新的秩序实际上是一种新的社会形态的出现，这使得黄帝族与炎帝族、蚩尤族逐步融为一体，实现了华夏与东夷两大民族集团的大融合。黄帝以后，又一步步融合了南方地区的蛮族和西北、东北地区的戎狄各民族，华夏族逐渐形成。

第三节　华夏族的形成

汉民族的前身是华夏族，而华夏族形成于何时？目前学界并没有一个统一的说法，要厘清这个问题，似乎是一个庞大的课题。但大部分学者都认为华夏族形成的历史可追溯至5000年前的炎黄时代，即炎黄部落联盟。

炎黄时代，已进入部落联盟时期，从这时起也有了比较可靠的历史传说。据有关学者研究，在上古时代有三大部落集团，即华夏、东夷、南蛮，它们由相争而演进为和平共处，最终互相融合，才形成了尔后的汉族。但华夏族无疑是汉族的核心，从先秦时代起，华夏族就尊奉炎黄二帝为先祖。《世本》与《大戴礼记》明确归纳出以黄帝为始祖的统一谱系和以黄帝为首的五帝世系，而司马迁据以作《五帝本纪》，第一次形成了华夏有同一来源的古史系统，使我们对华夏族的发展脉络有了一个初步的认识。

黄帝时代，以中原地区为核心，形成了三大部落集团：炎黄部落联盟由黄帝部落和炎帝部落所组成，主要活动于陕西、河北中南部、河南中北部、湖北中北部、山东西南部；东夷集团以蚩尤九黎部落为核心组成，主要活动于山东滨海、黄淮地区；南蛮集团主要活动于长江中下游及其以南地区。三大部落集团的交流融合，构成了华夏族形成过程中的第一次融合高潮。

炎黄、东夷、南蛮三大部落集团除了和平共处外，还有激烈的兼并战争，这些战争加速了三大部落集团的融合。

前文已述，黄帝与炎帝之间爆发了阪泉之战。阪泉之战后，两个部落融合为炎黄部落联盟。炎黄两大部落融合为一个集团，意义重大。然而，炎帝部族的文明程度毕竟高于黄帝部族，部族的融合反过来必然要深深地影响黄帝部族本身，加速黄帝部族由以游牧生活为主向以农耕生活为主转轨。其实，炎黄部落联盟的整合不只是生产方式的变革，在文化层面上的影响也非常深远。炎黄二帝率众融合成炎黄部落联盟在中华民族的历史上具有重要意义。中原地区完全被炎黄部落联盟所控制，炎黄部落联盟的先民们深深地植根于华夏大地。炎黄部落联盟被视为汉民族的族源，炎黄二帝被汉族尊为祖先，至今海内外的华人都认为自己是炎黄子孙。炎黄二帝已成为一种文化纽带，把中华民族紧紧凝聚在一起。

随后，蚩尤作乱，不用帝命，又发生了炎黄部落联盟与蚩尤部落集团之间的战争——涿鹿之战。黄帝最后战胜蚩尤，使强敌东夷臣服，而南边苗蛮尚软弱，因外无强敌，炎黄部落联盟赢得长时间的和平环境，集中精力发展自身的社会经济文化，壮大自己的力量。

涿鹿之战壁画

经过这场战争，黄帝成为有影响的领袖人物，并在炎黄部落联合体的基础上，与更大范围内的其他氏族、部落、部落联合体结成松散的联盟关系，使华夏族的地盘扩至豫东、冀南、鲁东一带。

炎黄二帝与蚩尤的战争，是在炎黄与东夷两大族群交汇中产生的碰撞，是中华民族两大族源走向融合与同化，以及华夏族成为中原主体民族发展过程中重要的一环。

华夏族又将自己的地域推进到江汉地区。华夏族与东夷族和睦相处一段时间之后，华苗之间的冲突又开始加剧。《尚书·舜典》："窜三苗于三危"。《吕氏春秋·召类》记述尧、舜战南蛮："尧战于丹水之浦，以服南蛮；舜却苗民，更易其俗"。《墨子·非攻下》："禹亲把天之瑞令，以征有苗。"可见，通过战争及经济、文化的相互交流，一部分苗蛮逐渐同化于华夏。在江汉地区大溪文化、屈家岭文化及湖北龙山文化一系列文化遗存中，越来越多的仰韶文化和河南、陕西龙山文化的因素反映出华夏族的势力已达到江汉地区。

炎黄二帝从渭河中上游东进中原，经过阪泉、涿鹿之战，华夏族与东夷族始而相争，继而相亲，参互错综而归结于同化，组成了以华夏族为主体的融东夷、南蛮在内的新的华夏部落大联盟，其地域更加扩大，形成了以中原（河南、晋南、鲁西、冀南、秦中）为中心，包括黄河、长江两岸及辽河流域的广大地区。

郑州黄河岸边炎黄二帝雕像

考古发掘与文献记载表明，在新石器时代后期，我国境内曾先后形成了几个既互相联系又各具特点的文化区域。在这几个文化区域中，中原文化是成熟较早的一个。由于它处于相对中心的位置，因而对四方文化的辐射、融合、涵化的力量都比较强。从地理环境看，中原地区气候温润、物产丰饶、地势平坦、交通便利，遂成为四方部落争夺的中心。我国古史中传说的著名战争，无论是炎黄之战，还是黄帝与蚩尤大战，大都是围绕中原地区的争夺与开发而进行的。争战的结果是加速了四方文化与中原文化的融会，加速了文明国家在中原地区实现的进程。

我国的奴隶社会历经夏、商、周三代，这三代的来源不同，夏部族是黄帝后裔，居住在中原地区河洛一带，公元前21世纪夏王朝建立，标志着我国历史已进入到一个新的时代。汤建商后，由于种种原因，屡次迁都，但都在黄河中下游地区；盘庚时迁殷，帝乙末年迁沣，后来亡于周。周族最初活动于渭水流域，原是西戎的一支羌人，灭商后势力扩大到黄河中下游的中原地区。可以说，中原地区是夏、商、周三代的政治、经济、文化中心。因此，司马迁才说，“昔三代之居皆在河洛之间”。夏、商、周时期与夏人、殷人、周人错杂而居的还有蛮、戎、夷等少数民族，如洛阳附近就有陆浑之戎、伊洛之戎等。

到了战国时期，居住在中原地区的少数民族就已消失在史乘之上，表明他们不是远徙他乡，就是已与华夏族融合，形成了新的华夏族。这个新的华夏族是由黄河中下游的炎黄部落联盟及部分东夷集团为主体形成的，其中除了夏人、殷人、周人的血统外，还有一部分少数民族的成分。可见，华夏族本身便是多民族融合的共同体。

第六章　炎帝神农文化与中华文化根脉

炎帝一脉传百代，千秋不绝是龙根。中华文化能绵延几千年而不衰，原因很多，但其中一个很重要的原因，就是我们有共同的、优秀的炎帝神农文化作为根脉。它具有强大的生命力和民族凝聚力，只要是中华儿女，谁都不会忘记这个文化传统。它像我们祖先脉管里流淌的血液一样，流进了我们每一个中国人的血液中，无论走到哪里，只要提到炎帝神农文化，每个中国人都会热血沸腾，迸发出激荡的爱国热情。

炎帝神农文化是中华民族数千年历史发展过程中创造的重要文明成果，蕴含着中华民族特有的精神价值、思维方式和想象力、创造力，是中华文明绵延数千年一脉相承的历史见证，也是人类文明的瑰宝。炎帝神农是中华民族的人文初祖，炎帝神农文化是中华文明初创时期的代表性文化之一，是中华文化的根脉所在、灵魂所在。正如费孝通所说："中华文化不断丰富、创新的发展，正是由于有炎黄二帝为代表的远古文化作为源头的始基；中华文化的许多精髓，是从炎黄时代一脉相承的。"中国是一个以农立国的国家，中国农耕历史之悠久、技术之精细、文化之灿烂、影响之深远，举世无双。而炎帝神农即是农耕之始祖，形成这种现象的根源在炎帝神农时代，延续这种现象的根脉是炎帝神农文化。

炎帝神农文化赋予中华文化"以农为本"和"慎终追远"的核心特点。除此以外，一些被中国人推崇备至的文化传统，是从炎帝神农时代的文化源头肇始发端形成的，并延续几千年。如以民为本、天下一统、药茶文化、儒道文化等早期观念的萌芽，无不源自炎帝神农文化。这些都是炎帝神农文化历久不衰的创造力的体现，是中华儿女共同的文化遗产。这些流传千年的中华优秀传统文化，留存着中华民族独特的生活方式与生存密码，已经积淀在中华儿女的血液中，演变为人们的思维方式、行为方式和审美情趣。

炎帝神农文化是中华民族始兴时期的辉煌记忆，也是中华民族历史的光彩符号。传承炎帝神农文化，就是复活我们的文化记忆，使之融入我们的血脉之中，转化成对国家民族的诚挚之爱，形成团结统一的家国民族情怀。身为中华儿女，只有加强对中华民族文化源头时期的特征研究，才能致力于弘扬民族精神，增强民族凝聚力。从现代意义上说，继承炎帝神农文化对促进文化传承、维系民族情感、弘扬民族精神、维护国家统一具有重要作用，也是建设社会主义先进文化、实现中华民族伟大复兴的客观要求。

第一节　以农为业

中国是一个以农为本的世界文明古国，数千年来从来就是“以农立国”，农业之重要不言而喻。就人类的历史而言，世界各国都在无农不稳、无农不立的历史过程中延续着。中华文明史，从某种意义上说是一部传统农业社会和农耕文明的进步史，农业在几千年的历史中一向是中国社会经济的基础，重农务本是许多中国人的共同传统。之所以出现这样悠久厚重的农业文明，源自中华民族的共同祖先之一——炎帝神农。

民以食为本，食以农为先。正是因为承袭了炎帝神农的农耕文明，教民耕种，使农业社会形态逐渐形成，才使黄帝能够“修德振兵”，“征师诸侯”，文治武功鼎盛一时，开疆辟土，臣服四方，华夏一统。农业及农业文明所依附的土地，是中华民族的生命之源，一切的生命与生活，包括其衍生出来的风俗、信仰、科学、哲学、价值，都源于此。其实不只是中国，几乎所有的古文明都建立在农业的基础之上。农耕是早期文明的基础，只有农耕才能形成村镇，才能进一步发展出工业和其他文明。农业经济使原始人类从刀耕火种到精细耕作，从游牧到定居，解决了饥饿问题，播下了文明的种子，随后产生了房屋、陶器、交易、音乐……农耕文明由此成为诞生其他一切文明的基点和源泉。

炎帝神农时代，人民少而禽兽多，衣食难继，如何延续生命是先民面临的严重社会问题。炎帝神农所处的时代，按照我国古籍记载和考古资料看，其上限大致可以推到距今 8000 年左右的新石器时代中期。炎帝神农部落初期，先民主要过着采集野果和捕获渔猎的迁徙生活。随着部族的进步和生产力的发展，开始了农业生活，形成了以农耕为主的定居部落。因为在农业上有杰出的贡献，所以其部落首领自然而然获得了“炎帝神农”这个称号。自古以来，善良感恩的先民把有关农耕的许多发现和发明，都归结到炎帝神农身上。事实上，始制耒耜、发明原始农业以及发明中草药等复杂的活动，都是我们的祖先经过一代人又一代人的生产和生活的实践，不断探索、不断实验、不断总结才创造出来的，绝不可能由某一个人或某一代人全部完成。后世文献把这些发现和发明的功劳归于炎帝神农，实际上是人民群众把炎帝神农看作是我们先祖由从事狩猎采集的野蛮时代过渡到发明农业和定居生活的文明时代的英雄人物的象征和化身。恩格斯在他的名著《家庭、私有制和国家的起源》一书中，有专门一节论述从野蛮到文明的过渡在人类历史上的重大意义。炎帝神农作为农耕文明的创始人，使原始先民从采集狩猎的野蛮时代过渡到农业定居的文明时代，因而受到中华民族世世代代的崇拜和祭奠。

一、发明农耕工具

在原始社会早期，先民们的思维处于混沌状态，对自然的认识刚刚开始，只能以石头为武器和工具来追打和切割野兽，采集植物果实为食。在极其恶劣的自然环境面前，人们只能望天而食，随地而生，食草木之实、鸟兽之肉，茹毛饮血，“时多疾病毒伤之害”。因此，如何保有生命，使其得到延续，是摆在先民面前的一个亟待解决的大问题。文化和社会的发展主要在于技术的进步，在当时的条件下，解决民生问题主要在于农业技术的进步。农业技术的进步首先体现在农具上，有了农具，才有可能进行较大规模的农作物耕作，才可能使农业生产成为人类主要的、赖以生存的生产方式。农具的发明和使用是原始农业走向成熟的标志，也是农业成为人类主要经济生产方式的基础。这种依赖农耕经济的经济生产方式，奠定了中国几千年来社会发展的经济基础，也奠定了以农立国、以农为本的中华文明。

炎帝神农的伟大功绩要从发明农耕工具，提高生产效率开始。从传说来看，炎帝神农最早发明了农具。不少古籍均记载了炎帝神农创制耒、耜等农耕工具。按照《周易·系辞下》记载，“神农氏作，斫木为耜，揉木为耒，耒耨之利，以教天下”。这里是说炎帝神农教人砍削木头以做成耒，弯曲木头以做成耜，用于农业生产。湖南澧县八十垱遗址出土的木耒木铲、浙江河姆渡遗址出土的木耜等农具，不论从时间上（距今7000年前后）或从地域上都与炎帝神农的“斫木为耜，揉木为耒，耒耜之利，以教天下”的记载相符，同时也印证了山东武梁祠汉代石刻《神农氏执耒图》的形象。这里的“耒”和“耜”都是古代耕田翻土的工具。“耒”的改进，不仅深翻了土地，改善了地力，而且将种植由穴播变为条播，使谷物产量大大增加。为了多翻土地，后来又将木耒的一个尖头改为两个，成为双齿耒。炎帝神农不但发明了农耕工具，而且还教育天下的人们改进耕作技术。有了木制的耒、耜，人们开始用新的农业工具耕作田地，不仅能开垦荒地为田亩，而且能深翻土地，精耕细作，提高农作物的产量，使农业生产有较大的发展。农作物产量的大幅度提高，解决了先民们的吃饭问题，这不仅意味着解决了食品来源问题，更为重要的是，从此人类有了自己的田园从而能安居乐业。

我国古代的耒、耜、犁似乎一度是通用的。《说文解字》说：“手耕曲木也。从木推丰。古者垂作耒、耜，以振民也。”“耕，犁也。从耒，井声。”“犁，耕也，从牛，黎声。”郑玄注《礼记·月令》：“耒，耜之上曲也。”“耜者，耒之金也”。《庄子释文》引《三苍》：“（耜）耒头铁也”。这就是说用耒加辕以牛耕便是犁了。耒耜的发明提高了耕作效率，有的学者认为耒耜之合体即是犁，耒耜也是后来犁的前身，所以有人仍称犁

山东武梁祠汉代石刻《神农氏执耒图》

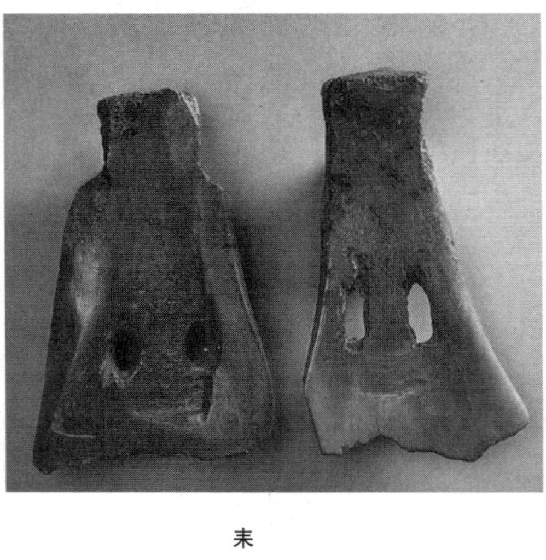

耒

为耒或耒耜。耒、耜、犁作为耕作工具，如能利用到畜力，就更为便利，能大幅度提高生产效率。这一过程同牛的驯化与饲养分不开。而炎帝神农部落似乎是最先驯化牛的部落。古籍说炎帝神农“人身牛首”，《炎陵志》说：“牛者，农之所资也。习俗讹言，因是谓神农。”这就是为什么古籍中炎帝神农的图像，要在他头上添两只牛角，因为“人身牛首”是炎帝神农在农业上功绩的形象。耒、耜、犁等工具与牛耕的出现改变了史前农业的耕作方式，大大提高了农业生产效率。当农业发展到牛耕时代，农业已由原始农业过渡或进入到传统农业，人们为纪念炎帝神农的这一伟大功绩，于是给炎帝神农造出人身牛首的形象。炎帝神农率领着自己的部族，学会了农耕，发明了农业，开始了生产经济的新阶段，而农业经济和农业定居正是文明时代开始的标志和象征。其实，生产工具的发明和改进以及野生动植物的驯化，是非常漫长而且复杂的过程，非一人一代可以完成，它是先民们在长期的生产实践中逐渐实现的。后人把这些成果归功于炎帝神农，表现了人们对他的尊崇和对先祖的怀念。原始农业的发生是部落群体的智慧，炎帝神农部落最早大面积种植谷物，开展农耕，显然是不争的事实。以后随着炎帝神农氏族的繁衍，逐渐成为以农耕为主的定居部落，所以，《汉书·艺文志》说：“道耕农事，托之神农。”炎帝神农部落创制耒、耜等农具，是中国原始时代的一次重要的技术革新，它促使原始农业生产得到快速发展，生产力水平迅速提高，同时导致社会发生巨大变革，并促使社会分工进一步加快。

二、选择优质稻种

晋王嘉《拾遗记》云：“时有丹雀衔九穗禾，其坠地者，帝乃拾之，以植于田，食者老而不死。”上述记载虽不免带有神话色彩，但推测在上古时代，也许天刮大风吹来野生谷穗嘉种，也许鸟雀衔谷粒自异方来，落于地，人拾而种于土中，于是便有了人种禾稼。这想必便是最早的农业种植。炎帝神农时代早期，人们靠捕鱼打猎和采集植物果实为生，这

湖北神农架神农祭坛

种生活缺乏可持续性，人可以走动寻找食物，知道趋利避害，保护生命，但鱼处水则活，失水则枯，兽在林则活，失林则逐，都不可长久储存。而且鱼、兽繁衍有时，失时则绝。人类早期，先民们人口稀少，有猎可打，有鱼可捕，生存自然没有问题。但是随着人口的逐渐增多，对食物的要求也增多，然而渔猎终有尽时，采集植物果实又受到季节的限制，一旦无猎可打，无鱼可捕，无野果充饥，先民的生存将面临危机。炎帝神农引导人们采集野草籽以食，并教民农耕，开始了可持续性的生产活动，使生命得以延续。

五谷杂粮

真实的原始农业是怎样发明和发展的呢？中国最原始的渔猎采集经济，使先民们处处留意大自然的馈赠。在极其艰苦的条件下，先民们在极其微薄的采集狩猎收获的基础上，经过长期观察、探索、启发、实践、选择，才发明和发展了原始农业。其发生的时间，大概是从旧石器时代过渡到新石器时代的母系社会。先民们通过长期的观察，逐渐认识到所采集的种子、瓜果、菜蔬等植物的生长规律，而且发现野生种子（稻、粟、稷等）及吃过的果核偶然散落或被抛弃在居住地的周围，来年会适时萌发、生长、结果。受此启发，他们主动自觉地试种栽培，从而发明了原始农业。炎帝神农部落的先民们，以超人的胆略和气魄，走遍大地，为了解决饥饿问题，经过反复实践、多次尝试，终于发现嘉种，认识了能充当食物的植物。陆贾《新语》记录说："至于神农，以为行虫走兽，难以养民，乃求可食之物，尝百草之实，察酸苦之味，教民食五谷。"一些野生植物的种子因为可以食用，先民们有意识地加以种植和选种，将这些野生植物培育为农作物。但是这些野生植物遇到自然条件不好而歉收时，先民们就有缺粮之忧。到了后期阶段，先民们学会了对野生稻种的人工干预，如选择优良稻种试种等。到新石器时代早期，在对稻谷种子反复人工选择的基础上，先民们改变了野生稻的生存条件和遗传性，初步驯化成功，基本形成稻属栽培种，称为原始栽培稻。原始栽培稻兼备籼稻、粳稻和野生稻的特征，是一种野生稻向现代栽培稻演化中的古栽培稻类型。经过许多次的尝试和实践，先民们逐渐筛选出了稻、黍、稷、麦、菽五种植物，后人将这些作物统称为"五谷"或"百谷"，并留下许多"神农创五谷"的美好传说。清马骕《绎史》引《周书》曰："神农之时，天雨粟。神农遂耕而种之，作陶冶斤斧，为耒耜锄耨，以垦草莽。然后五谷兴助，百果藏实。"五谷的养育使得中华民族得以生存和发展。今天的五谷，泛指米、谷、麦、豆等多种粮食，即中国人常说的"主食"，这些主食的营养成分主要是碳水化合物、植物蛋白质及 B 族维生素，脂肪含量极少。按照中医理论，五谷能养五脏之真气，称为"养"，说明其营养丰富，有益身体。可见吃五谷主食，是抓住了摄取营养素的主体和根本。《黄帝内经·素问》第二十二篇《脏气法时论篇》云，“五谷为养，五果为助，五畜为益，五菜为充”。这里所说的具有“养、助、益、充”作用的谷、果、畜、菜，构成了中国人的传统食物结构。这种食物结构的科学性在于它符合中国人养生健身的总体营养要求，也符合现代营养学的理论。果、畜、菜皆可以通过采集渔猎的方法获得，唯有五谷，是农耕发展的物质基础，是数千年农业文明的根本所在。炎帝神农作耒耜，种五谷，改善饮食结构，成就了中华文化千秋万代之功。

先民们大约在8000年前就由采集经济时代进入农业经济时代，而许多考古遗址可以与炎帝神农的传说相对应。如江西、湖南等地发现近万年前的稻作遗迹，湖北枣阳的雕龙碑遗址、随州的西花园遗址也有与神农传说有关的稻作遗迹，河南陕县庙底沟和陕西临潼姜寨等新石器时代遗址中，发现使用双齿耒挖土留下的痕迹。

古代黍、稷、粟、麦等旱作物，主要分布在西北和黄河流域。水稻等半干旱的作物，主要在长江流域及南方。现在黄河流域有多处考古遗址发现了距今8000年至6000年的粟、麦、稷。例如在河北武安磁山遗址出土的88个储藏穴的粟遗存，重达10万多斤，距今已有8000年之久。在长江流域，距今12000年的湖南道县玉蟾岩文化遗址出土多枚稻谷和原始陶片遗存，特别重要的是发现了中国目前最早的稻谷壳实物遗存，而且已经具有人类初期干预的痕迹。经专家分析鉴定，玉蟾岩出土的稻谷是一种兼有野、籼、粳综合特征的，从普通野生稻向栽培稻初期演化的最原始的古栽培稻类型。这也是目前世界上发现的时代最早的人工栽培稻标本，是探索稻作农业起源的时间、地点及水稻演化历史的难得的实物资料。有的学者据此提出“长江中游是中国稻作文化的发祥地”，这种可能性是很大的。

此外，还有湖南澧县城头山遗址、浙江余姚河姆渡遗址等都是已经确认的6000年以前的农耕文明。浙江余姚河姆渡遗址，这个原始村落发现的消息，震惊了全世界。史前的东南地区，一向被视为蛮荒边陬之地，如今突然发现地下竟埋藏着与中原文明相媲美的古老遗址，这在中国考古史上影响非同寻常，河姆渡遗址也因此被列为20世纪中国十大考古发现之一。在河姆渡遗址考古发掘的现场，可以看到遗址第四文化层的上部，除大片木构建筑遗迹外，最引人注目的就是出土了包括骨耜在内的农业生产工具和大批稻谷、谷壳、稻秆、稻叶，堆积层相互掺杂，平均厚度40～50厘米，也有厚达1米以上的。有的已经烧焦，有的保存完好，有的稻叶的脉络和根须很清楚，谷壳基本上还是金黄色的，不失原来的形态，甚至连稻壳上的纵脉和纤细的稃毛仍清晰可辨。有人从稻谷堆积的厚度及面积推算，稻谷总量当在100吨左右，可以充当400多人一年的口粮。总之，河姆渡遗址中稻谷堆积之丰厚、数量之庞大、保存之完好，不仅堪称中国最丰富的史前稻谷遗存，就是在世界新石器时代遗址中也是极其罕见的。河姆渡源远流长的稻作文化，改变了过去认为中华民族远古文化仅起源于黄河流域的观点，进一步突破了我国原有新石器时代文化类型和分布的界限，雄辩地证明了长江流域也有灿烂的史前文化，黄河、长江流域同是中华民族远古文化的发源地。这些地下的考古证据，也从时间和地域上证明炎帝神农所处的时代和从事原始农业生产的活动地，甚至对于野生稻谷的培育和驯化，与古籍记载也是基本相符的。

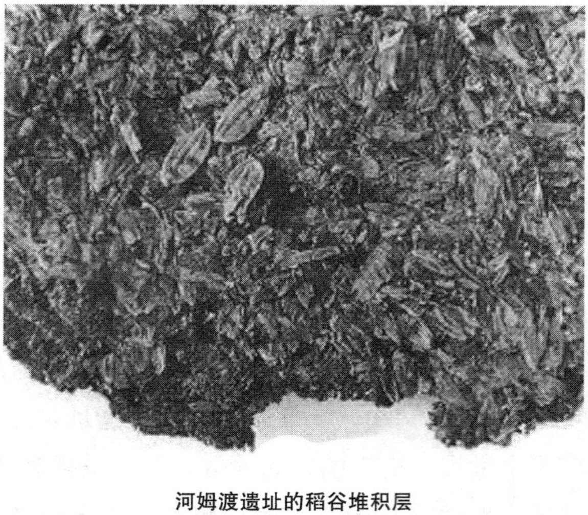

河姆渡遗址的稻谷堆积层

三、改进耕作方式

火是人类无数发现中最伟大的发现之一，火的发现和使用，是旧石器时代原始人类的一项特别重大的成就。对于火，如果不能认识、控制和掌握它，便是一种极大的威胁。人类对火的了解和利用，经过了一个从利用自然火到人工取火的漫长过程，即恐惧—认识—使用的过程。火山爆发、电闪雷击引起森林起火，对于先民们来说，都是很可怕的。但是人们在同险恶的自然界打交道中，逐渐了解了火源附近比较暖和以及被烧死的野兽可以充饥等知识。于是，他们试着取回火种，把燃烧的树枝带到山洞里去，用火作为战胜寒冷和防止野兽侵袭的武器。在长期的劳动过程中，他们还发现了摩擦生火的现象。例如，打击燧石或石器相碰会产生火花；刮木、钻木时会生热，甚至冒烟起火。经过若干万年的摸索、尝试，他们终于在实践中掌握了打击、磨、钻等人工取火的方法。这样，他们就从利用自然火过渡到人工取火了。

火的使用和利用对人类的发展有着划时代的意义。早期先民茹毛饮血，吃生冷食物，民多疾病。人类认识并掌握了火，就增强了同寒冷气候做斗争的能力。火对早期人类身体素质的发展也是十分重要的，它改变了人们的饮食习惯。火可以烧烤食物，可以用来围猎和防御野兽，可以照明，可以烘干潮湿的物件以及化冰块为饮水等。人类因为获得火才能够吃熟食，从而优化大脑，改善了生活和居住条件。所以恩格斯说："摩擦生火第一次使人支配了一种自然力，从而最终把人同动物界分开。"火不仅可以蒸煮食物，改生食为熟食，驱除寒冷，防止疾病发生，而且可以烧荒，开垦土地，扩大田园。先民们从利用自然火到人工取火，这是一个巨大的飞跃，上古的燧人氏，就是因为能钻木取火而成为"三皇"之一。

《左传·哀公九年》记载："炎帝为火师"。既然是"火师"，与一般火种的保存者便不可同日而语，意思是炎帝是火的掌握者、使用者、支配者，当然也能人工取火。由此可以推断，炎帝神农部落是中华民族最早将用火与农耕结合的部落。《左传·昭公十七年》记载："炎帝氏以火纪，故为火师而火名"。可以想象当时人烟稀少，到处森林茂密，猛兽成群，毒蛇遍地，只有用火烧山，才能赶走毒蛇猛兽，进行农业生产。为了保证部落人民生命的安全和生活物资的需求，炎帝成了利用火的专家，凡是崇拜火的氏族，都奉炎帝为神。

刀耕火种是原始农业的一种耕种方法，刀耕是指用木具、石刀或者类似金属（青铜）类的器具来翻耕土地，让土地变疏松，利于作物种子的生长发育。火种是把地上的树木和荒草烧成灰做肥料，就地挖坑下种。当时生产力不够发达，而且少有可以直接开垦种粮的土地，大多是森林，要耕种的话就要把森林砍伐了变成平地。但是砍伐大片的森林费时费力，所以采取用火烧的方式，并且火烧森林之后的灰烬富含钾等元素，提高了土地的养分，更利于耕作。这是新石器时代流行的一种粗放型农业经营方式，属于原始生荒耕作制。经过火烧的土地变得松软，不翻地，利用地表草木灰做肥料，播种后不再施肥，一般种一年后易地而种。由于经营粗放，亩产只有百斤左右，俗称"种一偏坡，收一萝萝"。"炎"字从叠火之形，从名称看就知道与火崇拜有关；炎帝神农又号"烈山氏"，即"烈山泽而焚之"，意思是放火烧山，以便耕种。显然炎帝神农与刀耕火种的生产方式有着密切的联系。炎帝神农部落之所以崇拜火，并且以火作为部族的名称，很可能与他们最早从事刀耕火种有关。刀耕火种，又称火耕农业，而火耕，正体现了"火德"，"以火德王"，"有炎之德"。《烈子·说符》云："尝观之神农、有炎之德"。火德，又说明了利用火的"刀耕火种"成就了原始农业的起始阶段。炎帝、烈山氏、神农氏三个称呼融为一体，对应着炎帝神农部落刀耕火种，开展农业生产的方法、手段和目的。这些称呼可能标志着我国上古先民在掌握火的技术方面具有历史性的进步。

原始农业初创时期的刀耕火种，就是在山地上先砍伐树木，烧草根树桩，然后播种、看护，最后收割，即所谓"稼穑"。刀耕火种对当时发展农业生产有重大意义。恩格斯曾说："火器对于文明时代……乃是决定

刀耕火种图

性的武器。”在新石器时代，农耕的产生是人类所经受的一次伟大的经济革命。这是因为农作物从播种到收获，要经历长达几个月甚至一年的时间，在漫长的时间里，需要先民们随时进行拔除野草、剔苗等多项田间管理。这就要求种植者必须定居下来，因为只有定居下来，才能进行不间断的管理，也才能有最终的收获。这对集中民众、生成村落起了推动作用。也正是在形成村落的基础上，人口得以聚集，物质产品得以丰富，经济活动逐渐开展，才开始有了城市乃至邦国。所以，农耕的发明是人类走向文明时代的必要条件。炎帝神农无疑在引导先民摆脱蒙昧的野蛮时代，走向定居的农耕文明发展过程中做出了突出贡献。

四、明确男女分工

在渔猎时代，男女之间并没有明确的社会分工，成年男女共同参加渔猎生产活动。只有在以农业为主要经济生产方式的时期，人们定居一地，生活较为定安，男耕女织的分工模式才会固定下来。炎帝神农时代处于母系氏族社会向父系氏族社会过渡的时期，人们的婚姻状态从群婚制向对偶婚状态转变，也就为男耕女织的社会分工奠定了基础。

男耕女织是农耕民族独有的生产生活方式，是中国几千年来农业社会的主要性别分工模式，延续数千年，至今影响依然存在。这种模式是在长期的生产实践中，依据生产的规律自然形成的，成为几千年来中国以家庭为单位的农业生产方式的理想分工模式。从神话传说来看，男耕女织的分工最早始于炎帝神农时代。《商君书·画策》说："神农之世，男耕而食，妇织而衣，刑政不用而治，甲兵不起而王。"《淮南子·齐俗训》说："故神农之法曰：'丈夫丁壮而不耕，天下有受其饥者；妇人当年而不织，天下有受其寒者。'故身自耕，妻亲织，以为天下先。"可见，炎帝神农教令天下男必耕、女必织，并亲自种田，其妻亲自织麻，以此作为老百姓的表率。这种以一夫一妻小家庭为单位的个体劳动组织形式，作为封建农业经济的载体，对中国经济的运行和社会的发展，产生了深远的影响。

男耕女织图

炎帝神农部落开创的农业文明，促成了男耕女织劳动分工制度的形成。反过来，这一劳动分工制度也促进了原始先民的农耕定居生活。在原始农业发明以前，人们靠采集和渔猎为生，经常流徙不定，只能"缘水而居"，"穴居而野处"，不仅生活极其艰苦，安全也毫无保障。自从开创农耕生产后，先民们以家庭为单位男耕女织，人们有条件稳定在一个地方定居下来。各氏族的人们为安全起见，共同修建起简陋的房屋，聚族而居，形成原始村落。湖北枣阳雕龙碑新石器时代氏族部落房屋遗址，就生动地再现了原始先民定居生活的情形。原始村落变为人口较多的大小邑聚，进而发展为城市。可以这么说，源远流长的中华文化，是在男耕女织的定居生活基础上孕育产生并发展起来的。

五、奠定“农家”基石

先秦时期，人们对炎帝神农的认识主要集中在农业方面的贡献，也就是说，炎帝神农部落是以发明农业的杰出族群身份出现在中华大地上。炎帝神农开创了农业文明，后世公推为“农神”，影响深远。春秋战国时期，诸子百家争鸣中，就有一支宣讲神农的农家学派。许行依托远古炎帝神农“教民而耕”之言，主张“种粟而后食”“贤者与民并耕而食，饔飧而治”，是战国时期农家学派的代表人物。《孟子·滕文公上》记载：“有为神农之言者许行，自楚之滕，踵门而告文公曰：‘远方之人闻君行仁政，愿受一廛而为氓。’文公与之处。其徒数十人，皆衣褐，捆屦、织席以为食。”许行继承了炎帝神农朴素的原始农业思想，保存了远古神农学说的精神，主张自耕而食，自织而衣，反对市场欺诈行为，所以许行号称为“有为神农之言者”。许行的农家学说，是在继承炎帝神农原始农业思想基础上的进一步发展和理论化，是小农经济平均主义的反映。这是因为随着兼并战争和阶级分化的日趋激化，人们要求社会“均平”合理，反对剥削和压迫。“神农之法”集中显示了劳动人民自食其力的淳朴本色，表达了他们期盼解除现实压迫的强烈愿望，充满对想象中的平均社会的美好憧憬。农家学说也因而深入人心，为战乱中渴望安定农居生活的百姓所向往，也对后世产生了重大影响。

可见，炎帝神农是农家学派的宗师。从先秦到汉代，古籍中还记载了学者们归纳的炎帝神农的学说——“神农之教”。例如《吕氏春秋·爱类》记载：“神农之教曰：‘士有当年而不耕者，则天下或受其饥矣；女有当年而不绩者，则天下或受其寒矣。’故身亲耕，妻亲绩，所以见致民利也。”《文子·上义》记载：“故神农之法曰：丈夫丁壮不耕，天下有受其饥者；妇人当年不织，天下有受其寒者。故身亲耕，妻亲织，以为天下先。”《吕氏春秋》提到了“神农之教”，《文子》提到了“神农之法”，这两个概念，是春秋战国时期流行的学说，也是人们对炎帝神农农耕学说的归纳。成书于汉代的《淮南子·齐俗训》也有类似的记载。这些学说和观点，属于《汉书·艺文志》中的“农家者流”，诸子学习农家类的著作，录有神农二十篇，书中还分析了农家流派形成的原因：“六国时，诸子疾时怠于农业，道耕农事，托之神农。”因为有“神农之教”，所以就有许多相关的文献，托古而作。如《汉书·艺文志》载录的《神农》《神农兵法》《神农大幽五行》《神农教田相土耕种》《神农黄帝食禁》《神农杂子技道》等著作。这说明战国到汉代的人们乐于把一些事物托名于“神农”，诸如农事、兵法、饮食等，可见炎帝神农已经是当时人们崇拜的对象，是中华农耕文明的伟大创造者。

六、奉行以农立国

中国数千年来的传统思想认为，民以食为天，国以农为本。以农为本的传统产生以后，延续几千年。在此过程中，中国有发展，有创造，有变迁，但是农业的地位始终高高在上。在农耕文明基础上产生的自给自足的小农经济，是中国古代社会经济结构的根本特征，也是社会政治、文化等上层建筑赖以建立和长期存在的深厚而坚实的基础。炎帝神农时代的最大贡献是对农业生产方面的发明创造，这是后世历代典籍所一致认定的，也是后世子孙一再传承和发扬的。这一时代所创造的农业文化，虽然还是比较原始的，但它是灿烂的中华文化的肇基之始和重要组成部分，是随后兴起的标志着文明时代到来的黄帝文化的序幕。我们可以得知先民们到了炎帝神农时代，为了告别茹毛饮血、居无定所的生活方式，在炎帝神农的带领下，向毒蛇猛兽挑战，向原始森林进军，开垦土地，种植五谷，实现了人类历史由狩猎向农耕的巨大转变。炎帝神农文化富有改革精神和创造性，是东方文化的母体，中华文化应源自炎帝神农时代所开创的农耕文明。

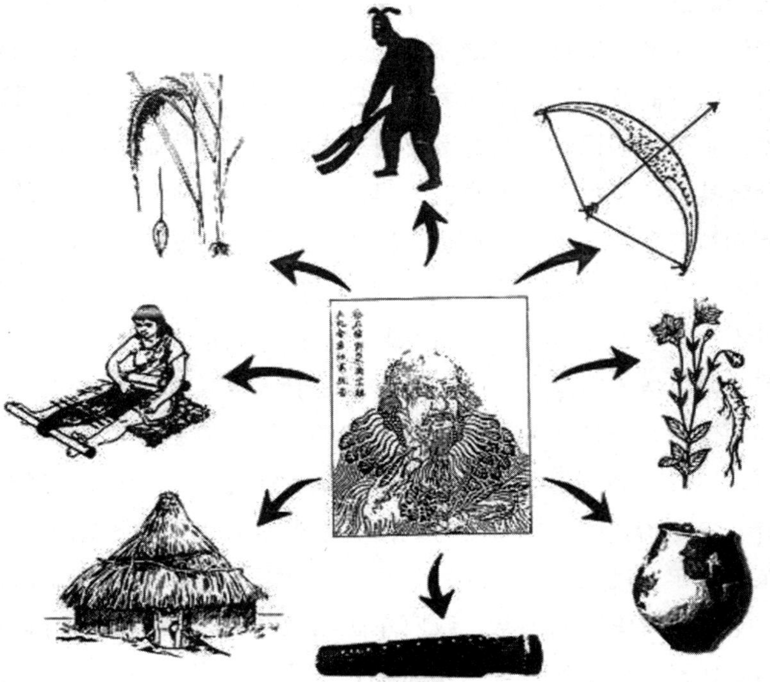

炎帝神农开创的农业文明

自炎帝神农创立农耕以来，历代统治者无不重视农业，尧舜亲治农官，舜命令禹去平准水土，命令弃去“黎民阻饥”，命令后稷去“播时百谷”。《论语·宪问》中云：“禹稷躬稼，而有天下。”意思是禹帝和后稷努力处理土壤，精耕细作，顺天命而得天下。上古时期的氏族部落首领都是靠发展农业推动部落发展进步，逐步走向强大的。周民族的始祖后稷就是一位精通农业的技术专家，周王朝更是以农兴国，每年春天都设有藉田礼，把农业生产看成是国家的第一要政。春秋战国时期，各诸侯霸主无不雄心勃勃，开疆拓土，《孟子·梁惠王上》说，“欲辟土地，朝秦楚，莅中国而抚四夷也”。各诸侯霸主争夺的主要是土地，有了土地就可以发展农业，经济实力就会变得强大。《孟子·离娄上》言，“争地以战，杀人盈野；争城以战，杀人盈城”。从春秋战国的混战到强秦能一统天下，与政治家商鞅重农抑商、奖励耕织、充实国力有很大关系。秦末汉初长期战乱不息，人民伤亡惨重，自耕农流离失所，田地荒芜。汉初统治者注重时务，推行黄老之术，与民休息，主张积储，重视农业，鼓励农耕，抑制商业。天子亲执耒耜，以耕藉田。贾谊、晁错等汉初的政治家察古论今，认识到农业的重要性。贾谊《论积贮疏》曰："背本而趋末，食者甚众，是天下之大残也"。又引用春秋时期政治家管仲的话"仓廪实而知礼节"和《汉书·食货志》"一夫不耕，或受之饥，一女不织，或受之寒"，表达自己抑末强本的主张。晁错《论贵粟疏》说："珠玉金银，饥不可食，寒不可衣。"粮食则"一日弗得而饥寒至"。故"方今之务，莫若使民务农而已矣。欲民务农，在于贵粟"。五谷中的粟是农业中最重要的作物，正是炎帝神农最早栽培的。重视农业，以谷物粮食为贵的政策，不仅关系到每个人的生存饥饱，而且关系到国家的存亡治乱。汉代有文景之治，国力昌盛，与统治者推行重农贵粟政策也是大有关系的。东汉末年，民死沟壑，战乱频仍，不计其数，以至出现了"白骨露于野，千里无鸡鸣"的惨状，政府军队因缺粮自行溃散。具有远见卓识的政治家曹操发动士兵在许屯田耕种，广积粮，多储备，为最后统一北方、建立曹魏政权奠定了稳定的基础。乃至隋唐宋元明清时期，都很重视农业。宋太祖规定以课农成绩好坏来评定官吏，并根据不同地质水利情况，适宜种粟的地区要求种粟，适宜种稻的地区要求种稻，讲究耕作方法，农业很快得到发展。明清以来，地方政府极为重视农田水利建设和农业生产技术，对官吏实行"有田功者升，无田功者黜"的政策，农业生产技术得到了提高。农业的发展对于稳固国家政权起到了非常重要的作用。

农业是古代决定性的生产部门，由于农业生产的状况直接关系到国民生计和国家的兴衰存亡，因此历代统治者都把发展农业当作大事来抓，努力督促和组织农业生产。与此同时，国家在经济政策上一直奉行以农为本政策，即保证经济政策向有利于农业发展的方向倾斜。这是因为农业的发展，会给国家和人民带来很多好处。首先，有利于安定民生，从而有利于稳定和巩固统治者的统治地位。其基本规律为农业发展—立民之欲—安定民生—稳固统治，也就是农业发展—治民—治国。其次，农业是国家富强、实力雄厚的源泉，又是国富力强的标志。再次，农业的发展，也为手工业的发展提供了原料和市场。最后，农业还为战争提供了物质基础。中国封建社会缺乏严格的土地等级制度，土地的自由买卖和平均析产的继承制，造成了小土地的所有制和每家每户经营农业的持久条件。

农业是恒产，有了农业才可以有持续性的生产，这是大自然的安排。人类从大自然得到农产品，吸收以后，排下的废物回归大自然。比如人与动物的粪便，又回归土壤，使土壤保持可持续性，这就是农业社会中人类与大自然之间周而复始的循环。这种循环使得天人合一，自然和谐。重农思想除了其经济或物质方面的原因外，还有文化方面的原因，即"重义轻利"观念的影响。《周易·系辞上》说："安土敦乎仁，故能爱。"可持续性的"安土"，能使天下仁爱，中国自炎帝神农时代开始，就以"以农为本，本固邦宁"为政治目标了。

第二节　以民为本

炎帝神农文化也是一种以民为本的文化。国以民为本，民以食为天，食以农为根，农耕文明是国泰民安的基业。炎帝神农始创农耕，解决了老百姓当时最大的问题——吃饭问题，并认识到农业生产与人民生活的密切关系。中国古老的文化传统虽然欠缺古希腊罗马时代的城邦式"民主"，但中国文化从炎帝神农时代就产生了为民谋利的朴素的民本思想。炎帝神农开始的原始农业生产如制耒耜、种五谷、规划田亩、培植嘉种等种种发明创造，解决了民以食为天的大事，还随之改善农耕生活，包括：用火熟食，增强体质；治麻为布，民着衣裳；作五弦琴，以乐百姓；制作陶器，改善日用；发明医药，以疗民疾；日中为市，以利交易等。这些活动虽然简陋，却是蛮荒时代最初的物质文明，要谈民生，炎帝神农开创的就是中国最初、最根本的，也是当时社会最普遍的民生之本。

他不仅为满足人民的物质利益（饮食、服装、居住、医疗等条件的改善）而操劳，而且为满足人民的精神利益（音乐、艺术等条件的发展）而费心。他真心实意为人民群众谋福利，甚至最后尝药而死，为了人民群众的根本利益奉献了一切。他与广大人民群众心连心，共同奋斗，构建了当时的民本社会。正如《庄子·胠箧》所说，炎帝神农时代的人民“甘其食，美其服，乐其俗，安其居……若此之时，则至治已”。“至治已”意思是说治理得最好，天下太平。炎帝神农对中华文明的贡献无不围绕着一个“民”字而展开。以民为本才能天下归心，才能团结那么多的部落结成联盟，形成华夏族的雏形。

民以食为天

民本思想是一种以民众利益为最高价值观的伟大品质，它的实质是为民造福、牺牲与奉献。中国传统的民本思想主要表现为重民、贵民、安民、恤民、爱民等。这些民本思想，是从炎帝神农文化时期开始萌芽的。炎帝神农以造福民生为己任，毕生为之奋斗。《淮南子·修务训》说，“神农憔悴……圣人之忧劳百姓甚矣”，就是炎帝神农民本精神的写照。正如《神农书·教篇》所云：“民为邦本，食为民天。农不正，食不充；民不正，用不衷。”这就是炎帝神农文化民本思想的核心，即解决了民众的衣食问题，才有安定团结的生活。《吕氏春秋·爱类》记载：“上世之王者众矣，而事皆不同，其当世之急、忧民之利、除民之害同。”意思是古代称王统治天下的人很多，他们治理天下的做法各不相同，但他们在承担社会的急难、关心百姓的利益、为民除害这些方面，是相同的。炎帝神农能想老百姓之所想，忧老百姓之所忧。按现在的话来说，就是炎帝神农心里处处装着老百姓，所以老百姓才尊崇他、敬仰他。以民为本、为民造福是炎帝神农最伟大的品质，也是炎帝神农奋斗精神、创造精神和奉献精神的基础。这种朴素而又原始的平等、民本思想，衍生出一系列的优良道德观念和淳厚的民风民俗。

民本思想发源于农耕文化，以农业为主的经济类型是传统民本思想兴起的经济原因。炎帝神农时代就有了农耕，在中国后来长达几千年的历史长河中，农业成为立国之根本，显示出农业在社会发展中的基础地位，更说明了农业劳动者是基础的基础。《荀子·致士》说：“无土则人不安居，无人则土不守”。长期的历史社会发展，无不依赖以农民为主体的大众安居乐业，衣食无忧，只有如此才能满足国家机构运作的需求，天下才能稳定。农耕社会也最崇尚安静、和平与均等的观念，有着忠恕、求善的人际关系模式。《尚书·五子之歌》说：“民可近，不可下，民惟邦本，本固邦宁。”从殷周的“以民为监”“敬天保民”到春秋时期的“足食足民”“为政以德”，从战国时期的“民贵君轻”“立君为民”“得民心者得天下”至汉唐的“民者，万世之本”“国以民为本”等可以看出，中国民本思想自萌芽之日起一直生生不息，影响了一代又一代执政者的统治方略。

第三节 法祖敬宗

中国人素有“慎终追远”“法祖敬宗”的传统，祖先崇拜是中国传统文化的价值取向之一。《管子·侈靡》记载：“敬祖祢，尊始也。”《礼记·丧服小记》说：“尊祖故敬宗，敬宗所以尊祖祢也。”《史记·礼书》曰：“天地者，生之本也；先祖者，类之本也”。许多中国人相信，世间的万事顺遂是因为祖先的庇护，因而对祖先特别崇拜，而祭祖是祖先崇拜的具体表现。《国语·鲁语上》云："夫祀，国之大节也；而节，政之所成也。故慎制祀以为国典。"说明祭祀是有关国家政治的大事。《国语·楚语下》点明了法祖敬宗的目的所在，即"宠神其祖，以取威于民"。对祖先的崇拜，是为了在民众中树立威望。炎帝神农文化是中华文明初创时期的代表性文化，炎帝神农是中华民族的人文初祖之一，自然成为人们奉祀的主要对象之一。

炎帝神农文化赋予中华文化的特点之一就是"法祖敬宗"。中华民族对先祖的崇敬，世所罕见。德国学者卡西尔指出："在几大宗教中，以祖先崇拜为根源并似乎原封不动保持其原始特征的，首推中国的宗教。"农耕社会安土重迁的社会特征，使得居民们对祖上先辈特别推崇和景仰。苏联学者托卡列夫认为，"祖先崇拜虽未列为中国的正式宗教，实则已成为中国宗教信仰和礼仪的主体"。中国人自己也对这一点认识得非常清楚，人类学家林惠祥认为，中国人"对于祖先的崇敬，可谓达于极点"。牟钟鉴指出："'敬天法祖'一向是多数中国人第一位的信仰，不是其他宗教所能简单取代的。"而炎帝神农是中国人祖先崇拜的集大成者，是中国人"法祖敬宗"最重要的对象之一。近年来，拜祭炎帝神农的盛大庆典，成为中国人集体拜祭祖宗的重要仪式之一，也是传承和发扬中华文化"法祖敬宗"传统的具体表现。

一、祖先崇拜

祖先崇拜非常普遍，是世界文明史上任何一个民族都有过的信仰，但随着原始社会的终结，一些文明中的祖先崇拜被抽象的、形而上学的神所代替，很多文明区域的宗教信仰都随着文化的交融、民族的入侵和民族的融合不断更替、消亡。只有中华文明是世界四大古代文明中唯一没有中断的文明，这与中华民族的共同信仰——祖先崇拜也不无关系。中华民族一直在民族认同感中延续发展着他们在原始社会末期形成的祖先崇拜，这种宗教信仰延续不断地与中华文明相伴随，成为中华文明的特质。就是在祖先崇拜中，中华民族找到了自己继承传统文化的归宿，成为中华文明不断延续的原因之一。

陈云题“炎黄子孙，不忘始祖”石刻

祖先崇拜的功能之一是凝聚人心。相同的祖先崇拜是同一民族乃至多个不同民族认同的重要纽带。早在蛮荒时期，人们就已经认识到群体的力量。人们集体狩猎、采集，后来以群居的方式刀耕火种，更以群居方式抵御自然灾害和动物的侵袭。群体的力量如此重要，人们必然要想方设法去维系它，祖先崇拜产生之后，自然而然担负起这一功能。以血缘纽带组成的氏族、部落，在氏族头人、先辈的带动下，集体从事生产、生活、宗教活动，通过共同血缘组织来保护个人和群体的根本利益。氏族成员认为他们来自相同的祖先，有着亲密的血缘关系，构成牢不可破的血缘组织，这种血缘关系最后又延伸到不同氏族之间。在夏商周三代王朝逐渐融合周边少数民族的过程中，祖先崇拜的外延逐渐扩展和辐射，华夏族的统一信仰逐渐形成。先秦的典籍中保留了许多对祖先的追忆，如《庄子》《国语》《左传》《楚辞》《吕氏春秋》《礼记》《孟子》等。秦汉时期，炎黄共祖的观念得到了进一步加强，各种文化和艺术形式都在强化这种认识。《史记》中的《五帝本纪》《三皇本纪》《夏本纪》《殷本纪》《周本纪》《秦本纪》都在反复称颂华夏族的共同祖先——炎帝和黄帝。尧陵、尧庙、舜陵、舜庙、禹陵、禹庙、黄帝陵、少昊陵等祭祖建筑也在这一时期纷纷修建。秦汉时期，中华民族的祖先意识正式确立，从此炎黄祖先崇拜成了中华民族的精神纽带。

以血缘关系为基本内容的祖先崇拜，能让人们和过去交流，上通古往先祖，下启后世子孙，从而传承文化，得到现实的回报、群体的凝聚、后代的继承。这种建立在血缘关系之上的信仰，不是一种僵硬的外来约束，而是通过人们的内在情感要求上升为自觉的理念，从而真正发自内心地去自我约束。祖先崇拜的信仰逐渐从原始社会狭隘的氏族认同，发展为地域性的国家民族意识，人们都是一源一族，同为一家。这种共识成为建构中华文明的民族共生之基。祖先崇拜形成了从上到下、从里到外的社会结构、政治机制、经济模式、文化传承的宗法网络，并且在国家的形成和巩固中成为中华民族的民族信仰的重要组成部分。

二、英雄崇拜

炎黄崇拜具备了对中国远古部落领袖祖先崇拜与英雄崇拜的共同特点。他们不仅是氏族的远祖，与先民们具有血缘上的继承关系，而且先民们崇拜的对象还是具有英雄特质的人物，在不断的神化和夸张中表现出卓越的智慧和高超的本领。炎帝神农的种种传说及不可思议的创造发明，无不凸显出其作为部落首领的英雄气概。这种把先祖英雄化的崇拜，反映出先民们在血缘关系的纽带下，以家族关系为中心，共同生活、共同生产。而家族的共同祖先在实际生活的生存、繁衍、生产、发展中起到了极大的团结和凝聚部落成员的作用，把共同的祖先英雄化也是部落成员共同的情感要求。

从考古发现和文献资料的记载看，炎帝和黄帝所处的时代，正是恩格斯所说的“英雄时代”（《家庭、私有制和国家的起源》），其最大的特点是崇尚刚健有为和卓有功勋的英雄。人类在经历了最早的图腾崇拜后，到母系氏族社会时开始了对女性始祖和女性祖先的崇拜，如女娲等。到了新石器时代的中晚期，又出现了对男性祖先的崇拜。这是因为随着生产力的发展，大规模的森林砍伐、拓荒种植促使原始农业形成和发展，农业和畜牧业一起成了氏族公社生产的主要内容。随着原始社会生产力的提高和社会角色的分工，男性开始成为生产的主力，再加上部落组织的扩大，男性逐渐担任了部落的首领，也即成了所谓受到崇拜的英雄。《三皇本纪》中说："女娲氏没，神农氏作。"可以推想炎帝神农时期正是中国原始社会由母系氏族社会阶段向父系氏族社会阶段过渡的时期。在由母系氏族制过渡到父系氏族制后，男性开始成为社会和家庭的中心人物，按父系血缘来确定世系，男性作为家长也有权支配家庭成员。因此，由炎、黄二帝开启的，以血缘为纽带的英雄祖先崇拜就成为当时华夏族共同的一种心理素质，延续了数千年直至今天，在华夏族乃至以后汉民族的形成和发展过程中，具有极强的向心力和凝聚力。

我们从"炎黄子孙"一词从古到今的广泛使用中就可以看出这一点。《国语·周语下》里有"夫亡者岂繄无宠？皆黄、炎之后也"的说法。《史记·封禅书》记载："秦灵公作吴阳上畤，祭黄帝；作下畤，祭炎帝。"畤是古代祭天地和五帝的场所，可以证明上古的炎帝与黄帝在当时已经具有神化的权威功能，而且黄帝与炎帝并举，说明了二帝关系的密切性和可容性。班固《汉书·魏豹田儋韩王信传》记载："赞曰：周室既坏，至春秋末，诸侯殆尽，而炎黄唐虞之苗裔，尚犹颇有存者。""炎黄之后""炎黄苗裔"形成已有几千年，是今天"炎黄子孙"的雏形语。当代"炎黄子孙"已成为海内外中华儿女的自称用语，都蕴含着为英雄先祖自豪的心理因素。

三、慎终追远

《论语·学而》中曾子曰："慎终追远，民德归厚矣。""慎终追远""法祖敬宗"的祭典文化是中国传统文化的重要组成部分，是"民德至厚"优秀传统美德的体现，也具有教化民众的重要作用。对先祖的祭典不仅是怀念祖先，报答祖先功德，更是对祖先文化和智慧的继承。中国人相信，祖先和逝去的亲人并没有离开，他们的在天之灵永远和世人同在。祖先在中国人的心目中最为神圣，爱国主义思想在很大程度上有

“法祖敬宗”的含义，这种思想深入我们的骨髓，铸就了一种具有强烈责任感的民族精神：为人行事要对得起天地良心，绝不能辱没先祖。国人在清明等重要节日、重要时刻要祭祖祭陵，集中体现了中华文化近乎宗教情感的虔诚崇敬祖先的情结和讲感恩、不忘本的强烈道德感，也集中地展现了中华民族“慎终追远”文化的精髓和菁华。

祭祖图

从文化人类学的视角分析，人们之所以产生“寻根祭祖”的观念，其文化渊源主要是传统文化中的“慎终追远”“法祖敬宗”的祖先信仰。中华民族对祖、根的心理情感是神圣的，表现出虔诚和敬畏的宗教般的信仰。而“寻根祭祖”是表达敬畏的一种极其虔诚的仪式，其中的程式化行为是“寻”和“祭”。“寻”是寻找自己的根——家庭之根、家族之根和民族之根。如自古流传的家谱、族谱的姓氏寻根，寻的是家庭之根、家族之根；历史上各个朝代对炎帝和黄帝的故地的几番考证，寻的是民族之根、始祖之根。“祭”，即是在寻到了根以后，对根的具象所指进行祭祀、祭拜，如对姓氏之祖的祭祀、对炎黄二帝的祭祀。“法祖敬宗”的祖先崇拜都包含着宗教文化的意蕴，公祭、共祭中华民族共同的先祖，在中华儿女心目中有着非同一般的分量和意义。这是一项全体国人无人不参与的重大仪式，是一种自觉的行为，有着告慰先祖、团结国人、增强海内外中华儿女的民族认同感、自豪感和凝聚力的精神力量。清明节是中华儿女约定俗成的祭祖节，这期间，人们非常自然地开始了对宗庙祠堂的供奉和跪拜，以及大大小小络绎不绝的扫墓活动。这种最自觉、最普遍的宗教信仰仪式，最终汇聚成对中华民族共祖——炎黄二帝的祭拜。中华儿女血脉相连，源远流长，枝繁叶茂。如今，祖先崇拜的原始情怀不但没有消解，反而由于中华民族的繁荣不断得到强化和普及。每年都有很多海外的中华儿女汇聚到中国，寻找着自己的民族之根。时间和距离冲淡不了中华儿女的故土之情，冲刷不了中华儿女的血脉之源。如今日益兴盛的“寻根祭祖”活动体现了中华儿女“慎终追远”“法祖敬宗”的传统观念和追寻民族之根、民族之魂的淳朴之心。

第四节　天下一统

炎帝和黄帝被共称为中华民族的人文初祖，是民族团结、国家统一的象征和文化认同的源泉。中国最早团结统一的局面，就出现在炎黄时代。

传说时代发生在华夏先民中的两次大战——阪泉大战和涿鹿大战，缔造了炎黄部落联盟。经过两次大规模的部落间政治文化的冲突、碰撞，在中原地区出现了以黄帝、炎帝和蚩尤为首的三大部落之间的大融合，形成了崇奉黄帝为首领、以农耕经济为社会基础、注重礼仪传统的古代部落联盟。黄帝轩辕在与炎帝神农的争斗中，正是凭借着畜牧者擅长驾驭猛兽的力量，以及游牧文化与生俱来的刚劲和强悍，才得以战胜炎帝神农的。这样，传说时代的游牧文化，不仅实现了和农耕文化的融合，并且还为较早进入中原地区的以炎帝神农为首的农耕文化注入了一股新的活力。阪泉之战后出现了“诸侯咸归轩辕”的炎、黄两大部落的联合，被《史记·五帝本纪》描述为“轩辕乃修德振兵，治五气，蓺五种，抚万民，度四方”，反映出充满生机与活力的游牧文化与固土重迁、稳持循蹈的农耕文化互相汲取和融合，而且正是黄帝和炎帝两大部落的结合，开创了中国古代游牧文化与农耕文化互相汲取、彼此补充的崭新局面，使中华民族获得了不断发展壮大的活力之源，进而不断推进中华农耕文明发展的历史。历史是多么的相似，中国两千多年的封建社会中，南北朝、辽、金、元、清等时期，北方游牧民族南下中原，给中原农耕文明带来了彪悍勇猛的游牧民族之风，在元代和清代还造就了大一统的局面，便是延续炎黄联盟的流风余韵。

把炎黄作为先祖，从文献记载来看，是从夏开始的。有虞氏、夏后氏“禘黄帝而祖颛顼”，自称为黄帝的后裔。从此以后，各个朝代都把炎黄二帝作为自己的祖先加以祭祀，表现出后世子孙对先祖的敬仰之情。特别是“五德终始说”下的五帝次序的更换，确立了上古圣王的排位次序，炎帝和黄帝的身份发生了变化。炎帝上升为三皇之一，黄帝上升为五帝之首，这是权力集中和地位神化的体现。这些身份角色的变化，是战国时期大一统意识的增强和统一政治出现的产物。在不同的文化里，统治者需要一个共同的文化认同的精神偶像，成为团结各个集团的号召和旗帜。这种文化和政治需要在秦汉统一、中原王朝成为多民族国家以后，显得非常重要。因此，对于炎黄共祖的认同，成为战国秦汉时期大一统局面形成过程中重要的文化构建。

一、血缘同种

中华民族自古以来就特别推崇祖先，是一个注重血缘关系的民族，按照血缘关系认祖归宗是我们这个民族的优秀品德。这是因为中国在国家的形成过程中，社会组织的血缘关系解体不充分，嫡长子继承的宗法制成为古代重要的政治制度，深刻影响了中国的历史进程。“家国同构”的政治模式，也加重了政治文化中的血缘认同。

春秋战国时期，统治地域“中国”不断扩大，越来越多的民族集团开始进入华夏族的视野，并进行频繁的相互交流。各民族通过各种方式不断相互渗透、融合，他们之间的差异和界限逐渐缩小，逐渐消亡殆尽，归化为同一民族——华夏族。民族合并而产生一元化的观念，使得各民族逐渐有了统一融合的愿望和要求。在融合的过程中，“血缘同种”的观念打破了四方戎、蛮、夷、狄的种族观念。人们需要一个共同的始祖，于是“五帝同源说”逐渐流行，各民族开始共同把炎帝、黄帝作为自己血缘上的祖先。

明代《三才图会》中的黄帝、炎帝画像

各民族建立的政权，为了显示其权力的正统性和合法性，都不约而同地把自己的先祖认作是炎黄二帝之后。战国时代构建的古史系统，不管是夏商周时期的华夏族，还是蛮戎夷狄的“四夷”族，都视黄帝为“高祖”，自称为“黄炎之后”“炎黄之后裔”。秦以来，除了汉自称为“赤帝”之子以外，以后王朝，包括少数民族建立的政权，大都自觉地奉黄帝为祖先。如《辽史·世表》记载的：“炎帝氏、黄帝氏子孙众多……故君四方者多二帝子孙，而自服土中者本同出也。”可见契丹人也自认为是炎黄二帝的子孙。这是中国文化的传统之一，归功于战国秦汉时期的学者们创造的《大戴礼记·五帝德》《世本》等书。秦汉以后，随着大一统观念的正式确立，司马迁在《史记·五帝本纪》里，以“五帝”为开端，编排了一个系统而完整的华夏血统。他基于战国以来大一统的趋势和秦汉以来大一统的政治现实，对上古圣人做了系统的综合整理，确定了统一国家人民的血缘始祖是炎黄二帝，增强了人们对先祖的血缘认同。

二、文化同根

肇始于炎黄时代的各种礼仪制度和文化创造，不仅对古代华夏乃至汉族的发展壮大产生了巨大的影响，而且还在中国历史上起到了巩固民族团结、推动社会进步和经济发展、维系传统文化和礼仪制度的作用。所以，炎黄二帝不仅在血缘上作为华夏先民始祖，还在文化上被尊奉为源远流长的中华民族的人文初祖，反映了各民族对炎黄文化的认同和继承。这种文化认同，具有稳定性和延续性的特点，对社会生活具有长期而深远的影响。

在血缘认同的基础上，学者们还在政治思想层面进行理论构建，塑造统一国家和民族的文化认同。其重要内容之一就是构建以炎黄二帝为人文初祖的文化大一统，为政治上统一团结的国家需要服务。据不完全统计，秦汉时期讨论炎帝、黄帝以及假托炎帝、黄帝之名撰写的著作多达百余种，如《黄帝内经》《神农百草经》等，都是托古之作。《淮南子·修务训》说："世俗之人，多尊古而贱今。故为道者，必托之于神农、黄帝而后能入说。"这些著作之所以冠以"黄帝""神农"之名，意在溯源崇本，从对炎、黄的血缘认同来营造精神认同的文化环境。同时，炎黄二帝在人类的生存和发展上的重大贡献、他们的种种发明创造，成为中华民族乃至全人类的共同财富。顾颉刚在《九州之戎与戎禹》一文中指出："夫戎与华本出一家……秦汉以来，此界限早泯矣，凡前此所谓戎族俱混合于华族中矣。""天下一家""胡汉一家"的文化观念逐渐成为主流，各族以炎黄为先祖的大一统思想进入中国早期政治价值观体系。文化大一统观念的提出，继承和发展了先秦儒家文化优于血统的民族理论，推进了中国统一理论由血缘认同向文化认同转变的进程，对中国统一国家的维护有着重大的价值。在特殊的历史和文化背景下，炎黄二帝甚至成为凝聚中华民族团结的精神纽带，推进着统一的多民族中国的历史进程。

炎帝、黄帝作为华夏族的缔造者，在政治联盟、经济生活、文化认同等方面做出了开创性的贡献。炎黄结盟是中华民族形成过程中一个重要和具有先决意义的里程碑，它的最大意义就在于当时的两大部落完成了团结统一的历史进程，为日后中华民族的主体铸造了雏形。中华民族的团结和整体统一，在我们的始祖那里就已经开始，进而成为一个光荣传统。这也是后人一直把炎黄二帝作为中华民族共同的祖先加以供奉的原因。正因为有这种文化上的认同，几千年来，尽管各民族之间或民族内部产生过种种矛盾、冲突，以至于战争，也曾造成国家的短暂分裂和地区之间政权的对立，但统一的时间长于分裂，而且越到后来，统一的时间越长，统一的局面越巩固。这种巨大的凝聚性和牢固的稳定性，不能不说与炎黄二帝缔造炎黄部落联盟从而为后世统一局面奠定基础有关。

周统治者提出了“非我族类，其心必异”的政治标准，因此后世统治者为了能够号令天下，必须先要解决好这个“族类”的根本问题。于是，出于逐鹿中原的政治需要，一些强大的少数民族也都承认炎黄是其始祖，以此排除了“非我族类”的拒斥，可以毫无违和感地参与中原政权的争夺。《史记》称吴、秦、楚等国都是“黄帝子孙”的后代，“或在中国，或在蛮夷，弗能纪其世”。这就为后世的边远异族为自己寻找“黄帝子孙”的血缘关系埋下了伏笔。在中国历史上，有几个历史时期为少数民族入主中原，他们为了表示其政权的合法性和正统性，也自认为“其先出自炎帝”“黄帝之后”。魏晋到隋唐，北方贵族大批南下，进入中央朝廷与地方门阀社会中，他们纷纷宣称自己是炎帝子孙。例如建立北周政权的鲜卑宇文氏，据史书记载其祖源为炎帝，炎帝被黄帝打败后，子孙逃到北方去，有一支发展成鲜卑宇文氏。建立大辽的契丹贵族耶律氏，根据《辽史》的说法，也是炎帝之后。历史上，北魏、辽、夏、金、元、清等少数民族统治者都竞相承认自己为炎黄后裔。清统治者非常重视这一点，从顺治八年（1651）至道光三十年（1850），清帝就曾先后30次特遣官员祭祀黄帝陵。这种举动固然有争夺正统地位的政治需要，但也客观地反映了中国各民族长期融和、你中有我、我中有你的多元一体格局，以及中华民族的认同心理。

清代的黄帝画像

几千年的历史说明，华夏融合统一才能造就中国，才能使中国发展强大。炎黄文化一直以来具有的促进融合统一的政治色彩，在今天也有着现实的意义，其最重要的一点是有利于中华民族凝聚力的形成。而凝聚力是民族兴旺的基础、强大的源泉。从历史的渊源上来说，世代相传、绵延不断的炎黄文化，在中华民族的形成和发展过程中发挥了极其重要的作用，是中华民族文化的主体思想和祖根。它有利于构建中华民族的和谐社会。构建和谐社会，尤其需要团结和凝聚。这种团结和凝聚，不仅指民族与民族之间的团结和凝聚，而且也指每一个民族内部的团结和凝聚，还指中国大陆同胞与港澳台同胞及海外华人华侨的团结和凝聚。唯有如此，才能实现构建中华民族和谐精神家园的宏伟目标。

第五节　药茶源泉

神农尝百草的神话，流传久远，至今不衰。唐司马贞《三皇本纪》称："神农氏作蜡祭，以赭鞭鞭草木，始尝百草，始有医药。"此外，陆羽《茶经·六之饮》中引道："茶之为饮，发乎神农氏，闻于鲁周公。"表明茶为药饮，始于神农。炎帝神农是中国远古时代最早发现与应用茶叶者，被誉为"中华茶祖"，炎帝神农对中医药文化与茶文化的发展做出了巨大的贡献。

一、中药之宗

炎帝神农是中国古代早期医药学的鼻祖。为解除人们的疾苦，他遍尝百草，了解植物的治疗作用，开创了中国医药文明。《淮南子·修务训》说："（神农）尝百草之滋味，水泉之甘苦……当此之时，一日而遇七十毒。"为了纪念他的贡献，后世人们尊称炎帝神农为"药王菩萨"。

神农尝百草的传说生动形象地反映了人们认识药物的艰难过程。药物知识产生于古人的生产和生活实践中，并与原始时代由采集、渔猎到进行农业生产的炎帝神农时代的活动有关。文物考古表明，商代金文中已有"药"字。《说文解字》将其训释为"治病之草"，明确指出了"药"即治病之物，并以"草"（泛指植物）类居多的客观事实。在远古时代，人类没有什么药物学的知识，也不懂得区分有毒和无毒的物质。他们四处迁徙，走到哪里就吃当地的食物，很多时候会误食一些有毒甚至是剧毒的东西，引起呕吐、腹泻、昏迷甚至死亡。如吃了黎芦导致呕吐，吃了大黄引起腹泻，吃了马钱子导致昏迷等等。当然，他们也可能偶然进食某些物质，如止呕的生姜、止泻的山楂等，使原来的病痛得到缓解，甚至完全消除。同时也发现有的植物尽管有毒，但是适量食用也可以达到治疗疾病的效果。人们总结这些反复出现的情况，逐步积累起对植物药的认识。神农尝百草的传说，实际上就是人们认识植物药的实践过程的反映，而说他某一天内中了七十种毒，是为了强调人们在发现中药的过程中曾付出过巨大的代价。这一传说，反映了早期中国医药文化发源于远古先民的生活与医疗实践之中。

在原始社会早期，人类多穴居野外，茹毛饮血，生活环境恶劣，疾病很多，人的生命往往非常短暂。医药学的创立和运用，为人类健康和长寿奠定了科学的基石。据《帝王世纪》云："炎帝神农氏……尝味草木，宣荣疗疾，救夭伤人命。"《路史·外记》亦云炎帝神农："磨唇鞭茇，察色，尝草木而正名之。审其平毒，旌其燥寒，察其畏恶，辨其臣使，厘而三之，以养其性命而治病。一日之间而七十毒，极含气也。"炎帝神农通过无数的尝试，逐渐认识到某些植物对人体有益，某些植物对人体有害，某些植物可以治病。在与自然、疾病的无数较量中，他不断探索、实践，发现和总结了先民们的医药知识与经验，开创了中国医药学的先河。他的杰出贡献和献身精神为世人所敬仰，故出现了我国第一部药物学方面专著——后人假托炎帝神农而作的《神农本草经》。书中的365种植物分别被归类到养命、养性和治病三方面，其丰富的药物养生内容在后世中医学养生理论指导下得到了广泛应用。书中列出每种药的性味、主治病症、功用、产地等，论述了君臣佐使、七情合和、四气五味等理论，指出"药有阴阳配合"，强调药物要配合得当。其所述药物学理论，包括药性、功效、采集、炮制等，历经两千年仍有许多内容值得继续发扬。其所载药物大多经现代药理研究证明疗效确实，大部分药物至今仍为临床常用药，是现代中药学重点讨论和研究的药物。

二、茗茶之祖

追本溯源，茶叶始为药材，茶饮始为药饮。茶的发现与利用是与遍尝百草发明医药的过程紧密相连的，《茶经》即谓"茶之为饮，发乎神农氏"。炎帝神农最初认识茶，却是将其当作一味药材、一种解毒的草药来使用的。这说明是炎帝神农发现了茶叶及其药用功能。在传说中的尧舜禹时，茶就被用作能解百毒的灵药。在秦以前，茶主要是当作一种药材，被称为"苦茶"，它对人的大脑和心脏有兴奋作用，并可清热解渴。到西汉，茶开始成为人们生活中的饮料。三国魏晋南北朝时，饮茶之风出现。到唐代，茶已成为人们生活的必需品，与柴米油盐酱醋一起成为人们日常生活的"开门七件事"，因而有"茶为食物，无异米盐"的说法，现代意义上的茶文化开始形成。

茶

《神农本草经·上经（上品）·苦菜》对“荼”（“荼”即“茶”）有更为详细的记述：“味苦寒。主五脏邪气，厌谷，胃痹。久服，安心益气，聪察少卧，轻身耐老。”

医书《神农食经》载：“（茶叶）利小便，去痰热，止渴，令人少睡……令人有力悦志。”

辞书《广雅》说饮茶可以“醒酒，令人不眠”。

陶弘景《杂录》中记载：“苦茶，轻身换骨，昔丹丘子，黄山君服之。”

《雷公炮制药性解》称茶“入心、肝、脾、肺、肾五经”。

顾元庆《茶谱》说：“人饮真茶能止渴、消食、除痰、少睡、利水道、明目、益思、除烦、去腻，人固不可一日无茶。”

陈藏器在《本草拾遗》中则说：“诸药为各病之药，茶为万病之药。”

从这些历代文献的记载来看，茶不仅本身可以解毒，而且结合其他药材还能“疗百病皆瘥”，充分说明了茶的医疗保健作用。近年来，很多国家的科学家们研究证明，茶的确具有药用功能，具体为：一是兴奋神经中枢；二是茶内含有多功效的酚性物和氧化物，能杀死病原体，促进身体健康；三是茶内含有多聚糖，具有多种营养成分。中外学者们还不断发现茶的其他功效，例如茶有抗癌作用，这给治疗谈虎色变的癌症带来了希望。

自从炎帝神农奠定了茶为药饮的基础后，中华民族开始与茶结下了不解之缘，不仅发扬光大了茶的药用功用，而且在不断的实践中丰富发展了对茶的认识，把茶的功能进一步拓展升华。随着时代的发展，茶被赋予了新的内容，但都与茶文化有着千丝万缕的内在联系。在生活中，茶成为友好、尊敬、和睦的象征。客来敬茶，以茶示礼；朋友相聚，品茶叙旧，增进友谊；向长辈敬茶，表示尊敬；邻里纠纷，献上一杯茶，亦可以化解矛盾，促进和睦。炎帝神农赋予了中华茶文化深邃的文化底蕴，蕴含着高贵、清雅、利人、无私的神韵，赋予了茶文化“清、和、淡、静”的内涵与精神气质。

第六节　儒道渊薮

炎帝神农文化与中国影响深远的儒家、道家的启蒙和发展也有着千丝万缕的联系，从某种意义上说也是楚文化的根脉文化。

一、炎帝神农文化与儒家

（一）法先王

儒家文明是建立在以农为本的农业经济基础之上的，因此，可以说中国没有炎帝神农创始的农耕文化，就没有几千年来的儒家文化。《礼记·中庸》说：“仲尼祖述尧、舜，宪章文、武”。儒家文化由炎帝、黄帝肇基，唐尧、虞舜、大禹、商汤、周文王、周武王、周公等续创，孔子集大成，从而基本成型。在传统儒家看来，传说中的上古圣王时代，是人类社会最高尚、最合理的时代，是后世一切时代的理想典范。这种历史观，是和儒家“法先王”为目的尊古、崇古的政治观密切联系的。所以，在儒家经典对上古历史的描述中，炎帝神农成为“德治”的重要代表人物。

儒家学者通过对上古以来流传的圣王的英雄神话的改造，指出历史上出现的一系列“圣人”是历史发展的动力。他们的个人作为，促进了历史的发展。作为一代圣王的炎帝神农，也是一位集众多发明创造于一

儒家讲授经典图

身的圣人。《周易》记载："包牺氏没，神农氏作，斫木为耜，揉木为耒，耒耨之利，以教天下，盖取诸益。……神农氏没，黄帝、尧、舜氏作，通其变，使民不倦，神而化之，使民宜之。易穷则变，变则通，通则久。是以'自天佑之，吉无不利'。黄帝、尧、舜垂衣裳而天下治，盖取诸乾坤。"上古圣王交替而兴，炎帝神农继承了伏羲的事业，黄帝随后而起，接着是尧、舜、禹，相继成为原始社会氏族部落的首领。儒家学者把上古圣王所在的社会看作是真正的德治社会，在儒家看来，只有道德极其高尚的人，才能成为贤能的君主，才能名实相兼，德位相称。炎帝神农就是这样一位德能相兼的圣王。这一形象，在儒家的历史系统中占有崇高的地位。对炎帝神农的称颂，代表了儒家学者对一种理想政治的追求和渴望。这种以古代圣王道德时代为所归的观念，正是儒家尊古、崇古的历史政治观的集中体现。炎帝神农的形象，就是儒家德治精神的具体化。《全唐文》言："故伏羲神农黄帝尧舜，自生人已来，君德之最神圣者，天下尊之美之，亦已至矣。"炎帝神农发明了农业，农业因此为圣人之教，所以后世帝王必须重视农业，亲自从事农业劳动。历代儒家学者从"法先王"的政治高度来论述农业是国家的头等大事，更把帝王的藉田礼与炎帝神农发明稼穑之事相类比，用以强调帝王必须实施重视农业、爱护民生的政治方针。儒教通过奉行对炎黄尧舜禹汤文武周孔诸圣人的圣言圣行中“一以贯之”的基本精义，初步保持了儒家文化的永恒生命活力。

（二）重农抑商

儒家学派继承和发展了炎帝神农的重农思想，并进一步深化、发展为贯穿封建社会始终的重农抑商思想，对中国几千年来的政治、经济、人文思想产生了深远的影响。重农抑商思想是我国封建社会最基本的经济指导思想，得到统治阶级的维护，它主张重视农业、以农为本，限制工商业的发展，以保证经济政策向有利于农业发展的方面倾斜。这种思想是保障中国古代农业经济长盛不衰的根源。

政治上，重农抑商政策的实行是为了安定社会、稳定国家的统治秩序。《吕氏春秋·上农》指出：“民舍本而事末则不令，不令则不可以守，不可以战。民舍本而事末则其产约，其产约则轻迁徙，轻迁徙则国家有患皆有远志，无有居心。”在社会生产力水平还很低下的古代中国，农业生产状况直接关系到人民的生计和国家的兴衰存亡。而私人工商业的发展，使富裕阶层日益发展壮大，必然导致奢侈消费，产生与奢侈消费品有关的制造业和服务业，这种产业的发展又必然导致大量人口放弃基本消费品的生产，最终导致社会抵御灾荒和战争能力的削弱，从而威胁到国家的统治秩序。汉代桑弘羊在《盐铁论》中说：“往者，豪强大家，得管山海之利，采铁石鼓铸，煮海为盐。一家聚众，或至千余人，大抵尽收放流人民也。远去乡里，弃坟墓，依倚大家，聚深山穷泽之中，成奸伪之业，遂朋党之权”。这段话直接指出了富商大贾对朝廷的威胁，豪强大家依仗自己的经济实力，扩充政治力量，很容易形成反叛势力，造成不稳定因素。因此，私人工商业的发展还容易形成对朝廷构成威胁的“叛乱”势力，直接威胁国家的统治。

经济上，重农抑商政策的实行是为了维护统治基础，满足国家政权积累财富的需要。在以“农业立国、农为国本”的小农经济国家，自给自足的自然经济是中国封建社会的经济基础，“商”虽然是“士农工商”

四大正业之一，但农业却是古代社会最具决定性的生产部门，地租是封建国家财政收入的最主要来源。《史记》言："用贫求富农不如工，工不如商"。私人工商业的发展必然会和农业争夺劳动力资源，而农民弃农经商则直接导致农田荒芜、粮食短缺，甚而导致小农经济瓦解，最终对封建国家的财政收入带来直接的威胁。战国时期思想家荀子说，"工商众则国贫"，直接道出了工商业对小农经济的威胁。因此，只有让民众习劳苦、善劳作，国家才能有库存余粮，有可战之民，朝廷的税源才能充足，才可以满足国家政权积累财富的需要，作为国家基础的小农经济才得以巩固。

文化上，重农抑商政策的实行是为了维护以"义利之辨""重义轻利"观念为代表的传统的伦理思想。"义利之辨"和"重义轻利"，是中国历史上重要的伦理思想准则。在中国古代社会，农为国家之大利，是国家之大义，"重农"就是国家"重义"；商为私人之利，为国家之害，"抑商"就是国家"轻利"。在中国古代思想家们看来，崇尚利益的商业及商人极大地威胁着传统的伦理思想。

重农抑商政策是古代社会生产力水平低下的必然产物，是自给自足的自然经济的反映，其实行的根本目的是维护和巩固封建专制统治。

（三）饮食与礼教

以食为天的基础是以农为本，首功当推炎帝神农，他对儒家的影响，还由于他发明的"饮食"——农耕文明和教民熟食，这种面向实际的功绩养民、育民，奠定了人民的生存之基。而作为人类生存、发展的源头——饮食文化，成为儒家的核心思想——礼的本源。《礼记·礼运》说："夫礼之初，始诸饮食，其燔黍捭豚，污尊而抔饮，蒉桴而土鼓，犹若可以致其敬于鬼神。"意思是说，在远古时代，人们把黍米和猪肉放在滚烫的石头上烤炙而食，在地上凿坑作为酒樽，用手掬捧而饮，并且用茅草茎扎成鼓槌，敲击土堆以为鼓，以表示对鬼神的祭祀。这大约就是先民视为美食美酒的盛事。同时，用自己最得意的生活方式祭祀鬼神，表示对祖先和神灵的崇拜和祈祷，这就开始了礼仪的行为。祭祀礼仪从饮食行为中发源而出，盛放饮食的食器就成为礼器。“食”字在甲骨文中的意思是低头在有脚的盛器里吃东西，字形就似食物盛放在容器中，食器也就成为饮食的符号。由此可见，所谓“夫礼之初，始诸饮食”，意思是饮食文化即为礼的起源，饮食活动中的行为规范成为礼制的发端。这揭示出一个道理，文化现象是从人类生存的最基本的物质生活中发生，这也是中华民族顺应自然生态的创造。

除夕饮宴图

被人们称为“百姓日用”的衣食住行的基本物质生活，自古以来就受到学者们的重视，《尚书·旅獒》里说：“惟服食器用。王乃昭德之致于异姓之邦，无替厥服。”《周易·系辞上》云：“百姓日用而不知，故君子之道鲜矣！”即指要在衣食住行等实际生活中领悟君子之道。《诗经·天保》言：“民之质矣，日用饮食。群黎百姓，遍为尔德。”老百姓有吃有穿，才能受到德行的感化。明代王艮提出“百姓日用即道”。历代的鸿儒硕学莫不从衣食住行中阐发哲理，提出圣人之道就在日常生活之中的思想。“道”不是先天存在，也不是深不可测、高不可攀的神秘东西，它就存在于老百姓的衣食住行之中，也是人们从日常生活中能感悟到的。理学家所提出的“穿衣吃饭，即是人伦物理”，揭示了中国人生活方式的重要特征，衣食住行在封建文化中并不仅仅是生存、享受的消费品，也是寓教于日用的载体。从饮食中发源出来的礼制，规范和确定了人们的生活方式、伦理道德和等级制度，并将这三者三位一体化。中国传统文化模式的一大特点就是任何事物都要符合礼制的规范。史载炎帝神农播种耕作，石上燔谷，他开辟食源、教人熟食和烹饪的丰功伟绩，奠定了诸多中华创始之举的坚实的基础，推动古人从具体的物质生活层面上升到抽象理论的高度，创造出中国哲学中的道和器、精神和物质、形而上和形而下、理和欲、格物和致知等一系列对应的概念，形成具有中国特色的生活文化。

世界上很多国家的封建社会都表现为等级统治的社会。在中国，维护一个稳定的社会统治秩序的是礼制，礼可以规范人们的日常生活和人际关系。历代王朝都以“典章”“会典”“车服制”“舆服制”等各式条文颁布律令和各种具体措施，通过礼仪定式与礼制规范塑造人们的行为与思想，通过法律的惩罚维护礼法的绝对权威。政治、经济上的严格等分，无处不在的伦理教化，每个人都有随之而来的强烈的等级意识和隶属感，在人格上表现为多受制于权力支配，这与“每日三省吾身”的伦理道德相结合，使个性压抑达到最大强度，削弱个体的积极性和主动性，很难有个人权利意识的觉醒。但情感上，这种隶属关系又增进了人与人的相互依存和协调合作精神，个人依附于群体之中，很少有孤独感。与西方世界崇尚宗教的出世心理相比，中国人具有更为充实和积极入世的生活态度，强劲的亲和力有利于中华民族和中华文化的凝聚和绵延。

二、炎帝神农文化与道家

炎帝神农文化是中华传统文化的源头之一，道家是中华文化的根柢，这一扎根在中华民族传统文化沃土上的古老学说，形成了一套完备的以“道”为核心内容的文化体系，提倡清静无为、尊道贵德的思想。在道家的发展过程中，也汲取了很多炎帝神农文化的营养。

（一）农耕文明与道家

炎帝神农创立的农耕文明是道家文化的源头和母体。炎帝神农的“刑政不用而治，甲兵不起而王”与道教的“无为而治”一脉相承。老子所说的“清静为天下正”，正是安土重迁的农耕文明影响人们逐渐形成的清静、务实、温和的特性。“道法自然”，道家遵奉的是自然之道，关注大自然和人类社会的运行秩序与方式，“自然”一词就是始见于《老子》。道家独特的对自然和人生的领悟、形而上的深度观察与思辨特色，很大程度上源自对农耕文化的体察与认识。如“上善若水。水善利万物而不争，处众人之所恶”，“人之生也柔弱，其死也坚强。万物草木之生也柔脆，其死也枯槁。故坚强者死之徒，柔弱者生之徒”。对于事物的发展，道家比较关注其初始阶段，“合抱之木，生于毫末；九层之台，起于累土”。道家的许多概念也源自对农业生产的观察。天、地、人是农业生产的三大基本要素，天是客观因素，“民以四时寒暑日月星辰之行知天”；地是环境因素，“五种之于地也，必应其类，而蕃息于百倍”；人是主观因素，需要掌握自然规律，尽可能改变不利的环境条件，取得人类所需要的农产品。天、地、人是农学中的三才，它们在道家文化中得到深刻的分析和阐述。道家中常用的阴阳概念，最初源自农业生产中的日光相背，“相其阴阳，观其流泉”，这是因地制宜进行农业生产的必要前提。

“天人合一，道法自然”书法

农耕文明的开创，奠定了我国农业社会的基础，在此基础上形成了一系列的民族心态及文化特征。其中一个独特的心态就是重现世享受、重延年益寿的观念，人们认为是农耕文化的土壤滋生出了这种现象，这是很有道理的。在农耕文明下，人们生活的目的就是“长命富贵”，极其重视现世生命，使自己的祖祖辈辈在自己生活的那块土地上繁衍生息。《老子》中的养生、贵生思想及道家重视现世生命的特征，都与此有关。道家对社会的认识也充满了对人民的怜悯与同情，言辞间对百姓所受苦难的同情与关切，随时都能感受到。道家还注意到战争对农业生产的破坏作用，“大军之后，必有凶年”；对统治者不顾人民死活，过着越来越奢侈的生活提出了批判，“服文彩，带利剑，厌饮食，财货有馀，是谓盗夸。非道也哉”；老子的小国寡民思想更是一幅倡导安定农耕生活的田园图，“甘其食，美其服，安其居，乐其俗。邻国相望，鸡犬之声相闻，民至老死不相往来”。

道家以“清静无为”为修道之本，这是对农业自然再生产特征的引申与发挥。动植物的生长有其自身规律，不能有过多的有为和干涉，应该重视自然之本性，即所谓的“抱朴守拙”。这些思想科学地反映了人类与自然之间的相互作用与基本关系，人们只有遵循自然规律，才能进一步认识和改造自然，不能凭借个人意志与权威随意胡来。道家体系中强调秩序、平衡与和谐，并以此来规范人与人、人与自然间的关系，建立起典型的农业社会行为约束机制。这种由观察物候、天象、农事活动的周期性变化而创立的道家学说，是农业民族特有的思维特征之一，深刻地影响了中国古代的自然观、历史观、价值观以及科学技术思想的发展。

（二）医道并行

神农尝百草，用以治疗疾病，正是基于中医药发明之功，流传下来的假借“神农”之名的《神农百草经》，是我国第一部药学专著。“神农书”“神农经”逐渐成为医药、医术的代称。炎帝神农作为医药始祖的身份，为道教所传承和宣扬，因此中医文化与道教有着紧密联系。魏晋时期道教思想集大成者葛洪说过："是故古之初为道者，莫不兼修医术，以救近祸焉。"古语云："医道同源"，"十道九医"。这里的"道"不管是指道家学说还是道教，都说明了"道"与医学的密切关系。

道教一开始便和医药学、方术学结合在一起，治疗疾病也是道教早期传播的重要形式之一。例如，东汉末年汉中地区的五斗米道，是道教早期的重要流派，五斗米道用符水治病救人时也间施以中草药，以此获得民众的信任。随着炼丹技术的发展，魏晋时期，文人雅士盛行服丹，想通过服药达到长生或者成仙的目的，这也使得道教与医学的关系更为密切。道教追求"长生不死"和"肉体成仙"，这也是道教不同于世界其他宗教比如佛教重视来世思想的原因。汤一介曾说过："几乎所有的宗教提出的都是'关于人死后如何'的问题，然而道教所要讨论的是'人如何不死'的问题。"后汉原始道教的经典《太平经》认为"人最善者，莫若常欲乐生"。要想太平，人们就要避免杀害伤亡。"太平"二字的含义就是天地生养万物，百姓平安，自然和人民都不受到伤害。从中可真切地感受到农耕文化中人们希望社会安定，农业生产不遭到破坏，世世代代稳定生活的愿望。道教所创立的一系列的方术，如行气、导引、守静、坐忘等，无不是为了追求生命的长存。葛洪创立的一整套神仙理论体系，确立了道教的核心信仰——神仙信仰，并且论证了神仙可学，方术可以延年益寿，要成为神仙则必须服用丹药的一整套理论。这一方面是中国贵生思想的产物，另一方面勾画了实现"长生不死"的操作性方案。

道教常常论道及医，中医的经典著作谈医和道的关系是：医与道如水乳之交融，难以分辨何者为医、何者为道。唐代许多的文人，都把道教和医药学看成是同一方向。初唐王绩有《采药》一诗："……腰镰戊己月，负锸庚辛日。时时断嶂遮，往往孤峰出。行披葛仙经，坐检神农帙。龟蛇采二苓，赤白寻双术。……"在诗里，他将东汉葛洪的《抱朴子》与《神农本草经》并称，表现出医道并行的观念。李白在《题随州紫阳先生壁》一诗中说："神农好长生，风俗久已成。复闻

湖南长沙马王堆三号汉墓出土的道家导引图谱

紫阳客，早署丹台名。喘息餐妙气，步虚吟真声。道与古仙合，心将元化并。……”在他的眼里，炎帝神农早已成为仙风道骨、追求长生的神仙了。炎帝神农还被作为古代成仙的圣王形象，被道教用来抬高自己的地位，通过这些上古先王成仙的经历，为道家神仙学说找到一些可以倚重的证据。

黄帝文化的符号特征是“土”，炎帝文化的符号特征是“火”。黄帝生活在条件相对优越，但各部落相互争斗更为激烈的北方，而炎帝生活在条件相对恶劣，部落间争斗不那么激烈、生活比较平静的南方。黄帝的最大功劳是实现了中华民族历史上的第一次大统一，他所关注的焦点是维护统一和建设部落秩序，是处理民族间的关系，是建设政权以及发展军队和军事力量。有关他的很多传说大都同这个焦点有关，如建都涿鹿、发明“黄帝历”等，都是建立良好社会秩序的证明；又如改进了战车，因此被称为“轩辕氏”，都是同政权和军队建设有关。炎帝神农则不同，他的最大贡献在于关注民生，实现人与自然的和谐发展，使以渔猎为主的生产方式转变为以农耕为主的生产方式，实现了中华民族历史上第一次“产业革命”。他所关注的焦点是如何发挥人的积极性，如何处理人与自然的关系，如何发展农业生产，所以被称为“神农氏”。前者就是后来的儒家更重视人与社会关系，强调人的集体性思想的源头；后者则是后来的道家更重视人与自然关系，强调人本精神的源头。前者还是后来文学艺术重视理性的现实主义传统的源头，后者则是文学艺术重视张扬个性的浪漫主义的源头。可见中华文化的两种核心精神支柱在炎帝和黄帝时代就有了相当充分的体现，到了春秋战国时期才形成两种不同的思想理论。

三、炎帝与楚文化

楚文化的根源可以追本溯源到炎帝。《列子·汤问》：“楚之南有炎人之国。”西汉《淮南子·时则训》：“南方之极，自北户［孙］之外，贯颛顼之国，南至委火、炎风之野，赤帝、祝融之所司者，万二千里。”尽管学术界还有一些争论，炎帝属于南方系统还是获得了大多数人的认同，他与南方大国楚国也有着密切的联系。20世纪40年代在湖南长沙子弹库一座战国楚墓中盗掘出土的缯书，其中一篇实为记载楚人的传说系统，涉及伏羲、女娲、炎帝、祝融以及共工等的传说，可以推测炎帝是南蛮的祖先。战国新蔡葛陵楚简中，有祭祷楚人先祖“三楚先”的记载，即为老童、祝融、鬻熊。湖北包山楚简和望山楚简中也有同样的记载。历史文献和考古发现证明，祝融是楚人的先祖，这是确凿无疑的。祝融担任“火正”一职，观象授时，是传说中的火神，这与曾担任“火师”的炎帝一样，肩负着利用火、使用火的重任。祝融很早就被当作炎帝的臣僚，《史记·司马相如列传》张守节《正义》注：“祝融，南方炎帝之佐也。”长沙子弹库《楚帛书》记载：“炎帝乃命祝融以四神降，奠三天”。证明楚人相信自己的始祖祝融是听命于炎帝的，可见楚文化与炎帝神农文化的渊源关系。祝融部落的后人鬻熊立国于丹淅交会地带，建都丹阳（今秭归），其后代熊绎在周成王时被封于楚地，从此以“楚”为国号。正是在炎帝神农文化的影响下，形成了楚地的音乐、舞蹈、雕刻、绘画等特有的风格，形成了楚风、楚俗的鲜明特色，如楚人不仅信奉日神、火神，拜日、崇火，而且服色尚赤，其风俗充满着野性、神秘与活力。炎帝神农文化是楚文化的肇端，它使楚文化更加绚丽多姿，充满了勃勃生机，具有强大的生命力和影响力。二者是“源”与“流”的关系。

《离骚》中提到的白芷

新石器时代，长江流域的大溪文化、屈家岭文化和石家河文化的遗址表明，先民们掌握了火耕水耨、陶冶斤斧的耕作方法与制陶技术；出土的大量含有稻谷的红烧土、陶片和谷灰渣，说明当时荆楚大地已普遍种植水稻。可以认为这些文化遗址也反映了炎帝神农文化的面貌与发展轨迹。炎帝神农作为一个氏族部落和一个时代的代表，遗迹遍及古荆楚大地，尤以今江汉流域和鄂西北更为集中，留下了许多动人的传说。今天，湖北随州厉山曾是炎帝神农部落繁衍生息、不断发展和壮大的中心地区，神农架林区传说为神农尝百草、创医药文化的地方。屈原的《离骚》中的“江离”“辟芷”“秋兰”“木兰”等，《九歌》中的“瑶”“杜若”“荪”“辛夷”“石兰”等，说明楚人深受炎帝神农文化浸润，对各种花草的性能均有一定的认识，并引为自己诗作中描绘的对象。长沙马王堆汉墓出土的女尸，手里紧握着绢包，内装有多种药物，大多味辛温，与上述《楚辞》有关中草药的记载相同。炎帝神农在楚地植五谷、尝百草，是生产力发展的质的飞跃。楚人立国后，受此思想影响至深，在图存争强的岁月中，既坚持“筚路蓝缕，以启山林”，发展生产，“惟厚于民”，又注重与周边各族搞好关系，“甚得江汉间民和”。楚人继承炎帝神农的探索与奋斗精神，经长期的开拓奋进，终建成一雄踞大江南北的泱泱大国。

综之，儒家的仁礼、道家的无为、楚文化的崛起，都继承了炎帝神农关注民生的传统，都以社会生活和人际关系为主要关注对象。

传承历史根脉，发扬炎帝文化。作为中华民族始祖之一的炎帝神农，奠定中华，肇造文明，为民族的生存和发展立下了不朽的功勋。炎帝神农教化万民的创世丰功，是中华民族智慧与力量的象征、开拓和创新的化身，是中华文明源远流长的标志，是中华民族获得高度的团结和统一的动力。炎帝神农文化作为中华文化的重要根脉，对后世政治、经济、文化、生活等很多方面都有潜移默化的影响。著有《路史》的罗泌曾在《炎帝赞》里称赞炎帝神农“盛德不孤，万世同仁”。炎帝神农文化薪火相传，历久弥新，凝聚着炎黄子孙的情思。祖先与生命同在，文化与生活共存，认同炎黄祖先与认同民族文化之根融为一体，这种认同融化在每个热爱祖国、热爱本民族的人的灵魂之中。

第七章　炎帝神农文化与中华民族精神

中华优秀传统文化是中华民族的精神家园。中华优秀传统文化强调人在社会中的地位与责任，注重自强不息、刚健有为的理想信念和道德追求，这是中华民族最根本的精神基因。中国传统社会形成的讲仁爱、重民本、守诚信、崇正义、尚和合、求大同等思想理念，牢固积淀在每个中国人的思维模式和行为方式中，深刻影响了一代又一代中华儿女。可以说，中华优秀传统文化是中华民族的根基和血脉，是海内外华人共有的精神家园，是中华民族生命力、凝聚力、创造力的重要源泉。

中华民族是一个历史悠久的伟大民族，几千年来，中华民族创造了灿烂的中华文明，也熔铸了伟大的民族精神。中华民族精神是中华文化的核心和灵魂，是我们民族赖以生存、繁衍和发展的精神支柱和力量源泉。如"自强不息"和"厚德载物"等信念，在铸造中华民族的民族精神上起了很大的作用。还有如爱国团结、博大宽和、兼容并蓄、勤奋睿智、坚韧不拔、自强自立、天人和谐、以人为本、贵公贱私、求同存异等，都是贯穿古今的中华民族精神。这些精神成为古往今来千千万万中国人奋发向上、百折不挠的精神支柱，成为中国优秀传统文化的基本价值取向，是历史铸就的民族魂。

第一节　炎帝神农文化是中华民族精神的底色

在中华文明发展的长期实践中形成的炎帝神农文化，具有强大的生命力和广泛的包容性。炎帝神农所处的新石器时代，是原始社会由母系氏族社会向父系氏族社会过渡的时代，是人类社会文明的初创时代。炎帝神农和他所带领的原始氏族先民，在长期的生产和实践中，创造了丰硕的物质财富和精神财富，为中华文明的发轫和中华民族的形成准备了最初的物质基础和精神基础。华夏儿女一直把炎黄二帝并尊为中华民族始祖，作为中华民族的原始缔造者以及始兴与统一的象征，炎黄文化也成为中华民族凝聚力与认同感的共同标志与纽带。炎帝神农创造的物质财富已经随着历史的发展逐渐演变和消失，但他创造和流传下来的精神文化财富却深深扎根于中华民族几千年发展的血脉之中，成为实现中华民族伟大复兴所需要的文化基因和动力源泉，也是将中国各民族、各阶层团结在一起的精神纽带。我们应根据时代的需要，不断丰富炎帝神农文化精神的内涵，使之成为流淌于中国人心灵的一种追求和品格，成为中华儿女涵养、气度、境界和胸怀的基因，成为中华民族的精神底色。

民族精神是一个民族在长期共同生活和实践中形成的思想观念、价值取向与信仰、性格及心理的总和，是这个民族得以生生不息地繁衍和发展的活的灵魂与根本动力，也是该民族所创造的文化的内在核心部分。炎帝神农部落开创了特色鲜明的文化——炎帝神农文化，对中华文明的发生、孕育及其发展趋向具有深刻的影响，它不仅奠定了中华文明的基础，而且预示着后来中华文明的发展特征。

炎帝神农文化具有注重经验、改造环境、调适自然的优良传统，这是中华民族精神生长的基点。中华民族在几千年的文明发展史中，逐渐形成了丰富而厚重的民族传统与人文精神。炎帝神农文化是几千年来中华民族精神形成的重要渊源和基础，如爱国奉公、自强不息、开拓创新、为民奉献、补天填海、重义轻利、大同、均平、仁德等精神，都与炎帝神农部落肇端的远古农业文明有着深刻的渊源，是对炎帝神农文化精神的继承、发展和变革，是后世文化汲取了炎帝神农文化思想的精华而开出的精神之花。这些精神为中华民族和中华文明的绵延壮大做出了难以估量的贡献。如炎黄子孙继承了炎帝神农文化勤劳勇敢、富于发明创造的优秀传统，成为推动社会生产力发展的强大的精神力量。

古代农耕图

系统而深入地研究炎帝神农文化所蕴含的民族精神及其时代价值，对于我们弘扬和培育民族精神，加强社会主义核心价值观建设，实现富强、民主、文明、和谐的社会主义现代化国家，推进祖国和平统一大业和实现中华民族的伟大复兴，都具有十分重要的意义和非常广阔的前景。

第二节　炎帝神农文化精神的主要内涵

我国一向重视民族精神的培育和弘扬，尤其是党的十八大以来，举国上下更是空前意识到民族精神的重要性，兴起了如何发扬和培育民族精神的热潮。与黄帝轩辕氏共同为上古时期我国长江流域、黄河流域民族融合和文化交流做出了巨大贡献的炎帝神农，是我国原始社会时期一个勤劳、睿智、勇敢和强大的部落首领，他率领其部落在长期的生存与发展中，创造了特征鲜明的文化——炎帝神农文化。如同任何文化都是其内在核心即民族精神的体现一样，炎帝神农文化也不例外。炎帝神农的发明创造，彰显了中华民族先民的创造开拓精神和聪明睿智，成为日后中华民族开拓创新、自强不息民族精神的源泉。这一精神源泉，随着社会时代的不断发展进步而不断地高扬提升。

炎帝神农时代形成的致力统一的团结精神、自强不息的进取精神、为民造福的奉献精神、勇于探索的创造精神、以人为本的亲民精神、贵和尚中的和合精神形成了炎帝神农文化的内涵。这些民族精神经过华夏儿女的世代承传，成为中华民族精神的直接源泉和有机元素，成为以炎黄文化为基石的中华民族文化的核心精神和灵魂，成为中国人民数千年来为了国家统一和民族富强而自强不息、奋斗不止的强大精神动力。

炎帝神农文化精神，主要包含以下几个方面。

一、致力统一的团结精神

在中国的原始社会，各个氏族部落之间，为了各自的生存利益，经常发生矛盾冲突，甚至战争。《史记·五帝本纪》记载，黄帝“以与炎帝战于阪泉之野，三战，然后得其志”。可见炎帝部落实力雄厚，与黄帝部落发生了很多次战争。阪泉之战后，炎帝部落虽然兵败，然而势力仍然十分强大，炎帝部落把农耕、医药等文明带入黄帝部落，成为黄帝开疆拓土强有力的后盾。因此自黄帝立国至周朝，炎帝部落的姜姓群体地位都十分显赫，二者相互并存，同舟并济。从华夏部落联盟开始，民族精神就已呈现出古老悠久、凝聚力强、团结一心的特点，中华民族也是以炎黄部族为主体的华夏族后裔在发展中与其他民族融合而成的。因此，我们后人称“炎黄子孙”“华夏后裔”，反映的是二者同为中华民族的始祖，而炎帝位于黄帝之前，则说明炎帝部落的历史悠久于黄帝部落。

自从炎帝部落与黄帝部落联合后，逐步形成了一个以中原华夏炎黄部落为主体，包括东夷、西戎、南蛮、北狄等四方民族多元一体的民族大家庭，在不断的斗争矛盾中逐渐融合造就了华夏文明。而在这多元一体的民族大家庭中，虽然民族有所不同，但他们都是在炎帝和黄帝时期所始创的同一政治、经济、文化环境中共生共存。而正是在这同一环境及其传统中长期共生共存，产生形成了一种使各民族人民之间团结一心、和谐相处、相互认同的凝聚精神。《淮南子·主术训》说："昔者神农之治天下也，神不驰于胸中，智不出于四域，怀其仁诚之心，甘雨时降，五谷蕃植，春生夏长，秋收冬藏。……因天地之资，而与之和同。……当此之时，法宽刑缓，囹圄空虚，而天下一俗，莫怀奸心。"炎帝神农怀着对祖国山川河流的热爱、对氏族部落命运前途及民生疾苦的关怀，致力于团结氏族先民。他以部落发展为首位，毫不自私地传播农耕技术，改善人民的生活水平，把炎、黄两个部落联盟紧密团结在一起，成为中华民族的始祖。

湖南株洲炎陵县炎帝陵

这种致力于各民族统一、讲信修睦、为民谋利的合作精神，从中华文化的源头炎帝神农时期就开始了。炎帝神农注重民生，关注部落发展，他发明农耕，开创医药保健，开启贸易市场"日中为市"，用民族团结的仁爱精神开创出了一派和平安详的农耕生活景象。这种致力统一的团结精神，使民心和顺、上下友爱，各方利益关系有效协调，有力地推动着社会的发展。炎帝神农文化正是因为有了这种伟大的精神，才能以无比巨大的凝聚力，在数千年的历史进程中把整个中华民族团结成一个整体。

众所周知，中华民族得以绵延不息、发展壮大的根本保障，重要一条，就是有强大的团结统一的民族凝聚、认同精神。考察一下炎帝神农文化，就知道这种团结统一的民族凝聚和认同精神，如著名考古学家苏秉琦在《中国文明起源新探》中所说的，“其根脉盖深植于史前文化之中”，深植于炎黄时代的民族融合和交流之中。史前传说中，以黄帝轩辕为代表的北方、中原文明，以炎帝神农为代表的南方文明，以“东夷”为代表的东方文明，以羌戎为代表的西北文明，以百越为代表的东南、岭南文明，在共同的交流中熔铸出多元一体的伟大中华文明。从考古学上看也是这样。新石器时代中后期，长江中游先后相继的屈家岭文化、石家河文化（或湖北龙山文化），长江下游的先后相继的崧泽文化、良渚文化，以燕山南北、内蒙古中南部为重心的红山文化、后红山文化，以山东半岛为中心的大汶口文化、山东龙山文化，以陕西关中、河南黄河两岸、山西南部为中心的后仰韶文化（庙底沟二期文化）、中原龙山文化，以西北为代表的马家窑文化、齐家文化，以鄱阳湖、珠江三角洲为中轴的筑卫城文化（江西）和石峡文化（广东）等，相互之间交流、交融，在炎黄时代形成高潮，最终奠定中华文明和中华民族的多元一体的格局。中华民族是多民族的而又是统一体的民族意识也逐渐形成，在团结统一基础上形成的凝聚和认同精神也越发坚固。

十多亿海内外中华儿女自称为炎黄子孙，对炎黄二帝的崇拜十分普遍，这种崇拜，除了汉族外，在众多少数民族中也广为盛行。这是中国历史传统规律下所产生的独特的历史文化现象，其产生的原因在于我们都是同源同根，一条血缘纽带承传下来的子子孙孙。千百年来，我国各族人民均向往和维护国家的统一局面。中华民族历经战乱和变迁，每每能排除干扰，凝结为一个整体，其中一个主要原因就是中华民族有巨大的向心力和凝聚力。从文化传统上讲，炎黄子孙的血脉认同和大一统思想，是形成中华民族的向心力和凝聚力的重要因素，是铸就中华民族爱国主义精神的重要基础，必将对海峡两岸人们的交流和早日实现两岸的和平统一产生重要的作用。

二、自强不息的进取精神

炎帝神农文化中所具有的刚健有为的自强不息精神是极具特色的。炎帝神农的种种发明创造本身也是这种精神的表现，而且其部落成员的事迹也直接表现出这种精神。精卫是炎帝的女儿，因失足于海而失去生命，于是化而为鸟，衔石填海。精卫作为百折不挠精神的象征，给人以深刻的启迪。“夸父逐日”的故事也反映了炎帝神农文化的这种精神。根据《山海经》记载，炎帝是后土的先祖，而后土是夸父的祖父，看来夸父是炎帝的子孙。“夸父逐日”的动机见仁见智，但夸父不畏艰难，敢和太阳竞争高下，以至“道渴而死”的故事，显然暗含着人类为了认识大自然、调适人与自然的关系而自强不息的顽强精神。毛泽东曾称赞“夸父逐日”是“最好的神话”。炎帝的乐工刑天的故事也是如此，刑天和黄帝争斗，头被砍掉了，仍“以乳为目，以脐为口，操干戚以舞”（《山海经·海外西经》）。这是一幅多么壮烈而又刚健不屈的图画！陶渊明在《读山海经》中由衷地赞叹到，“刑天舞干戚，猛志固常在”。

刑天舞干戚

中华民族在漫长的发展历程中形成的“自强不息，厚德载物”的民族精神，其源头仍在炎帝神农时代，其始基仍为炎帝神农文化。远古先民们在与恶劣自然环境博弈中，炎帝神农为了使自己的部落能够生存、发展和壮大，在生产劳动中不断积累经验，自强不息、大胆创新，创造发明了许多新东西、新事物。他培育粟谷，制作耒耜，开创农耕，建屋而居，使部落告别了游牧生活。《管子·形势解》：“神农教耕生谷，以致民利。”炎帝、黄帝时代的这些传说，并非穿凿附会的想象或虚构，它已被裴李岗文化、仰韶文化的考古发掘所证实，人们把仰韶文化作为炎帝、黄帝时代相对应的考古学文化，是不无道理的。

炎帝神农耕而作陶，遍尝百草，发明医药。《逸周书》佚文载神农“作陶冶斤斧”。《世本·作篇》：“神农和药济人”。《淮南子·修务训》：“古者民茹草饮水，采树木之实，食蠃蛖之肉，时多疾病毒伤之害。于是神农乃始教民播种五谷，相土地宜燥湿肥垸高下；尝百草之滋味……一日而遇七十毒。”他日中为市，始作弦琴。《周易·系辞下》：“日中为市，致天下之民，聚天下之货，交易而退，各得其所。”《世本·作篇》：“神农作琴”。以“日中为市”开辟交易市场，极大地丰富人民的生活。削桐为琴，制作音律，使先民明白事理和谐相处。炎帝神农自强不息的精神，使得其部落很快强大起来。

《周易》及有关《周易》注释的著作中多次提及炎帝神农，也许是受到这种精神感染，《周易》特别强调自然、人和社会的辩证关系，强调人的积极能动性，强调改造自然的乐观而健康的向上精神。《周易·象传》说“天行健，君子以自强不息”。《周易·彖传》也说“需，须也。险在前也，刚健而不陷，其义不困穷矣”，又说“其德刚健而文明，应乎天而时行”。孔子、孟子等仁人志士都提倡这种精神。墨子及弟子更是以“摩顶放踵利天下，为之”的自强不息而闻名；《荀子·天论》把这种精神升华到哲学高度，提出要改造自然和社会，所谓“制天命而用之”。这种精神一直激励炎黄子孙前仆后继、不畏艰险、不屈不挠，为正义、真理的事业顽强奋斗，为中华民族的发展壮大做出了巨大贡献。

农村集市

炎帝神农的发明创造遍及衣食住行和社会生活的方方面面，他是中华民族最早的发明家，对中国早期民生有极大贡献。其实，这么众多的发明创造绝非炎帝一个人能够完成，必定是由无数的先民们在相当漫长的时间里历尽艰辛、反复摸索出来的。而炎帝神农作为那个时代的杰出首领，有幸成为发明创造、开拓创新的代表，成为中华民族的“文化英雄”和“自强初祖”。以炎帝神农为代表的先民们自强不息，艰苦创业，开创了辉煌灿烂的中华文明。

三、为民造福的奉献精神

炎帝神农时代之前是渔猎——采集时代，也即史书上说的伏羲氏时代，经济上属于攫取性经济。中华先民靠渔猎和采集为生，经常流徙不定，只能“缘水而居”（《列子·汤问》）、“穴居而野处”（《周易·系辞》）。为了解决食物的短缺问题，炎帝神农历经千辛万苦，取得种植谷物的经验，开始了最初的农耕文明。炎帝神农为了寻求治病之药，不顾自己安危，出入瘴气弥漫、人迹罕至的茫茫林海之中，冒着生命危险遍尝百草，解救人民痛苦。《淮南子·齐俗训》说他“身自耕，妻亲织，以为天下先”。《淮南子·修务训》说“神农憔悴”，“圣人之忧劳百姓甚矣”。还说他为了祛除百姓疾病之苦，不惜牺牲生命，亲自“尝百草之滋味，水泉之甘苦”，经常“一日而遇七十毒”。炎帝神农的这种精神，无论从哪个角度讲，都是崇高的，非常可贵的。他的种种伟大发明，无不凝聚着他对部落成员的关爱和为民造福的奉献精神。所以《吕氏春秋·上德》说，“为天下及国，莫如以德，莫如行义。……此神农、黄帝之政也”。炎帝神农的这种为民造福和奉献精神，塑造了中华民族一种核心价值观，即强调个体生命的意义和价值并不在于索取，而在于对社会、对民族、对国家的贡献。中华民族非常看重天下为公的道德准则，强调个人对家族、社会、人民的责任和义务，后经儒家传颂，便成为中华民族的一种传统精神特质。这种为民族、人民的高尚精神自炎帝传承至今，一直被有志之士视为最高人生准则。这种道德准则强调“利天下而不利一人”，是中国古代士大夫最高的人生理想。从范仲淹的“先天下之忧而忧，后天下之乐而乐”，到孙中山先生的“天下为公”，到今天的“国家富强、民族振兴、人民幸福”，无不闪耀着这种为民造福的集体精神的光芒。

孙中山题“天下为公”

炎帝神农时代是原始氏族社会，人人平等，而氏族或部落的首领，是大家推举出来的，他们勇敢智慧且富有生产和生活经验，是真正为大家服务的“公仆”，根本没有什么享受、特权概念，有的只是朴素的大公意识和奉献精神。墨子曾称赞大禹“沐甚雨，栉疾风……而形劳天下也如此”（《庄子·天下》），大禹三过家门而不入的故事更是为大家所熟知。大禹所处的时代已经向阶级社会迈进，尚且还保留着原始社会首领的遗风，那么，还处在阶级社会之前的炎帝神农，就更是如此了。作为部落首领，他为了部落的发展，必须不顾个人安危，必须具有一心为公、为民造福而不求回报的奉献精神。炎帝神农为民造福的集体精神，是永远屹立在中国人心中的一块不朽的丰碑。今天我们力倡的一些与民造福的思想理论，让这些古老的思想获得了升华，使中华民族为民奉献的精神进一步得到光大。

四、勇于探索的创造精神

炎帝神农是中华文明历史上最早勇于探索、开拓创新的典范之一。他勇于探索，能够在先民蒙昧之初，善于思考、勤于动手，不断总结、观察、积累生产经验和简单的科学常识，从而发明许多生产、生活工具，成为农业、医学和商业等众多领域的创造者、奠基者和集大成者。

炎帝神农时期科技文化的创新与繁荣代表了当时历史发展进步的正确方向。炎帝神农所在的远古时代，当时社会的生产工具非常简陋，生产力水平极其低下，人们改造自然的能力还十分有限，先民们还生活在茹毛饮血的蒙昧时代。为了在严酷的自然环境中生存，必须首先解决吃饭的问题，于是农业得到优先发展。由炎帝神农开创的农耕文明，使中华先民开始了人类社会的第一次大革命，即“农业革命”或新石器革命，其深刻性犹如从“农业革命”转化到“工业革命”一样。炎帝神农毫不气馁，带领先民们充分发挥自己的聪明才智，在一片荒陋的土地上顽强地奋斗、艰辛地开拓，表现出勇于探索的创造精神。

一方面，从物质生活的社会层面上看，炎帝神农文化体现了人与自然的适应性生存、协调和发展的关系，并依靠知识和技术的进步改革和创新，不断改善人类的生存状况，形成了可持续发展的农耕经济新形态。炎帝神农时期重要的发明与创新之一，就是火的掌握与运用。炎帝被人们称为“火神”，火的掌握与运用，使人类社会生活由蒙昧进入文明。另外，医药的发现与始创，陶器的烧制、弓箭的制造等，对于推动社会的进步都具有不可磨灭的功绩。

现代农耕图

另一方面，我们从文化价值的精神层面上看，炎帝神农文化充分体现了人类社会发展中具有永恒意义的主题，即与时俱进、开拓进取的创造精神。创造精神生动地体现在远古传说里关于炎帝神农创农耕、开市场、尝百草、兴医药并为之献身的开拓创新的实践活动中。这种精神历经夏、商、周三代而日益发扬光大，并且在古代文化典籍中留下了宝贵的记载。《诗经》说："周虽旧邦，其命惟新。"《周易·系辞上》中指出"日新之为盛德"。《周易·杂卦》说"革，去故也；鼎，取新也"。意思就是：君子圣贤所谓的"德"就是要变化不息、不断更易、与时俱进、开拓创新。先秦以来，许多典籍都发扬了炎帝神农文化中的上述精神，并将其定位为君子为人处世、修身养性的主要精神、意志和德行。如《礼记·大学》中说："汤之盘铭曰：苟日新，日日新，又日新。"《隋书·杨约传》提出："自古贤人君子，莫不与时消息以避祸患。"宋代思想家何坦说：君子应该"循序而进，与日俱新。"《二程集·河南程氏遗书》中也写道："君子之学必日新"，要有"扩前圣所未发"的精神和态度。勇于探索的创造精神是中华民族得以凝聚和认同的精神，是中华民族得以前进的价值目标和精神动力。数千年来，炎帝神农的这种精神不断激励炎黄子孙顺天应时，与时俱进，大胆创新，从而使中华民族能够经历各种挫折而始终保持旺盛的生命力，屹立于世界东方。

五、以人为本的亲民精神

炎帝神农之所以能够取得巨大成就，重要原因之一是其在巫术、神秘思想浓厚的原始社会，能不求玄虚，脚踏实地，“怀其仁诚之心”，以民众利益为重，致力于发展农业，发展商贸，发展医学等，大大地改善了民生，免除了民众疾苦。《吕氏春秋·爱类》说：“上世之王者众矣，而事皆不同。其当世之急，忧民之利，除民之害同。”《越绝书》也云：“昔者神农之治天下，务利之而已矣。不望其报，不贪天下之财，而天下共富之。”这种“忧民之利”和“天下共富之”的亲民务实精神已成为中华文化的一个重要特质。

例如，《尚书·五子之歌》提出“民可近，不可下。民惟邦本，本固邦宁”和“民之所欲，天必从之”的著名“民本”思想。西周更是发展为“明德”“保民”思想。到了春秋时期，民本思想更加深入人心。炎帝神农的后代、儒家早期思想家、随国的政治家季梁，也继承炎帝神农的民本思想，提出著名的“夫民，神之主也，是以圣王先成民而后致力于神”（《左传·桓公六年》）。孔子提出“君以民存，亦以民亡”，孟子说“民为贵，社稷次之，君为轻”（《孟子·尽心下》），荀子更形象地说“君者，舟也；庶人者，水也，水则载舟，水则覆舟”（《荀子·王制》）。到了明清之际，民本思想发展到传统时代所能发展的最高程度。黄宗羲认为炎帝神农和五帝时代的君主，享受在后而吃苦在前，一心为民，“形劳天下”，以至于都以做君王为苦差事，而“家天下”以来，却造成以天下之全力供奉独裁残暴一君的局面。他因此大力抨击君权专制的罪恶，提出“天下之治乱，不在一姓之兴亡，而在万民之忧乐”。王夫之认为君权并不神圣，腐败了，同样“可禅、可继”，并大声疾呼“一姓之兴亡，私也；而生民之生死，公也”。这种亲民务实的“民本”思想尽管与现代民主思想有很大不同，但其关怀民生，重视民情的理念，还是很有积极意义的。

亲民务实精神表现在炎帝神农文化经过儒家的理性化和人本化的处理后，形成一种“天道远，人道迩”（《左传·昭公十八年》）和不言“怪、力、乱、神”（《论语》）的务实传统。《国语》也认为“华而不实，耻也”。这种反对浮华，鄙视玄虚、空谈，讲求实际，追求事功的精神，总体上形成中国人看重经验而漠视神异，看重入世而轻视来世的价值倾向。所以，中国人向来不喜欢在缥缈虚幻的来世和彼岸获得幸福，而习惯在日常的稼穑工商、政事日用、人伦人事中追求人生价值，实现人生理想，这也即所谓的“极高明而道中庸”。这也说明了为什么实用性很强的农、兵、医、艺（技术）等在中国很发达的原因。但是，中国式的务实精神（即实用理性）在给我们带来巨大进步的同时，它的过于看重经验，过于依赖直观和体悟，漠视抽象理论、演绎和推理的倾向也导致科学理论和方法的欠缺，从而导致17世纪以来中国科学的落后，这需要加以深刻的调整和根本的改进。

六、贵和尚中的和合精神

在社会发展阶段上，神农之世基本上属于《庄子》所说的“神农之世，卧则居居，起则于于。民知其母，不知其父”的母系社会末期向父系社会过渡时期，同时也是“无有相害之心”原始时代。这种时代是“大同”社会，也是朴素的和谐社会。这种社会，虽然物质贫乏，但人人平等、财产公有，正如《礼记·礼运》所述，“大道之行也，天下为公，选贤与能，讲信修睦。故人不独亲其亲，不独子其子；使老有所终，壮有所用，幼有所长，矜寡、孤独、废疾者皆有所养；男有分，女有归。……是故谋闭而不兴，盗窃乱贼而不作。故外户而不闭，是谓大同”。这种还没有产生阶级压迫的早期原始社会，使氏族领袖更能自觉地从大多数人的利益考虑，团结部落民众。

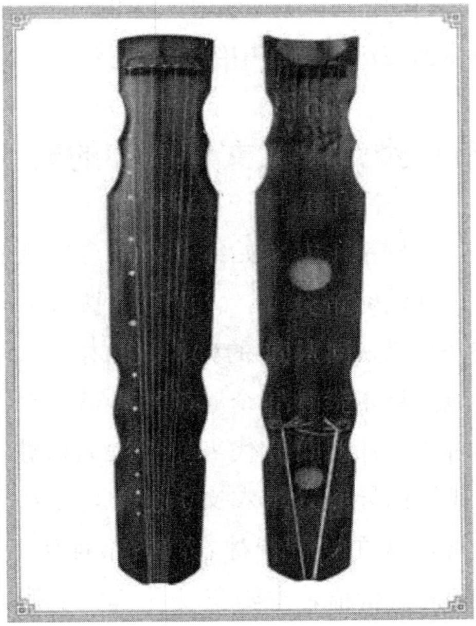

古琴

除了从财富均平和社会公正角度塑造和谐社会外，炎帝神农也很讲究从教化方面来培养和谐精神。桓谭《新论》说神农氏“始削桐为琴，绳丝为弦，以通神明之德，合天地之和焉”。扬雄称赞说：“昔者神农造琴以定神，禁淫嬖，去邪欲，反其真者也”（《太平御览》卷577引）。炎帝神农通过音乐来“合天人之和”。这种对和谐的追求深刻影响了后来的儒家和道家思想，使两者都有深厚的和谐思想，并形成中华民族的重要精神之一。孔子说“礼之用，和为贵。先王之道，斯为美”。（《论语·学而》）孟子认为：“天时不如地利，地利不如人和”。（《孟子·公孙丑下》）。《礼记·中庸》说：“中也者，天下之大本也；和也者，天下之达道也，致中和，天地位焉，万物育焉”。老子云：“万物负阴而抱阳，冲气以为和”（《老子》四十二章）；又云：“知和曰明”（《老子》五十五章），强调要“去甚”“去奢”“去泰”（《老子》二十九章）。《庄子·天道》云：“与人和者，谓之人乐；与天和者，谓之天乐”。这种精神一方面强调人与人、人与社会的和谐；另一方面看重人与自然的和谐，亦即所谓的“天人合一”，使中国人讲求秩序、和平、中庸、节制及和衷共济，也使中华文明能够在历史长河中绵延不绝。

第三节 炎帝神农文化精神的时代价值

在历史洪流中，一种精神只有始终做到符合时代特征，富有时代气息，契合时代要求，推动时代发展，才能历久弥新，长盛不衰。炎帝神农文化精神作为中华民族伟大精神的源泉和原始社会文化精神的展现和升华，完美而生动地诠释了它在那个时代的价值。今天，我们正处于中华民族伟大复兴的时代，伟大的时代需要伟大的精神，伟大的精神同样需要伟大的时代。我们倡导炎帝神农文化精神，就在于它是伟大时代下伟大精神的具体体现，就在于炎帝神农文化精神历久弥新的时代价值。炎帝神农文化精神的时代价值，主要有以下三个方面。

一、有利于推动社会发展

一个发展的社会，总有一种奋发向上的精神；一项伟大的事业，也必将产生崇高的精神。这种奋发向上、崇高的精神又会支持和推动时代与事业前行。这是因为，一种精神的形成，既是时代实践的客观产物，又是推动时代前进的主观要素。精神的价值就在于以其巨大的主观能动性，通过改造世界的社会实践活动来推动时代前行。

炎帝神农文化精神既是时代发展的产物，又是推动时代发展并随时代前行的巨大力量。它是历史的，也是现代的，更是鲜活的，还是与时俱进的。从炎帝神农文化精神的生成过程来看，它是中华民族精神资源宝库中的源泉，对五千多年来中华民族精神在某些层面进行了升华与超越，同时它又鲜明反映了中华文化精神赖以生存和发展的部分精神内核和文化品格。从炎帝神农精神的文化功能来看，它既是中华民族伟大精神的鲜明体现和象征，又是民族文化和民族精神的核心反映，还是 21 世纪中国共产党领导中国人民继续奋发图强实现中华民族的伟大复兴的精神支柱与精神动力之一。它为中华文化的发展提供了价值认同与精神动力，它从文化品格上体现了民族文化的“根”和民族精神的“源”的精神特质。我们今天倡导、弘扬炎帝神农文化精神的现实意义，就在于推动当今时代的进步。

炎帝神农文化所蕴含的民族凝聚、认同精神具有巨大的现实价值。经过多年的改革开放，我国社会主义现代化建设到了关键阶段。虽然在处理具体问题上，我们不能从炎帝神农文化那里得到直接的帮助，但是炎帝神农文化所蕴含的民族精神却永远不会过时，它仍然是我们走向成功的重要精神力量。炎帝神农的为民造福的奉献精神和勇于探索的创造精神对加强党的执政能力建设也有不少启发。炎帝神农对工具和技术的重视，对农业的巨大贡献，对于我们认识“科学技术是第一生产力”，对于我们解决“三农”问题，也有一定的启示。另外，致力统一的团结精神、自强不息的进取精神对我们战胜建设道路上的各种困难，都将是巨大的鼓舞力量。炎帝神农开创的以人为本的亲民精神、贵和尚中的和合精神对我们建设中国特色的社会主义，尤其是小康社会、和谐社会有很大的借鉴意义。

二、有利于弘扬中华传统文化的精华

炎帝神农文化精神的丰富内涵几乎涵盖了整个华夏文明的历史渊源，是中华五千多年悠久灿烂文化精神的源泉。一种精神之所以不因时间的流逝而价值消退，不因环境的变化而力量削减，不因实践主体的更替而面目全非，就在于体现这种精神价值的核心和精髓没有变。我们弘扬炎帝神农文化精神的时代价值，就要始终遵循炎帝神农文化精神的核心和精髓。

炎帝神农文化精神的核心就是统一。炎帝神农时期，正处于由野蛮时代向文明时代过渡阶段，所以，随着社会生产力的发展，社会组织形式也开始发生变化，《绎史》称：“是以三皇以来，皆曰王天下”。中国传统文化早在炎帝神农时期，就注重团结统一，强调独立自强。中华民族自古以来便是一个多民族的统一的大家庭，很早就形成了“大一统”的观念。从蛮荒时代的氏族部落各自为战，到炎黄部落联盟的建立，先民们都是在炎帝神农文化的指导下，开始了统一团结的氏族社会生活，他们相互交流，相互学习，相互融合，相互影响，构成了天下一家亲的原始社会大家庭。经过几千年的发展，致力统一的意识深深积淀、内化在中国人的文化心理之中。炎黄子孙共一祖先，血浓于水；共一中华，情重于山。千百年来，炎帝神农作为中华民族始兴与统一的象征，对海内外中华儿女取得民族认同、增强凝聚力和向心力，发挥了巨大作用，是维护中华民族大团结和统一的情感枢纽。在这种精神原则指导下，当今，中国始终坚持维护民族团结和祖国统一，始终坚持从本国国情出发，探索出一条独立自强的发展之路。

炎帝神农文化精神的精髓就是民本，这与中华文化的精髓是一致的。“国以民为本，民以食为天”这种农耕文化的核心思想，历经几千年封建社会的不断提倡，认为“天地之精，所以生物者，莫贵于人”“民惟邦本，本固邦宁”，主张治国须利民、裕民、养民、惠民。这些民本思想发展到了近代，成为近代革命的民生思想。我们今天继承发扬民本思想，就是要坚持以人为本，坚持发展依靠人民、发展为了人民、发展成果由人民共享，把人当作主体、把为民当作目的，关注人的生活质量、发展潜能和幸福指数，最终实现人的全面发展。民本思想至今仍闪耀着进步的光辉，仍然具有重要的时代价值。炎帝神农的“肇德治初纲，释民之倒悬”民本思想，为今天“以德治国”“立党为公、执政为民”的理念提供了原始注脚，对加强党的执政能力建设有着启发性，当下倡导的“情为民所系，权为民所用，利为民所谋”正是这种精神的传承与延续。

炎帝神农文化精神能在不同历史进程中，不断注入新的元素，这正是中华文化坚守其“核心”和“精髓”的时代反映。尽管在每一历史时期，炎帝神农文化精神的外在表现着力点有所不同，但统一、民本的核心和精髓始终没有变。统一、民本的内在特质，具有反映中华民族精神，凝聚各方力量的先进理论品质，滋养着一代又一代炎黄子孙的精神世界，激励着一代又一代炎黄子孙。这是弘扬炎帝神农文化精神时代价值的基础之所在。以文化的张力激发炎黄子孙慎终追远、爱国爱民的情怀，对促进一个民族的复兴具有重大的历史价值和现实意义。只有深刻认识炎帝神农文化精神的核心和精髓，并世代传承，才能振奋民族精神，才能在世界民族之林中拥有一席之地。

三、有利于准确把握时代脉搏

伟大的时代需要并产生崇高的精神，崇高的精神支撑和推动着伟大的时代。一种精神要推动时代前进并具有时代价值，关键在于能否与时俱进，能否始终根据时代历史使命的变化，找到与时代发展、实践进步的结合点。

团结统一的凝聚认同精神使中华民族多元一体的民族观和多元一体的文明观越发坚固。尽管中国在某些历史时期会出现短期的分裂、割据等现象，但反对分裂和战乱，维护国家统一，加强民族融和、交流和团结，则始终是历史发展的主流。魏晋以来，历史上尽管有一些少数民族纷纷建立政权，但许多族属还尊称炎帝或黄帝、夏禹为先祖。清朝尽管是满族建立的，但统治者的民族认同感却很强烈。雍正帝曾说，满族居住在黑龙江流域，就像汉族居住在黄河和长江流域一样，都是中国人，只是籍贯不同而已。清代中期，当清朝平定了新疆的准噶尔部叛乱之后，流亡于俄罗斯伏尔加河流域的我国蒙古 17 万土尔扈特部族人，心向祖国，历尽艰险，全部回到祖国怀抱。正如美国历史学家海斯等人著的《世界史》中《不变的中国》所说，“很多世纪以来，中国就是一个相当坚固和稳定的帝国。虽然那个帝国包括了不同的种族和宗教，并且被外来的侵略和内战所干扰，但是它却是统一的，被一种渗透到各部分的共同文化团结在一起。蒙古人、鞑靼人和所有其他种族，都是以侵略为开始，而总是以被‘文明化’告终。就是说，他们采用了中国的习俗。外国的宗教，如佛教和伊斯兰教，在中国的进展，只是依它们适应中国文化的程度而定”。世界上其他古老文明如古埃及文明、古两河流域文明、古希腊文明等，要么中断毁灭，要么被征服、改变而成为断裂的文明，唯有中华文明却经受种种打击和考验，而成为世界文明历史上唯一连续的文明，这与自炎黄时期形成的中华民族的强大凝聚和认同精神发挥了不可替代的作用不无关联。

香港、澳门回归纪念币

近代以来，坚船利炮的帝国主义国家的野蛮侵略和险恶瓜分、分裂中国的阴谋，使中华民族又面临着山河破碎、民族危亡的境地。在民族、国家将遭受灭顶之灾的空前危机的时刻，中华民族的强大凝聚和认同精神又发挥了巨大威力，中华民族团结一致，同舟共济，共同抵御外侮，实现了国家和民族统一。国共两党合作带领各族人民共同抵御日寇的侵略，就非常典型地体现了这一点。当今时代，维护民族团结、祖国统一和改革开放、谋求发展一样，也是历史的最强音。港澳台同胞和海外的炎黄子孙，无不以各种方式回报、支援祖国，这正是民族凝聚力和认同感的真切表现。香港、澳门已回到祖国的怀抱，有着维护祖国统一光荣传统的中华同胞，应共同缅怀炎黄始祖、炎黄文化，大力弘扬中华民族的民族凝聚力和认同感，加强海峡两岸相互了解和交流，为反对分裂，为祖国的和平统一大业，做出无愧于炎黄先祖的历史性的贡献。

总之，炎帝神农文化是中国优秀的传统文化，炎帝神农文化精神体现了中华民族精神，人们受到优秀传统文化和民族精神的感染、熏陶和教育，就能不断增强中华民族的凝聚力、向心力、创造力和生命力。目前我国正处在一个多元文化交互撞击，生活方式复杂多变的时代。人们的思想观念、生活方式、思维方式乃至精神境界都在悄然变化，民族精神面临新的挑战。要使中华民族自立于世界民族之林，永远立于不败之地，就必须与时俱进，继承和弘扬自己优秀的传统文化，学习和吸收古今中外各种文化的精髓，不断地发展、创新中华文化。炎帝神农文化精神注重人格、注重伦理、注重利他、注重和谐的东方品格和释放着和平信息的人文精神，对于思考和解决当今世界上个人至上、物欲至上、恶性竞争、环境恶化等种种令人忧虑的问题，对于追求人类的安宁与幸福，必将提供重要的思想资源。

中华民族是一个有着强烈的开拓创新精神的民族，勇于进取，敢于创新，是中华民族的优良传统和作风。数千年来，中华民族一代又一代生生不息，历尽艰辛而存在、而发展，靠的就是这种传统和作风，只有这样，才能更好地促进中国的发展。任何一个国家和民族文化的发展，都离不开一定的文化传承，都是在既有文化传统基础上进行变革、创新与发展。我们应该坚持“古为今用、推陈出新”的原则，在继承炎帝神农文化精神的基础上，结合时代条件加以继承和发扬，大力倡导富强、民主、文明、和谐，倡导自由、平等、公正、法治，倡导爱国、敬业、诚信、友善，积极培育和践行社会主义核心价值观，引导人们发展社会主义先进文化。必须充分认识炎帝神农文化的历史意义和现实价值，同时结合时代特征，继承、发扬传统文化中的优秀成分，努力在承前启后、推陈出新中铸造中华文化的新辉煌。

第八章　炎黄文化与近代革命

“炎黄子孙”是国内外华人引以为荣的自我称谓，是海外华人华侨接受度很高，流传极广的中华儿女的代称。“炎黄子孙”一词，有着浓浓的寻根情结：我们从哪里来？我们的根在哪里？我们都是炎黄子孙、中华儿女，我们是血脉相连的，有着相同的生活追求和精神追求，这些共同点使得我们紧紧地团结在一起，并且坚定地屹立于世界的东方。中国人对于祖先有着特别深厚的感情，“炎黄子孙”一词，是经过几千年的历史发展逐渐形成的，使用这个词也成为一个历史传统，使人闻之肃然，有一种神圣的感觉。

五千多年前，两位氏族部落的领袖，黄帝与炎帝大战于阪泉，黄帝打败了炎帝。后来黄帝又调集各部落，与另一部落领袖蚩尤大战于涿鹿，战胜了蚩尤。黄帝部落、炎帝部落和蚩尤部落的一部分就在黄河和长江流域定居下来，从此繁衍其子孙，炎黄二帝被尊为中华民族的始祖。后来华夏族又与东方的夷族、南方的三苗族的一部分逐渐融合，形成汉族。他们世世代代繁衍生息，成为中华民族的主干。以后，这些原来不同部落的居民都认为自己是炎帝和黄帝的后代，称为“黄帝后世”或“炎黄子孙”，也有人称“炎黄裔胄”，裔胄就是远代子孙的意思。我们现在称“中国人”是“炎黄子孙”，就是从这里来的。

几千年来，炎黄时代开创的精神文明不断得到丰富和发展。同时，中华民族的凝聚力也在炎帝、黄帝以后几千年的历史发展中持续增强。三代时的夏、商、周三族都把本族的族源追溯到炎黄，为华夏各族互相认同提供了历史依据。春秋时期的“华夷之辨”包含有以文明程度划分华、夷的思想，固然有偏颇之处，但毕竟为中华民族凝聚范围的扩大提供了理论依据。秦汉以及后世多个王朝，无不是通过不同方式将自己与炎帝、黄帝联系起来。近代的辛亥革命时期和抗日战争时期，黄帝、炎帝成为中国人民团结一致反对封建主义、反对帝国主义、救亡图存的旗帜。如今，香港、澳门回归祖国怀抱。谒陵祭祖，慎终追远，海内外中华儿女都期盼着实现中华民族的伟大复兴。

“炎黄子孙”的称呼从出现到今天的广泛运用，经历了漫长的发展历程，在不同的历史时期，所起的作用也不相同。从先秦两汉时期的形成，到近代革命时期的流行，到抗日战争时期的号召，到今天团结海内外华人的旗帜，“炎黄子孙”的称呼，与其说是一个血缘符号，不如说是一个文化符号。中国人在几千年中不断地自称“炎黄子孙”，实际上是对中华文化的认同，是文化寻根和文化自觉的体现。因此，只要这种认同心理继续存在，“炎黄子孙”的称呼就会继续使用下去。这种心理现象、社会现象和文化现象是值得我们深思和研究的。

第一节　“炎黄子孙”的由来

虽说炎黄时代没有文字，也不可能有“炎黄子孙”或“炎帝子孙”“黄帝子孙”这样的名词，但却为后世此类名词的出现奠定了坚实的基础。其雏形“黄炎之后”“黄帝子孙”等早在春秋战国时期就出现了，这些都是“炎黄子孙”称谓在不同时代、不同语境下的不同表现形态。

一、先秦时期

在商、周的甲骨金文史料中，完全找不到有关黄帝、炎帝、蚩尤的记载。那时也没人自称华夏。夏、商、周三族也不一定都是黄帝之后，他们与黄帝部族的关系之亲疏远近是不同的。总的来说，夏人和周人与黄帝的血缘关系要亲密一些，商人则远一些。虽然夏、商、周人的族源与祖先崇拜并不完全一样，但却都是在黄帝所开创的大部落联盟的基础上发展起来的，他们已初步把不同来源的祖先汇聚成以黄帝为始祖的大系统。

有趣的是，到了春秋战国时期，黄帝在众多古帝王记忆中脱颖而出，成为华夏民族共同体共同尊奉的始祖，各诸侯国贵族开始自称华夏，于是便出现许多有关黄帝、炎帝等英雄祖先的历史记载了。战国时期的思想家们不仅对于如何治理百姓、平息战争纷纷提出各种意见，而且那时人们对于如何将黄帝、炎帝等各部族祖先记忆集结成一个“历史”，也提出了不同的方案。其中一个方案是，黄帝、炎帝为兄弟。但最后有一个历史版本广为大家接受：太昊、伏羲等为远古蛮荒之世的帝王，炎帝、蚩尤是先后败于黄帝之手的部族领袖，黄帝、炎帝成为结束乱世、开创文明的两位帝王。

自春秋战国时期开始，古人就把炎帝和黄帝视为先祖，并在一些重要的典籍中一再记述，可以说“炎黄子孙”一词已经呼之欲出。《左传·昭公十七年》郯子曰：“吾祖也，我知之。昔者黄帝氏以云纪，故为云师而云名。炎帝氏以火纪，故为火师而火名。”这里黄帝与炎帝并立，各具特征，并且在英雄人物辈出的上古时期已经脱颖而出，成为数一数二的先祖领袖。

《史记·封禅书》载春秋时期：“秦灵公作吴阳上畤，祭黄帝；作下畤，祭炎帝。”可见，中国历史上对黄帝、炎帝的公祭始于春秋时期，秦灵公第一次把黄帝和炎帝作为华夏民族的共同祖先供奉祭奠。其后历朝历代继承了这一祭祀活动，并且都保持了较高规格。齐威王时期的《陈侯因（敦）》铭文中有“高祖黄帝”一语，齐威王也自认为是黄帝子孙，远则祖述黄帝，黄帝的存在已经为齐国的统治者所信史化了。黄老之术的创始、兴盛与发展是在齐国稷下学宫进行的，并与齐威王祖述黄帝的思想密切有关。秦灵公设上下畤祭黄帝、炎帝，齐威王铸敦铭记“高祖黄帝”，两个曾分别自称“西帝”和“东帝”的大国国君的尊黄行为极具象征意义，说明早在春秋战国时期，中国很大地域范围的民众已经对黄帝这位先祖非常崇拜和熟悉了。

春秋战国时期诸侯争霸、百家争鸣，黄帝、炎帝的传说已经为世人所熟知，并且成为后人祭祀先祖、托古言志的重要对象。“世俗之人，多

山东武梁祠汉代石刻轩辕黄帝像

尊古而贱今。故为道者，必托之于神农、黄帝而后能入说。”（《淮南子·修务训》）儒家的创始人孔子称赞黄帝的功绩是：“生而民得其利百年，死而民畏其神百年，亡而民用其教百年”，可见其影响之大、之深。道家的创始人之一庄子也极为推崇黄帝，认为“世之所高，莫若黄帝”。《孙子·行军》记载：“凡此四军之利，黄帝所以胜四帝也。”可知兵家同样是奉仰黄帝的。法家也有托黄帝言法治之论。如《商君书·更法》言：“伏羲、神农教而不诛，黄帝、尧、舜诛而不怒。及至文、武，各当时而立法，因事而制礼。”意在托古变法。其他如《列子》《文子》，杂家之《吕氏春秋》，以及《战国策》中的游说之士，无不托黄帝以立言。可见黄帝其人其事对诸子百家的影响之深广。

成书于战国时代的《国语·晋语》对炎帝、黄帝的起源、诞生地，做了一个简要的说明："昔少典娶于有蟜氏，生黄帝、炎帝。黄帝以姬水成，炎帝以姜水成。成而异德，故黄帝为姬，炎帝为姜。二帝用师以相济也，异德之故也。"这里黄帝和炎帝还是兄弟，二人是生息于陕西省中部渭河流域的两个血缘关系相近的部落首领。

《国语·鲁语上》记载鲁大夫展禽说："故有虞氏禘黄帝而祖颛顼，郊尧而宗舜；夏后氏禘黄帝而祖颛顼，郊鲧而宗禹。"当时人们认为，有虞氏和夏后氏都把黄帝作为本族的先祖来进行祭祀，并进行最隆重的始祖祭祀典礼——禘礼。这时，黄帝已经开始凌驾于颛顼、帝喾、尧、舜、禹之上，地位得到了很大的提升。

《国语·周语下》记载太子晋说："夫亡者岂繄无宠？皆黄、炎之后也。"韦昭注："鲧，黄帝之后也；共工，炎帝之后也。"意思是说，鲧、禹与夏人之后，以及共工、四岳与各姜姓国，"皆黄、炎之后也"。这是古籍上最早类似炎黄子孙的称谓，可见在战国时期，黄帝、炎帝为先祖的常识已经为民众所接受，"黄、炎之后"是后世炎黄子孙的萌芽形态。

约成书于战国末年的《世本》是一部黄帝和炎帝的族谱，记录了黄帝轩辕氏、炎帝神农氏等远古帝王直至周代王侯公卿大夫的世系、姓氏、居邑及制作等，其中帝系篇、氏姓篇梳理、罗列了炎黄世系与后裔，堪称我国谱牒、姓氏书之祖，《史记》《汉书》《风俗通义》《元和姓纂》《通志》《古今姓氏书辨证》《姓氏急就篇》《万姓统谱》等多有称引。《世本》为我们展示的黄帝族谱，其血缘上的真实性值得怀疑，其文化上的真实性却毋庸置疑。它真实地反映了战国时期随着大一统趋势的出现和大一统观念的深入人心，人们祖先认同意识的增强。

二、秦汉时期

秦汉时期形成了以辽阔的封建王朝统治版图为基础的统一疆域，以封建中央集权制度为标志的统一政治，以农耕生产为特色的统一经济，以杂糅了各家学说的儒家思想为核心的统一文化。在这种大一统的局势下，“黄帝子孙”等称呼逐渐出现，并开始得到认同。汉高祖刘邦编造了赤帝（炎帝）子斩白帝子的故事，为以汉代秦制造舆论，可以看出汉代的统治者把自己看成是炎帝之后。黄帝在西汉的政治舞台上也扮演着非常重要的角色，汉初黄老之学盛行，“百家言黄帝”。在黄老之学思想的指引下，汉初还出现了“文景之治”的安定团结的政治局面。

黄帝还被当作中国道教的先驱者之一。道教正式产生在汉代末期，在道教历史上作为人文初祖的轩辕黄帝始终占有显赫的地位。方仙道是道教产生的前身，它是战国时期神仙家、阴阳家、方术家、术数家互相组合并修习各类道术的方士集团。这批方士竭力鼓吹长生不死，人能成仙，编造了许多成仙神话，为了让这些神话具有轰动效应，让人信服，它们便极力将这些神话附会在一些英雄人物身上。黄帝作为原始社会部落首领，其业绩已深深地积淀在华夏民族的心中，于是从战国时期起，就有一批方士将黄帝等远古人物说成是神通广大、长生不老的神仙，从而将历史神话化，创造了一套黄帝等人的神话谱系。汉武帝对黄帝敬仰有加，对这位得道升天的远古圣王，非常推崇。《史记·封禅书》记载，汉武帝十分羡慕黄帝飞身成仙，很希望自己也能像黄帝一样长生不死，逍遥天界。听说黄帝仙化后，他仰天长叹：“嗟乎！吾诚得如黄帝，吾视去妻子如脱屣耳。”意思是说如果自己真的能像黄帝一样成仙，愿把江山和妻子儿女像脱鞋子那样全都抛弃。元封元年（公元前 110 年），汉武帝率 18 万大军北巡朔方，出征匈奴回国途中，路过黄帝陵寝时，在桥山祭拜，开创了黄帝陵祭。他命 18 万大军在黄帝陵对面连夜垒台，祈求成仙，还举行了两汉历史上的首次封禅大典，此后遵循五年一封修的定制，又先后五次封禅，创下了帝王封禅之最。这是继战国时期以后又一次尊崇黄帝的高潮。

是司马迁真正把黄帝置于中华民族始祖的地位。我们今天能自豪地说一句“我们是黄帝子孙”，要感谢司马迁。在司马迁之前，民族的始祖是混沌的、多元的，民族发展的脉络是不清晰的。是司马迁站出来，在

陕西省黄陵县桥山黄帝陵

纷乱繁杂中理出头绪，在多元中选择一元，并将一条清晰可辨的黄帝子孙系列推到了人们面前。《史记·五帝本纪》是我国传统正史“二十四史”的第一部第一篇，开宗名义地记述了从黄帝至尧舜时期的远古历史，其影响意义之大贯穿了整个中国历史。《五帝本纪》排在全书的最前面，历来被视为全书的纲，它保存了许多世代相传的历史资料，对于后人了解历史年代发展顺序有着重要的价值。司马迁写作《五帝本纪》主要取材于《世本》《大戴礼记·五帝德》《尚书》。秦汉以来，随着“大一统”观念的出现，司马迁在《史记》里，以“五帝”为开端，编排了一个系统而完整的华夏血统。他在《三代世表》里说：“舜、禹、契、后稷，皆黄帝子孙也”，首次提出了“黄帝子孙”一语。司马迁称黄帝、颛顼、帝喾、尧、舜为五帝，而在黄帝之前则是神农氏。“炎帝”一词，也是司马迁最早使用的，《五帝本纪》有“炎帝欲侵陵诸侯”的记载。司马迁把黄帝视为帝系之始并把其他四帝颛顼、帝喾、尧、舜都列为黄帝的子孙。富于想象力的一元论把汉人和夷狄的祖先都归结为黄帝，是中华各民族最终形成“炎黄子孙”概念的最初根源。

《史记·五帝本纪》记载了远古传说中相继为帝的五个部落首领——黄帝、颛顼、帝喾、尧、舜的事迹，同时也记录了当时部落之间频繁的战争，部落联盟首领实行禅让制度，远古初民战猛兽、治洪水、开良田、种嘉谷、观测天文、推算历法、谱制音乐、兴起舞蹈等多方面的情况。这些虽为传说，但从人类历史发展的规律和地下文物的发掘来看，有些记载确实也是言之有征，它为我们了解和研究远古社会和上古历史，提供了某些线索或信息。可以说是司马迁首次从中国文明起源的角度，系统梳理了有关五帝时代的谱系及上古时期的历史脉络。

《史记·五帝本纪》中，最早的上古史的谱系是从黄帝开始的。在司马迁看来，不仅远古的圣王，如尧、舜、禹、汤、文王、武王这些圣贤明君是黄帝子孙，而且春秋战国时期的列国，如秦、晋、卫、宋、陈、郑、韩、赵、魏、楚、吴、越等国的诸侯们也是黄帝之后。秦、赵、楚出自颛顼，颛顼为黄帝孙，韩、魏与周同姓，燕是召公之后，也是姬姓，都是黄帝后裔。齐国田氏，可上溯至舜，当然也是黄帝之后，其他国家没有谁不是黄帝后裔。《史记·越王勾践世家》中讲道："越王勾践，其先禹之苗裔，而夏后帝少康之庶子也。"《史记·匈奴列传》："匈奴，其先祖夏后氏之苗裔也，曰淳维。"这些记载肯定了周边少数民族的首领或部族祖先都来源于华夏。这种"华夏同宗"的思想，充分说明了司马迁认为各民族是生而平等的，各民族在历史的发展过程中是互相融合的，甚至连北方的匈奴、南方的闽越之类的蛮夷原来也是黄帝苗裔。这样一来，就把各族统统纳入以黄帝为始祖的华夏族谱系中去了。

司马迁坚持大一统历史观和民族观，将黄帝的民族共祖的地位正式地典籍化，上承"百家杂语"，总结上古流传的古史，下启二十四史，成为历代正史的正统观念，对于国人自称"黄帝子孙"起了关键性的作用。汉元帝、成帝时，博士褚少孙补《史记·三代世表》时称"舜、禹、契、后稷皆黄帝子孙也"；王充在《论衡·案书篇》中也说"《世表》言五帝、三王皆黄帝子孙"，这说明"黄帝子孙"一词在汉代主要是指圣贤明君，并未泛指平民百姓。统治者自觉无意识地自认为是黄帝后裔，也为自己的天子贵族的血统找到了政治依据。

两汉时期，王莽又掀起第二次尊崇黄帝的高潮。"莽自谓黄帝之后，其自本曰：黄帝姓姚氏，八世生虞舜。……至汉兴，安失国，齐人谓之'王家'，因以为氏。"（《汉书·元后传》）王莽曾下书曰："予以不德，托于皇初祖考黄帝之后，皇始祖考虞帝之苗裔。"（《汉书·王莽传》）王莽代汉时自称黄帝之后，声称"姚、妫、陈、田、王氏凡五姓者，皆黄虞苗裔，予之同族也"。王莽之所以大张旗鼓、不厌其烦地宣称自己是黄帝、虞舜之后，黄帝是自己的始祖，显然是在为自己找寻代汉的依据和取得统治权的合法性，这与战国时取代了姜齐的齐威王铸敦刻铭宣扬"高祖黄帝"有异曲同工之妙。

三、魏晋至清末

魏晋以来至清末，虽然炎帝和黄帝在朝堂上和民间仍然备受尊崇，但"炎黄子孙""黄帝子孙"等词语却很少使用，隐而不显。例如魏晋南北朝是中国大分裂、大动荡的时期，也是中国民族大交流、大融合的时期。在这样一个民族大迁徙、民族大融合、民族大团结的历史时期，中国人的民族血缘意识逐渐转淡，对炎黄二帝的崇拜开始转向文化性，而不再过分强调血缘性。当然，这也和"炎黄子孙"一词的指代范围较小，不能概括多个民族的共性等因素有关。

尽管如此，炎黄二帝的地位在官方和民间仍然得到了极大的推崇。由于黄帝和炎帝在民族大交融的过程中发挥了十分重要的凝聚作用，因而魏晋南北朝时期自称炎黄之后者不乏其人，贵族墓志中祖述炎黄者不胜枚举。这么多人竞相自称炎黄之后，未必合乎历史事实，但却真实地反映了时人对以黄帝为核心的民族先祖谱系的认同。曹魏政权自称是汉相曹参之后，陈寿在《三国志》中引王沈《魏书》说："其先出于黄帝。当高阳世，陆终之子曰安，是为曹姓。"取曹魏而代之的司马氏在追溯自己家世时亦称"其先出自帝高阳之子重黎，为夏官祝融"（《晋书·宣帝纪》）。事情的真实性无从稽考，但统治者的自我标榜证明当时统治集团继承了春秋以来的传统，仍然流行着攀附黄帝，自认黄帝子孙之习惯。魏晋南北朝时期游牧民族的帝王、贵族也热衷于以炎黄子孙自居，为自己入主中原寻求统治权的合法性和认同感。后世的帝王也声称他们是黄帝的后裔，民间几乎所有的姓氏都将自己的远祖追溯到炎帝、黄帝或他们的臣子。而接受了华夏文化的少数民族（如匈奴、鲜卑等）也声称自己是黄帝子孙、炎帝子孙。远古炎黄部落的四处迁徙为各少数民族祖述炎黄提供了理论上的依据，也为他们和中原王朝的百姓拉近了文化上和血缘上的距离。

唐代从官方统治者到民间民众都热衷于姓氏排行，例如唐朝中原的崔、王、卢、郑并称四大名门望族，连李唐皇族都没有他们高贵。究其原因，就是因为这四大姓出自炎帝或黄帝子孙后裔。崔姓出自西周时期的齐国，有将近三千年的历史，曾经长期是山东望族和中国著姓。根据多种古籍的记载，崔氏出自姜姓。齐国是西周初周武王分封的重要诸侯国之一，崔氏是源自姜太公的直系后代，追本溯源还是上古时期炎帝神农氏的子孙。王氏出自姬姓，姬姓为中华民族最古老的八大始祖姓氏之一。根据《说文》的记载，起初黄帝居住在姬水，因而姓“姬”，姬姓的族人可以说是黄帝的嫡系后裔。郑樵在《通志·氏族略·氏族序》中说：“姓氏之学最盛于唐”。《世本》祖述炎帝、黄帝，唐人林宝的姓氏名著《元和姓纂》：“其论得姓受氏之初，多原本于世本、风俗通”。炎帝、黄帝在唐朝人心目中的地位究竟有多高？宰相李德裕曾上疏唐敬宗说：“臣闻道之高者莫若广成、玄元，人之圣者莫若轩黄、孔子。”（《旧唐书·李德裕传》）黄帝和孔子并列圣人之首，成为中国文化的两大偶像。

唐代族谱已不可见，宋明以后的族谱大都攀附历史上的同姓名人，甚至远祖炎黄二帝，正如梁启超所言：“寻常百家姓谱，无一不祖黄帝”（《饮冰室合集·中国史叙论》）。宋代黄老道流行，宋王朝尊奉炎帝为感生帝，宋真宗尊黄帝，因而特别推崇道教。他曾对大臣们宣称自己梦见了天尊，天尊曰：“吾人皇九人中一人也，是赵之始祖，再降，乃轩辕皇帝。”（《宋史·礼志》）宋真宗下诏书要求“崇饰诸州黄帝祠庙”，第二年又下令“禁文字斥用黄帝名号故事”（《宋史·真宗本纪》），“其经典旧文不可避者阙之”（《续资治通鉴长编》卷八十二）。《新唐书·宰相世系表》中详细罗列了各种姓氏之来源，其中源自姬姓的有 30 余姓，这些源自黄帝“姬”姓的贵族后裔，自然成为血统高贵的名门望族。

与宋对峙的辽国统治者自称炎帝后裔。辽朝大臣耶律俨《皇朝实录》称契丹为黄帝之后。《辽史·太祖纪赞》和《世表序》主张契丹为炎帝之后。近年在云南发现的契丹遗裔，保存有一部修于明代的《施甸长官司族谱》（现藏施甸博物馆），卷首附一首七言诗，诗曰：“辽之先祖始炎帝……”说明这些契丹后裔自认为契丹是炎帝苗裔。《辽史·世表》记载：“庖羲氏降，炎帝氏、黄帝氏子孙众多，王畿之封建有限，王政之布濩无穷，故君四方者，多二帝子孙，而自服土中者本同出也。”契丹人究竟是不是炎帝或者是黄帝的后裔，历史的真实性其实并不重要，重要的是他们对中华民族以及中华文化的强烈认同，这正是中国人自称炎黄子孙，中华民族生生不息的奥秘所在。

元朝是中国历史上第一个由少数民族（蒙古族）建立并统治中国全境的封建王朝，是中国历史上一个疆域广阔的王朝，也是游牧民族首次征服全中国地区的王朝，它第一次实现了中国游牧区与农耕区的完全统一。元朝统治者面对比自己多出许多倍的汉人，不得不利用中国传统文化资源，尊崇黄帝便是其中重要的政治策略。元泰定帝曾颁发保护黄帝陵的庙令。泰定二年（1325），泰定皇帝也孙铁木儿收到陕西中部县（今黄陵县）住持道人状子一案。状告本县保生宫着火，轩辕黄帝庙殿宇被歹人破坏。泰定皇帝看完后大怒，立即召集宫内文武大臣上殿，并发告曰：“黄帝轩辕氏，乃我中华民族元祖。不论汉、金、蒙、回、藏，还是苗、瑶、彝、黎、藩，都要敬护我始祖陵寝。今有歹人敢放火烧宫，损坏陵庙，实属不赦。”泰定帝说完，由他亲自口授，命身边文官用汉字写了一份蒙语圣旨，立即指派飞骑日夜兼程，送往陕西中部县。这篇碑文距今已有 600 多年历史，现保存在黄帝庙碑林里，这是中华民族颁发的第一份保护黄帝陵（庙）的法令。明朝除了统治时间较短的建文帝外，其余诸帝都派遣官员祭祀过黄帝陵。

清代对黄帝的崇祀有增无减，自顺治以下十帝中除最后一位宣统帝溥仪外，皆遣官致祭过黄帝陵，致祭次数远胜前朝。

陕西黄陵县泰定帝保护黄帝陵碑文

古代中国是“王朝国家”，而不是现代意义上的“民族国家”。王朝国家更需要的是本朝本宗之祖，正如杜佑在《通典》中所说：“远祖非一，不可遍追，故亲尽而止。”“炎黄子孙”一词的含义与使用，可能经历了一个由直系到旁系，由贵族到平民，由血缘到文化，由实指到泛指的演变过程。也就是说，尽管炎黄二帝在古代备受尊崇，但其“人文初祖”和“帝王鼻祖”的形象较之“民族始祖”的形象更为突出，故而“炎黄子孙”“黄帝子孙”等词语在封建时代未能成为普遍使用的称谓。

四、近现代

鸦片战争以后，特别是甲午战争以后，列强侵华战争不断升级，清廷治国无方，中华民族的危机日益加深。随着西方民族主义的广泛传播，中国人的民族意识开始觉醒，中华民族的意识形态开始由自在转向自觉，黄帝成为中华民族的象征。长期蛰伏不显的“炎黄子孙”等称谓好像春潮一样涌现出来，频频见诸书刊报纸，不再是为帝王贵族所用的专利，而成为广大民众所广泛使用的流行词语。

晚清进步杂志《浙江潮》《黄帝魂》

最早使用这一称谓的是资产阶级改良派，据有关学者研究发现，近代第一个使用“黄帝子孙”称谓的是康有为。1899 年 4 月，流亡加拿大的康有为在他的一次演讲中说：“我国皆黄帝子孙，今各乡里，实如同胞一家之亲无异。”改良派的重要旗手梁启超在 1900 年写的著名的《少年中国说》中称：“我黄帝子孙聚族而居”。梁启超还在《中国史叙论》《新史学》《新民说》等文章中多次提到“黄帝子孙”的称号。资产阶级革命派也对这一称号青睐有加，成为推广“黄帝子孙”真正的主导者。革命派尊奉黄帝为汉民族始祖，使用黄帝纪年，自称黄帝子孙，谒祭黄帝陵，推崇黄帝为国魂，掀起了中国历史上又一次尊崇黄帝的高潮。邹容在他著名的《革命军》一书中，反复使用了“黄帝子孙”一词。在革命派创办的许多新潮杂志中，“黄帝子孙”一词也到处可见。除大量地使用“黄帝子孙”词语外，革命派还使用了“炎黄之裔”“炎黄余裔”“黄炎之种族”“炎黄种类”等同类词语。经过康有为、梁启超等改良派重要人物的提倡，再加上邹容等革命派的推波助澜，“黄帝子孙”的称谓在此期间流行起来。

资产阶级改良派和革命派虽然同样使用“炎黄子孙”，但含义却明显不同，改良派所谓“我国皆黄帝子孙”其内涵是指全体中国人；革命派却认为“炎黄之裔，厥惟汉族”，其内涵是指汉族，有一定的民族狭隘性。清末“炎黄子孙”称谓的勃兴和广泛使用，一方面促进了反清革命的兴起与胜利；另一方面在促使“炎黄子孙”真正成为国人广泛使用的自我称谓的同时，又缩小了“炎黄子孙”一词的指代范围，不利于民族国家的构建。以“发明国学，保存国粹”为己任的国粹学派，视黄帝为国粹、国魂。台湾爱国诗人丘逢甲诗云：“人生亦有祖，谁非黄炎孙？归鸟思故林，落叶恋本根。”满族贵族盛昱大声疾呼：“起我黄帝胄，驱彼白种贱。大破旗汉界，谋生皆自便。”辛亥革命后，“五族共和”取代了“驱除鞑虏”，“炎黄子孙”亦由汉人的同义语转变为中国人的代名词。经过五四运动和五卅运动的洗礼，国人进一步形成了“中华民族之全体，均皆黄帝之子孙”的共识。

民国元年黄帝像中国银行兑换券壹圆

抗日战争时期，中华民族陷入了亡国灭种的空前危机，在这最危险的时候，也是全体中华民族空前觉醒、民族意识浴火重生的时候。在一些研究性论文和祭祀文章中，“炎黄子孙”的称谓在抵御外族入侵的关键时刻，成为中华民族的代名词，成为号召与激励海内外华人共同抗战的一面旗帜。其中，影响很大的文章有于右任先生辑录的《黄帝功德纪》，在文章的序言里，于右任说：“是中华民族之全体，均皆黄帝子孙也。”“黄帝子孙”之内涵，抛弃了狭隘的汉族论，而为“中华民族之全体”。钱穆在《黄帝》一书中写道，“我们自称为‘炎黄子孙’，是很有道理的”，表达了对“炎黄子孙”、“黄帝子孙”称谓的认同。一些见诸书刊的论文，也从团结中华各民族的高度，号召“黄帝子孙”一致对外，如1938年发表在《西北史地》第1期上陈子怡的《中华民族，黄帝子孙，一耶？二耶？》等。陈子怡在文章中指出：“非黄帝子孙者，皆纳入黄帝子孙之中，而无论何姓，皆黄帝子孙矣”；“所以后世之人，咸谓中华民族皆黄帝子孙也”。这就把所有姓氏的中华民族都纳入了“黄帝子孙”的概念中。

1935年陕西省各界在清明节祭祀黄帝陵的祭文中写道：“凡我陕人，誓随全国同胞之后，致力于复兴民族，期无忝为我黄帝子孙。”学者们纷纷以笔代枪，弘扬炎黄二帝伟绩，激励军民抗战士气。抗战期间，中共中央在给中国国民党的电报中称：“我辈同为黄帝子孙，同为中华民族儿女，困难当前，惟有抛弃一切成见，亲密合作，共同奔赴中华民族最后解放之伟大前程。”蒋介石在《告抗战全体将士书》中指出：“我们大家都是许身革命的黄帝子孙。”国共两党同祭陕西黄帝陵，毛泽东亲撰祭黄帝陵文，蒋介石亲题“黄帝陵”三字，他们都以“炎黄子孙”自居。反复强调“黄帝子孙”，其意义是强化国人对黄帝始祖的文化认同和血缘认同，面对日本侵略者，同为黄帝子孙的全体中华民族应“仗威灵之默佑，振民族之精神”，团结一致，共同对敌。

蒋介石题写“黄帝陵”碑

五、改革开放时期

1978 年改革开放以后，中华民族开始了复兴的伟大征程，包括炎帝、黄帝在内的传统文化资源重新受到重视。

1979 年元旦，全国人大常务委员会发表了《中华人民共和国全国人民代表大会常务委员会告台湾同胞书》，其中说道：“如果我们还不尽快结束目前这种分裂局面，早日实现祖国的统一，我们何以告慰于列祖列宗？何以自解于子孙后代？人同此心，心同此理，凡属黄帝子孙，谁愿成为民族的千古罪人？”这里的“黄帝子孙”的含义为中华民族。此后，海外华人纷纷回祖国探亲访友，投资建厂，“炎黄子孙”是他们经常挂在嘴边的词语。20 世纪 80 年代以来，国家领导人邓小平、江泽民、陈云等的题词中，也都使用了“炎黄子孙”一语，其内涵均

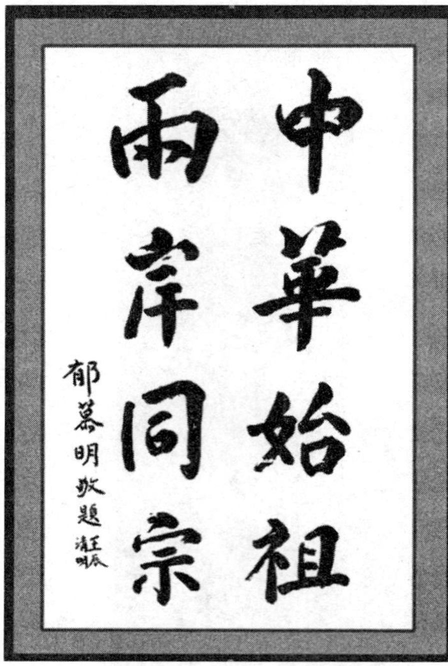

郁慕明 2012 年拜祭黄帝陵题词

与中华民族等同。同时，还有使用“炎黄世胄”“黄帝子孙”的，其内涵与“炎黄子孙”相同。从 1980 年起恢复了每年清明节祭扫黄帝陵的活动，陕西黄帝陵进行了大规模的整修，近年来祭陵活动越来越隆重，河南新郑、浙江缙云等地也纷纷举行纪念黄帝的活动。20 世纪末尊崇炎帝、黄帝高潮的出现，是改革开放的产物，是重新重视传统文化资源的结果。

2005 年 4 月，中国国民党主席连战、亲民党主席宋楚瑜、新党主席郁慕明相继率团访问祖国大陆。亲民党主席宋楚瑜访问祖国大陆的第一站就是黄帝陵。他反复强调“炎黄子孙不忘本，两岸兄弟一家亲”。新党主席郁慕明说：“新党自成立以来，始终坚持反对分裂国土，坚持反对否认自己是炎黄子孙，矢志不渝，始终如一。”海内外华人自称“炎黄子孙”实际上是对中华文化的认同，是“文化寻根”和“文化自觉”的需要。因此，只要这种认同心理继续存在，“炎黄子孙”称谓就会继续使用下去。

纵观“炎黄子孙”一词在整个历史时期的形成、发展、自觉、复兴的演变历程，我们可以清楚地看到炎帝、黄帝文化精神在其中发挥的重要作用，可以清楚地看到炎帝、黄帝与中华民族之间密不可分的关系。炎黄崇拜作为一种文化认同现象，是中国特定国情的历史产物和客观现实存在，它反映了中华民族长久以来的强大凝聚力和中华儿女热爱祖国文化的深厚感情。

第二节　近代中华民族的国族建构

鸦片战争以来，中国在西方列强坚船利炮的攻击下屡屡失利，传统以天朝为中心的天下世界观受到严重冲击。西方民族国家的概念传入中国，知识分子认为中国之所以羸弱，任人宰割，正是由于没有形成真正的民族和国家，国民缺乏凝聚力，缺乏对异种的排斥。这一时期，中国社会内部阶级矛盾、民族矛盾以及中华民族与帝国主义列强的矛盾异常尖锐和复杂。在民族危难日渐加深的情况下，“保种图存”是中华民族的当务之急，也是当时许多有识之士的强烈愿望。而以炎黄为祖的中华民族的国族建构运动正好可以激发推进民族进步的使命感和保种图存、振兴民族的自觉意识。

近代维新变法、辛亥革命、五四运动等革命浪潮中，传统思想受到极大的冲击。五四运动提出“打倒孔家店”等口号，促进了反封建思想的发展，与尊重中华文化的复古思潮形成针锋相对的局面。事实上，春秋以前的文献如《诗经》《尚书》所载最古之帝王皆止于禹，不曾提及黄帝、尧、舜。《论语》《墨子》《孟子》等书则上溯至尧、舜而不及黄帝，黄帝、炎帝的传说之大盛是在战国时代。到秦朝有三皇，汉代以后有盘古。顾颉刚曾经在他的研究中提出“层累地造成的中国古史”的观点，认为时代越后传说的古史期越长。中国上古时期古史系统的形成，主要出于战国到西汉的儒家之手，其真实性的多少仍然有值得商榷的地方。在清朝末年，炎黄为祖的观念随着中国民族主义的建构广泛地流传，特别是黄帝被称为中国人的祖先。有学者认为，在晚清知识分子的推动下，从中国远古传说的三皇五帝中脱颖而出的黄帝，成为汉民族乃至整个中华民族的祖先。以炎黄为祖先的说法是早已存在的，只是过去中国人的国家主义、民族主义意识淡薄而宗族观念浓烈，因此在近代的亡国危机下，学者们开始以炎黄子孙为旗帜，以唤醒国人的团结和保国强国的精神。在晚清内政外交失利及汉人海外移民扩张的背景下，“炎黄子孙”“黄帝子孙”的概念，成为以祖先崇拜为基本文化的中国人构建民族凝聚力的符号。全国一体，亲同一家，个人命运系于国家命运，否则国破家亡。在这种状况下，炎黄子孙的称谓和观念比过去任何历史时期都更为强化。

司马迁把黄帝放在《史记·五帝本纪》之首，是作为帝系之始，而不是“民族国家”的奠基者。汉武帝于公元前104年改正朔，定服色为黄，史学家司马谈、司马迁父子编纂《史记》于是把黄帝置于帝系之首，按五德终始论推断历史，至西汉时期而完成一循环。在信仰系统方面，中国文化自汉武帝以后“罢黜百家，独尊儒术”，而儒家学说最为推崇的祖先是尧、舜。西汉初年，道家曾黄老并称，黄帝至后来演变成方术的守护神，和世上人口最众的民族之始祖身份大相悬殊。近代以来，在中华文明被纳入以西方为中心的邦国秩序之前，并没有“民族肇始者”的构想。中国作为“修身、齐家、治国、平天下”的传统儒家社会，它的中心人物是孔子，而不是黄帝。民族的形成需要有共同历史背景形成的集体心理，以凝聚全体成员。故而民族虽然是很晚近的概念，但建构民族却需要把历史追溯得越久远越好。

一、资产阶级改良派的主张

国族建构任务是由19世纪90年代戊戌维新开端的。为了能够让中国转化为一个现代民族国家，大批资产阶级改良派知识分子投入到构筑中华民族的事业当中。1899 年的《爱国论》中，梁启超写道："我支那人，非无爱国之性质也。其不知爱国者，由不自知其为国也。中国自古一统，环列皆小蛮夷，无有文物，无有政体，不成其为国，吾民亦不以平等之国视之。故吾国数千年来，常处于独立之势，吾民之称禹域也，谓之为天下，而不谓之为国。既无国矣，何爱之可云？"中国这个传统的"天下"概念，要演变成西方式"国家"，就必须重新构建民族肇始者。在学习西方国家民族兴起的浪潮中，中国的知识分子也模仿着从古文献里面挖出了古代本民族杰出人物，以促使全体国民形成对本族先贤的崇拜模仿，从而形成共同感情。

在中华民族的国族建构过程中，为全体成员确定一个统一的民族源头非常重要。共同的族源可以证明族群内部的一体性，将族群自身和他者明确分开，对形成内部一致、对外排斥的民族有不可估量的作用。改良派认为"我国皆黄帝子孙"，面对西方列强的侵略和蚕食，包括少数民族人民在内的有识之士号召打破族群界限，以"炎黄子孙"为旗帜凝聚中华民众。在面对外国强敌侵略而处于亡国亡种的危机下，"炎黄子孙""黄帝子孙"的概念，成为以祖先崇拜为基本文化的中国人增强民族凝聚力的符号。

当时，黄帝祖先崇拜在清末的迅速风行还与西方学说的影响有关。传统的古籍说明，以黄帝为首领的部落，最早住在我国西北方的姬水附近，后来迁徙到河北一带，开始发展畜牧业和农业，定居下来。19 世纪初，西方学者对黄帝神话西来说有着不同的看法。1894 年法国学者拉库伯里刊行《支那太古文明西元论》一书，提出泛巴比伦说，认为华夏民族起源于两河流域，黄帝即为两河流域君主尼克黄特。他率领本族的百姓东迁，翻越昆仑山进入中原，征服了当地野蛮土著部落，成为汉民族前身。这种说法传入日本后，通过在日的中国留学生和流亡人士流入中国，获得了中国知识界的青睐，华夏民族来自昆仑成为显说，得到了很多人的认同，如北洋政府 1915 年制定的国歌中就有"华胄从来昆仑巅"的歌词。

这种貌似有道理的学说，是当时流行的欧洲中心、白人优越学说的延伸与扩张，被称作“泛巴比伦说”，目的是证明东方文明都是从西方起源的，中国华夏民族是衍生自西方的派生人种。这种说法中黄帝和华夏族群作为征服者的形象出现，给中国知识分子提供了巨大的想象空间，从而在传入中国后，被中国知识分子重新解读，为大众所熟知。当时中国面对西方存在巨大的自卑感，这一重新解读有力地说明了华夏族群属于优等族群，补偿了这种自卑心理。19 世纪以来，国际上盛行的社会达尔文主义理论，认为族群之间存在优胜劣汰，黄帝既为外来征服者，征服了中国土著，则作为黄帝后代的华夏族群自然具备统治中国的天然合法性。康有为的一段话颇能代表这种心理：“我南省原皆猫、猺、狪、獞之地方，今已为我黄帝子孙逼处，猫、猺、狪、獞亦将绝矣。”高等的华夏族群不但理所应当统治中国，甚至可以作为黄种人的代表和白种人共同主宰世界。这些因素综合起来，使得黄帝成为最合适不过的祖先攀附对象了。

二、资产阶级革命派的倡导

资产阶级革命派把批判的矛头指向旧的君主专制制度，同时也指向建立在封建宗法制与等级制基础上的孔孟儒学，指陈它剥夺了人权，亵渎了人的尊严，养成了人的奴性，扭曲了人性，丧失了“人的独立之精神”，认为这才是造成“吾国民族之积贫积弱”，人民“沉沦于苦海而不能自拔”的根源。强调若“欲脱君权、外权之压制，必先脱数千年牢牢不可破之风俗、思想、教化、学术之压制”。于是他们向以孔孟为代表的封建旧道德发起了猛烈的批判，如邹容就明确提出过“薄尧舜，非周孔”的口号。但是，辛亥志士们也遇到了既要批判旧道德，同时又要唤起民众的民族自觉意识的两难选择，在这种情况下，他们采取了超越孔孟以来的儒家传统而努力向中华民族始祖进行文化寻根的方式，把目光转向了更为久远且对中华民族开国起了关键作用的黄帝及其文化。孙中山“尊黄”而不“尊孔”的价值指向，对此后发生的新文化运动以及所掀起的批判封建礼教的思潮，无疑起过一定的启示和推动作用。

为了改变中国积贫积弱的境况，寻求救国救民的真理和途径，以孙中山为代表的一大批志士仁人，一方面努力向西方学习，一方面也在尽力挖掘中国历史传统中有利于社会变革的文化因素。这些人在批判传统礼教的过程中，都表现出对黄帝及其文化的普遍认同，从而掀起了一场声势浩大的“尊黄”运动。尊黄帝为“人文初祖”，主张采用黄帝纪年法；歌颂黄帝，祭祀黄帝，并以此为旗帜，号召民众为实现民主共和的目标而奋斗；力求以黄帝的大道精神来确立中华文化的根本基础。

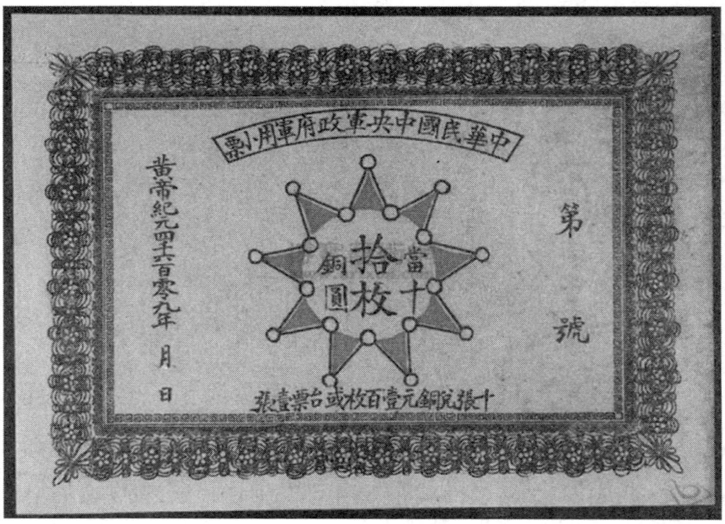

黄帝纪元 4609 年（1911）中华民国中央军政府军用小票

早在 20 世纪之初，在中华民族面临被西方列强一再瓜分而陷入沦亡境地的危急关头，许多有识之士为唤起国人的民族自觉意识，以追溯民族本源和文化寻根的方式，将数千年历史记忆中黄帝创造中华文明的伟大形象，输入到近代中国广大民众的集体意识之中。黄帝被扶正为民族始祖后，一系列的配套工程随之展开。1903 年，刘师培在《国民日日报》发表《黄帝纪年说》一文，反对年号制，同时也反对康有为等变法派主张的孔子纪年，主张以黄帝纪元取代清朝正朔。可是，黄帝的生卒年月在文献上没有明确的记载，于是把黄帝诞生的那一年作为纪元元年，光绪二十九年是黄帝历 4614 年。他认为：“凡一民族，不得不溯其起源。

为吾四百兆汉族之鼻祖者，谁乎？是为黄帝轩辕氏。是则黄帝者，乃制造文明之第一人，而开四千年之化者也。故欲继黄帝之业，当自用黄帝降生为纪年始。”他强调说：“这就是学习日本立国以神武天皇纪年，用以唤醒国人的民族自觉。”以黄帝纪年，史已有之。《竹书纪年》即起始黄帝。但此后中国历史上一直沿用王朝帝号与干支相结合的纪年法，黄帝纪年未见实行。在辛亥革命前后这一特殊的历史背景下，为唤起国人的民族自觉意识，人们重新提起并强调使用黄帝纪年。当时进步刊物《江苏》杂志第 3 期刊登“中国民族始祖黄帝像”，并公开而明确地改用黄帝纪年。同时，《中国白话报》也连载《黄帝传》。辛亥革命领导人之一的黄兴，当时就使用过黄帝纪年。在当时发动推翻清帝统治的诸多革命活动中，同盟会机关报《民报》等，就一直采用黄帝纪年。宋教仁于 1905 年也撰写《纪年之意义》《中国新纪年》等文章，主张用黄帝纪年。他鉴于当时对纪年的具体年代说法不一的现状，通过考证《皇极经世书》《通鉴辑览》诸书，认为黄帝即位的癸亥年可作为纪元元年，把 1905 年作为黄帝纪元 4603 年。以中国同盟会的机关报《民报》为首，革命派的杂志采用了黄帝纪元。武昌起义后，湖北军政府采用黄帝纪元，各省政府也跟着使用。到辛亥革命开始之后的 1911 年 12 月 31 日，在中华民国成立之际，各省代表会议才将黄帝纪年改为阳历（公历），但其元旦日的确定仍是以黄帝纪年推定的。该年 1 月 2 日，孙中山通电全国：“中华民国改用阳历，以黄帝纪元四千六百九年十一月十三日为中华民国元年元旦。”孙中山组织和领导的同盟会也一直依中国的历史传统，尊轩辕黄帝为“人文初祖”，以黄帝肇造的民族国家制度为中华开国之始。

另外，资产阶级革命派还极力歌颂黄帝，祭祀黄帝陵，以黄帝子孙为旗帜，号召民众为实现“扫除专制政权，建立共和国体”的志向而奋斗。1904 年，陈天华著《猛回头》《警世钟》，其《猛回头》书之扉页刊登黄帝的画像，并在像后题文，高呼黄帝为“始祖公公”，并以此激发民众的觉醒，其书中写道：“昆仑高高兮，江水清清，乃我始祖所建国兮，造作五兵。我饮我食兮，无非始祖之所经营，誓死以守之兮，决不令他族之我争！”表达了对黄帝最早创建民族国家功绩的歌颂之情，以及对黄帝关怀民生的感恩之心，同时也表达了抗击异族、强我中华的意志。宋教仁等创刊的《二十世纪之支那》（同盟会机关报《民报》之前身），也采用了陈天华所刊登的黄帝画像，并配题词曰：“起昆仑之顶兮，繁殖于黄帝之浒。借大刀与阔斧兮，以奠定乎九有。使吾世世子孙有啖饭之所兮，皆赖帝之栉风而沐雨。嗟吾四万万之同胞兮，尚无数典而亡其祖！”认为黄帝为中华民族的初祖，号召中华同胞不要“数典而忘其祖”。在五四运动健将罗家伦主编的《中华民国史料丛编》中专有《黄帝魂》一书辑本，该书于1916年12月出版，其开页即突出地印有《黄帝像》，像上题“世界第一之民族主义大伟人黄帝”，下题“中国民族开国之始祖”，继之写有黄帝《赞》，全书首篇为刘师培《黄帝纪年说》。1903年，东渡日本留学的鲁迅，剪掉了象征满族统治的辫子，并拍了一张“断发照”送给同乡好友许寿裳。照片后面题了一首诗，有著名的“我以我血荐轩辕”之句，充分抒发了当年众多国人共同具有的深厚的民族感情。

民国时期的黄帝像

黄帝本就是上古历史中带有传说性质的人物，所谓黄帝纪年自然也无可稽考，故不同版本经常相差数百年之多；黄帝像也发生了变化，由明清时期头戴冕旒、身着黻服的帝王形象演变为相对平民化的打扮以适应华夏共祖的新身份；黄帝符号更是被多方利用，不管是清末的资产阶级改良派，还是资产阶级革命派，都以“大家都是黄帝子孙”号召全体华人团结起来对抗外侮；黄帝事迹被谱作歌乐，收入教科书中。就这样，“炎黄子孙”“轩辕世胄”等称谓广为盛行，在20世纪初终于成为汉族乃至中华民族的代称。

第三节　五族共和

20世纪初，中国处在空前严重的内忧外患之中，中日甲午战争和八国联军侵华战争之后，中国进一步沦为殖民地、半殖民地国家。列强之所以没有公开瓜分中国，是为了维护他们更大的侵略利益。反动腐朽的清政府实际上已经成了“洋人的朝廷”，成了列强在中国的“税吏”。面对着清政府“量中华之物力，结与国之欢心”的卖国纲领，面对着迫在眉睫的亡国灭种的惨祸，以孙中山为首的资产阶级革命党人抛弃了对清廷的最后一点幻想，决心用革命的手段彻底推翻清王朝的腐朽统治。

革命党人在推翻清王朝统治的近代中国资产阶级的革命中，最初是在“排满”的口号下进行的。统治中国的清政权，被贴上了“异族统治”的标记。而几乎与此同时，革命派在对于“种族”的各种议论中，以“黄帝”作为“汉种”或“汉族”始祖的言说就逐渐流传开来。革命领袖孙中山1905年成立中国革命同盟会，其最初提出的纲领是“驱除鞑虏，恢复中华，创立民国，平均地权”，即以推翻清王朝统治，光复祖国山河作为首要条件。孙中山在1906年时，进一步清楚地阐述了这一纲领：革命党人之所以要“排满”，是由于“满洲政府要实行排汉主义。我们推翻满洲政府，以驱除满人那一面说，是民族革命；从颠覆君主政体那一面说，是政治革命，并不是分作两次去做。”辛亥志士们在革命进程中把斗争矛头集中于丧权辱国、守旧腐败的清政府，“排满”即排这个反动政府以及“满人之与政府相系者”，若“汉官之暴虐者”甘为“彼政府用”，“则排之与满人等”。

“驱除鞑虏，恢复中华”这一“反满”的口号在辛亥革命前发挥了唤起民众参加革命的巨大作用。由于清王朝是由满洲贵族联合汉族地主阶级建立起来的，而清王朝统治下长期遭受民族压迫的汉族人民又构成了中国人口的绝大多数，因此，在马列主义阶级斗争学说尚未在中国得到广泛传播的历史条件下，利用“反满”的口号来进行革命的宣传鼓动，有其历史的必然性和合理性。但是，“反满”的口号也有着其内在的缺陷。它在一定程度上模糊了中国人民对帝国主义、封建主义这两个主要敌人的认识。此外，要把满族都赶回东北，且不顾及国内其他民族，则不利于团结国内各民族共同奋斗以夺取革命胜利，是不妥当的。革命党人所倡导的“排满”口号在当时的中国的确是抓住了救亡的中心环节，起到了唤起民众的作用，为辛亥革命的发起做了思想和舆论上的准备。但把“反满”和“杀尽满人”及收回汉族的政权联系起来，就带有狭隘的种族复仇主义和大汉族正统观念的缺陷。要建立民主共和国，自然需要团结包括满族在内的国内各民族一致努力。尤其是1912年辛亥革命以后，随着“中华民国”的建立，过去清王朝帝国的版图也被原封不动地继承下来。面对“中国”这一国家领域内存在着多民族的现实，革命前形成的“炎黄子孙”的这种单一的种族主义思想，显然已经不能适应新的国家的现实需要。另一方面，外国列强利用辛亥革命爆发后中国政治局势不稳及社会动荡的时机，加紧了对中国少数民族尤其是边疆少数民族地区的侵略和渗透，使这些地区的社会状况更加复杂，民族问题日益激化。如英国和俄国利用中国出现政局混乱之机，迫不及待地跳出来怂恿支持西藏“独立”，以达到控制西藏并攫取各种利益的目的。

在这种局势下，孙中山提出了“五族共和”的思想。“五族共和”成为辛亥革命以后中国最有政治影响力的口号之一。革命党人1911年12

月初在上海召开的各省代表会议决定："取五族共和的意义，决定以五色为国旗。红、黄、蓝、白、黑，象征汉、满、蒙、回、藏。"当时程德全、汤寿潜、黄兴等多数代表认为五色旗"既可表明革命行为，系为政治改造而起，非专为种族革命；又能缓和满、蒙、回、藏各族的心理，与汉人共同努力赞助共和。此议发出，群以为是"。

五族共和五色旗

到清王室退位，民国政府建立，孙中山就任临时大总统时，开始强调五族共和、国族整合。1912 年元旦于南京成立民国临时政府，孙中山发表《中华民国大总统孙文宣言书》，即宣称："国家之本，在于人民，合汉、满、蒙、回、藏诸地为一国，即合汉、满、蒙、回、藏诸族为一人，是曰民族之统一。"在《中华民国临时约法》中，还用法律形式将民族平等规定下来："中华民国人民一律平等，无种族、阶级、宗教之区别。"随后，孙中山又在大总统谒明孝陵文中再次强调："虏廷震惧，莫知所为，奉兹大炳，还我国人，五大民族，一体无猜。"

1912 年 2 月隆裕太后在以其名义颁布的《退位诏书》中表示因"全国人民心理多倾向共和……特率皇帝将统治权公诸全国，定为共和立宪国体。……总期人民安堵，海宇乂安，仍合满、汉、蒙、回、藏五族完全领土为一大中华民国"。袁世凯上台后，也立即宣布"现在政体改革，连共和五大民族，均归平等”。“现在五族共和，凡蒙藏回疆各地方，同为我中华民国领土，则蒙藏回疆各民族，即同为我中华民国国民”。这就表明，在中华民国取代清王朝的政权交替过程中，满汉两族的统治者都承认了“五族”同为中国民族的事实，接受了“五族共和”的口号。

从“排满”到“五大民族，一体无猜”，这是从革命党到执政党的一大转变，其目的就在于以民族政策调整促进近代多民族统一国家的认同与中华民族的逐步整合。与此相适应，黄帝这一文化符号越过“排满”的藩篱，转变成为“五大民族”的共同祖先。这反映出革命党人从抵制满族到提倡国内各民族平等这一重大的思想发展过程。“五族共和”的口号很快为中国各民族、中国社会各阶层所普遍接受，促进了近代以来中国各民族认同中华民族的历史进程，维护了祖国的统一。

中华民国时期五族共和纪念章

孙中山作为伟大的民主革命先行者和杰出的思想家，为了实现“振兴中华”的革命宗旨，把黄帝定位于“民族主义始祖”的位置上，作为中华民族的象征，被后期国共两党所认同。辛亥革命以黄帝为中华民族复兴的旗帜，在凝聚中华民族、振奋民族精神、鼓舞民族意志上，起到了特殊而不可代替的作用。辛亥革命党人高举黄帝旗帜，以标榜黄帝子孙来激发民族意识，批判清朝封建制度，是历史的进步。辛亥革命后，民族认同观有了很大的变化，“五族共和”思想，是近代史上处理民族关系问题的重大变革，是中华民族自觉地走向民族聚合的良好开端，对民族文化认同有着重要意义。“五族共和”观念的流行，在中华民族的团结和统一方面的确是一大进步，具有伟大的历史意义，为日后五十六个民族大家庭的团结，起了先行作用。“黄帝子孙说”在辛亥时期的流行，推动了中华民族的一体观念——如同宗共祖论的形成，促进了中华民族的政治认同、文化认同和血缘认同，形成了中华文化多元一体局面的雏形思想。

第四节 中华民族观念深入人心

中国几千年的封建社会的发展，尽管长期存在着炎黄崇拜的心理，但中华民族的理性概念始终没有明确形成。汉族居于主体民族地位的历史已有数千年，但真正形成中华民族这一族称，还要归功于近代的资产阶级革命。在近代的思想解放过程中，中华民族观念逐渐形成并深入人心。当代学者大都认为，“民族”一词，作为近代以来民族学的一个术语，是一个外来词汇，是在19世纪末从日本传入中国的。在“民族”一词传入中国后，产生了“中华民族”这个民族学词汇。“中华民族”是一个在近代出现的、相对于外国民族而言的概念。如近代学者梁启超所言：“凡遇一他族而立刻有‘我中国人也’之一观念浮现于脑际者，此人即中华民族一员也。”可以看出，中华民族实体则是远在“中华民族”这个族称出现以前数千年就形成了。

在古代，“中华”本为汉族自称。“中华”一词出现的时间很早。中国古代华夏民族起源于中部地区，居四方之中，文化、科技发达，历史悠久，因此称该地为中华，后来又被称为中原或中国。《资治通鉴》记载唐太宗说：“自古皆贵中华贱夷狄，朕独爱之如一，故其种落皆依朕如父母。”中华民族作为一个政治概念及国族概念，最早由梁启超提出，成为中国近代民族主义及建立国族的重要概念。1902年，在《论中国学术思想变迁之大势》一文中，梁启超写道：“上古时代，我中华民族之有海权思想者厥惟齐，故于其间产生两种观念焉，一曰国家观，二曰世界观。”这是“中华民族”一词的最早使用，从上下文来说，梁启超所说的“中华民族”当指汉族，确切地说，指的是古华夏族和从华夏族发展至今，不断壮大的汉民族。他在该文中，在“黄帝子孙”一词特别注文指出：“下文省称黄族，向用汉种二字，今以汉乃后起之朝代，不足冒吾族之名，故改用此。”1905 年，梁启超在《历史上中国民族之观察》一文中，7 次以上使用了“中华民族”一词，并明确地指出其含义，“今之中华民族，即普遍俗称所谓汉族者”，它是“我中国主族，即所谓炎黄遗族”。

到了近代，中华民族成为中国作为国家共同体的一个国族概念，由于现代中国自晚清迄今的历史及政体更变，这一概念在不同时期有不同的意涵及争论。孙中山提出了“五族共和”的思想。作为整合意义上的“中华民族”的提法，正是在这一背景之下出现的。但是，这时期的“中华民族”的概念，基本上是以汉族和汉文化同化中国境内的其他非汉系族群为中心展开的理念，两者之间虽有不同，但在以汉文化为中心这一点上，双方又是一种互补的关系。

我国幅员辽阔，民族众多，各民族都有各自的民族意识。但是真正将中国各民族的民族意识在理论上统一起来并形成全新的近代的民族意识，是孙中山所倡导的大中华思想。在中华民国南京临时政府建立之前，这个思想也只不过是一个不甚明确的雏形而已，但是在临时政府成立后，这个思想却变得系统起来。孙中山在 1912 年 1 月中华民国南京临时政府成立时，宣布实行汉、满、蒙、回、藏五族共和政体后，在《对外宣言书》上首次明确使用了“中华民族”的称谓，说明中华民国代表当时中国民族的团结和祖国的统一，也标志着长期以来中华民族由自在的统一体向自觉的民族统一体过渡的完成。中华民国成立后，孙中山为了整合民族意识，做了大量的工作。他对满族人说：“清廷以退让而释干戈，皇室报酬，应示优异。”“至于皇室可察以尊号，给以年金，保其所有财产；其旗民生计，则各省正在筹议中。”他对汉族人说：“清帝退位，满、蒙、回、藏之待遇，与汉人平等。”他对蒙古族人说：“汉、蒙本属同种，人权原自天赋，自宜结合团体，共谋幸福。”全体同胞“群起解除专制，并非仇满，实欲合全国人民，无分汉、满、蒙、回、藏，相与共享人类之自由。究之政体虽更，国犹是国。”由此可见，革命党人的民族观念是，不仅允许其他民族的存在和发展，还要保证其他民族的平等地位。这种进步的民族观，与辛亥革命后现代中华民族意识或观念的初步形成有着密切的关系。

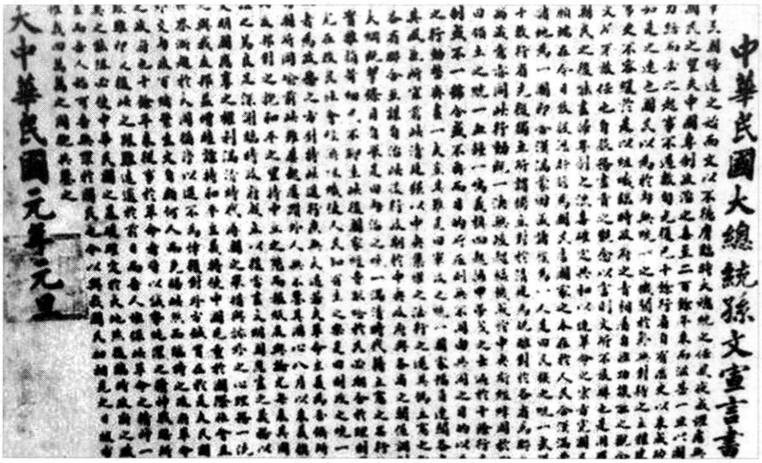

中華民國大總統孫文宣言書

大中華民國元年元旦

孙中山《对外宣言书》

清末至近代，中国人的民族主义思想和情感资源受到极大的引发和调动。如“民族”“民族主义”“国民”“同胞”“中国人”“华人”“华侨”“炎黄子孙”“黄帝子孙”等称谓，成为民众所共享的概念，得到广泛的使用和传播，成为孕育现代“中华民族”观念不容忽视的必要资源，使“中华民族”的观念深入人心。

在中华民国时期，全体中国人皆为炎黄子孙已成为共识。辛亥革命成功后，孙中山于1912年3月曾委派一个由15人组成的代表团赴黄帝陵致祭，还以中华民国临时大总统的名义，写了一篇祭文让代表团在黄帝陵前宣读。其文曰：“中华开国五千年，神州轩辕自古传。创造指南车，平定蚩尤乱。世界文明，惟有我先。”这份祭文取名《黄帝赞》，其中“世界文明，惟有我先”一句，体现出强烈的民族自信心和自豪感。

孙中山《黄帝赞》

1937 年清明节，正值国共两党联合抗日，为了振奋民族精神，凝聚民族力量，国共两党各派专员，赴陕西桥山（今黄陵县），一起致祭民族始祖轩辕黄帝之陵。主祭人张继，陪祭人顾祝同、孙蔚如、林伯渠等。到了抗日战争时期，“炎黄子孙”的称谓在抗敌烽火中定型为中华民族的指代符号，成为号召与激励海内外华人共同抗战的一面旗帜。在国家和民族危亡的关头，国共两党和民主党派，都到黄帝陵进行拜祭，从行动上体现出中华民族全民族的团结意识。

1937 年 4 月 5 日国共两党同祭黄帝陵

毛泽东对这次祭祖活动也极为重视，亲撰祭文，由林伯渠代表中共宣读：

赫赫始祖，吾华肇造；胄衍祀绵，岳峨河浩。
聪明睿智，光披遐荒；建此伟业，雄立东方。
世变沧桑，中更蹉跌；越数千年，强邻蔑德。
琉台不守，三韩为墟；辽海燕冀，汉奸何多！
以地事敌，敌欲岂足；人执笞绳，我为奴辱。
懿维我祖，命世之英；涿鹿奋战，区宇以宁。
岂其苗裔，不武如斯；泱泱大国，让其沦胥。
东等不才，剑履俱奋；万里崎岖，为国效命。
频年苦斗，备历险夷；匈奴未灭，何以家为。
各党各界，团结坚固；不论军民，不分贫富。
民族阵线，救国良方；四万万众，坚决抵抗。
民主共和，改革内政；亿兆一心，战则必胜。
还我河山，卫我国权；此物此志，永矢勿谖。
经武整军，昭告列祖；实鉴临之，皇天后土。
尚飨！

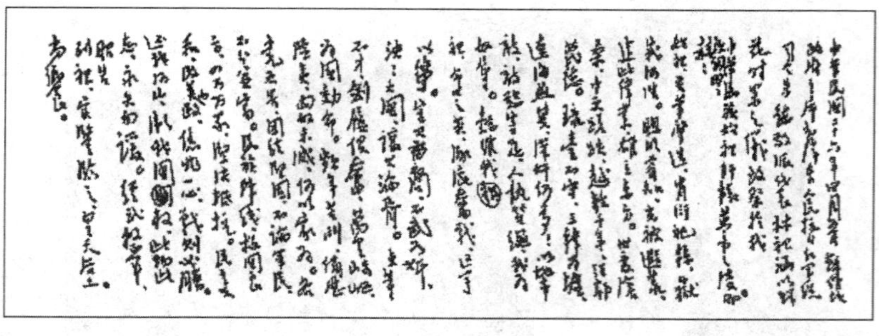

毛泽东祭黄帝陵手稿

祭奠仪式结束后 90 多天，七七卢沟桥事变爆发，此时，正如《义勇军进行曲》所唱的那样："中华民族到了最危险的时候。"国共两党在民族团结的伟大旗帜下，捐弃前嫌，停止内战，一致对外，从而吹响了全民族奋起抗战的号角。借助始祖的凝聚力和号召力，凝聚全民族的思想与力量，以图挽救民族的危亡，祭文成了抗日的动员令。中华民族团结奋战，又联合世界人民一起打败了日本帝国主义，取得了反法西斯战争的伟大胜利，并经过艰苦卓绝的努力，建立了新中国，开始了中华民族发展的新纪元。

中华人民共和国成立后，尤其是 20 世纪 80 年代末以来，学术界关于“中华民族”形成问题的研究兴起了一个持续的高潮。特别是费孝通提出“中华民族多元一体格局”的总体解释之后，对于这一问题的研究起到了极为重要的推动作用。费先生有一个“动态”的精辟观点，他认为，“中华民族作为一个自觉的民族实体，是在近百年来中国和西方列强的对抗中出现的，但作为一个自在的民族实体，则是在几千年的历史过程中形成的”。这一精辟论断，得到了海内外学者的明确认同与积极回应。因为正是经由这一从“自在”到“自觉”的转变，古老的中华民族才最终得以自立于现代世界民族之林。

总之，“炎黄子孙”的称谓，是在近代的“排满兴汉”的反清运动过程中形成的。它强调的是“种族”关系而超越了“国家”的界线。这种“种族论”就其本质看，仍然是以汉族以及儒家文化价值观为中心表现出来的。这一言说的诞生和流传，最初是在海外的留学生和华侨中，因而在海外华人中具有较大影响，也得到了他们的普遍认同。辛亥革命以后，新成立的近代国家体制基本上继承了过去王朝帝国的版图。在这一新生的国家中，不仅有“炎黄子孙”的汉族，同时，也包括了这之前被视为“异族”的满族以及众多的非汉系族群在内。因此“中华民族”这一概念，与“炎黄子孙”相比较，其对象、范围明显更大一些。大体上说“中华民族”的含义偏重于文化（是共同接受中华文化的群体），“炎黄子孙”（或“黄帝子孙”）含义偏重于血缘（有共同的祖先）。一个民族的形成，首先是由于血缘，其次才是由于文化。在原始社会中，一群人能够长期生活在一起，大概起先总是一家人、一族人，以后这个部落发展壮大了，才会接纳血缘不同的人群参加。在世界上数以千计大大小小的各民族之间，有些民族特别重视血缘，认为血浓于水，在血缘上有排他性，很不容易接受外来的人群参加；有些民族重视文化，只要外来者接受了他们的文化，就欢迎参加，不加排斥。中华民族在形成之初就是一个由许多部落组成的复合体，以后在发展中也就表现出首重文化而不太计较血缘关系的特点。因此，虽然有些大同小异，这两种称呼有时候可以通用，都是指中华民族。“炎黄子孙”和“中华民族”都是在近代革命浪潮中逐渐被选择，不断地引申和发展，被赋予新的时代意义，被不断发扬光大，并成为凝聚民众力量的重要号召。同时也随着时代的发展，这两个称谓，成为两个与中国的国家、民族、地域、历史紧密相连的整体的代称，成为民族精神、民族情感的凝聚和象征。

第九章　炎帝神农祭典

中国人有“参天之木，必有其根；怀山之水，必有其源；人之有祖，亦犹是焉”之说（《姓氏寻源·序》）。寻根认祖是人类的共性之一，也是人类的一种本能。人类记录祖先、追认祖先、以祖先的丰功伟绩为荣的意识古已有之。这种意识超越了族别与国界，成为各个民族的共同传统。多元一体的中华民族在形成过程中有一个凝聚的核心，这个凝聚核心就是中华民族的主体民族——汉族。汉族的前身是华夏族，而华夏族的起源又可以上溯到炎黄二族。炎黄时代大规模的部落共同体开始出现，中华民族开始孕育产生。如果说中华民族根深叶茂、源远流长的话，那么炎黄二族就是中华民族的根与源。炎帝神农的诞生地和陵寝地，自然也成为全球华人寻根谒祖的圣地。将历史人物神化为信仰符号和崇拜对象，几乎是一切原始宗教意识产生的普遍规律，炎帝神农崇拜也不例外。

郑玄注《礼记·祭法》说：“厉山氏，炎帝也，起于厉山。”西晋学者皇甫谧在他撰写的《帝王世纪》中，对上起远古帝王，下至汉、魏的历史进行了一次大整合。在谈到炎帝的时候，他将神农氏的事迹放在炎帝身上，将二者完全看作一个人。并且为炎帝编写了一份非常详细的“自传”，把炎帝的降生、出生地、妻子、儿女、世系、事迹、葬地、迁徙等都涉及了，并赋予了炎帝较为浓厚的神话色彩，如“游于华阳，有神龙首感女登于尚羊，生炎帝”等等。至此，皇甫谧可以说是实现了从战国时期就开始的，一直持续到西汉的炎帝、神农氏的由分到合。这些过程使得炎帝与神农氏合二为一，把历史上的炎帝和文化上的炎帝统一起来，形成了一个文化上的炎帝神农氏。不仅如此，皇甫谧在他的书中说：“炎帝神农氏……继无怀氏之后，本起于烈山，或称烈山氏”，“神农氏起列山，谓列山氏，今随厉乡是也”。此外，西晋的另一位学者杜预，在为《左传·昭公二十九年》作注的时候也说："烈山氏，神农世诸侯。"这样一来，使炎帝的事迹变得更为复杂起来，炎帝的出生地由"姜水"一地而变为两地，随州厉山也成为炎帝的出生地。

在民间信仰中，人们往往把炎帝看成是农业之神和医药之神，也把炎帝称为神农。中国古代以农立国，农事历来受到统治者的特别重视，被视为民之大事、国之根本。诚如古人所言："夫民之大事在农，上帝之粢盛于是乎出，民之蕃庶于是乎生，事之供给于是乎在，和协辑睦于是乎兴，财用蕃殖于是乎始，敦庬纯固于是乎成。"（《国语·周语上》）因此，很早就有天子祭祀神农并行藉田的礼仪。因此，炎帝神农受到人们的尊崇，历代祭祀，相沿不衰。在全国很多地方建有炎帝神农庙，庙里有炎帝神农的塑像，老百姓很信奉炎帝神农，常常自发组织去炎帝神农庙磕头烧香，逢年过节还要举行隆重的仪式，供奉祭品。在有关炎帝神农的许多民间故事中，对其出生、生产实践等事迹都加以神化。在很多老百姓心目中，只有对炎帝神农的绝对信仰、崇拜和祈求，并不去思考炎帝神农是不是一个真实的历史人物。在全国许多地方的民间文化或民俗文化中都有对炎帝神农的信仰和崇拜，以致出现多处炎帝陵、炎帝庙的遗迹和关于炎帝的传说故事。

其实，民间传说中的炎帝神农与历史文献中的炎帝神农也是相互影响的。即使是态度严肃的历史文献，例如《史记》，也是在吸收民俗文化有关炎帝神农传说基础上写成的，有一定的想象附会的成分。有了历史文献作依据，民俗文化中的炎帝神农传说才会显得更有说服力。正是在民俗文化和历史文献相互作用的过程中，人民大众创造了华夏民族关于炎帝神农的信仰符号。在科学知识不发达而又需要解释人类及民族起源的时代，人们就用讲授历史传说和民间故事的方式解释自己和民族的始祖。经过几千年的口耳相传和文化记述，炎帝神农作为华夏族即汉族之人文始祖的观念就牢固地树立起来了。重视对炎帝神农的寻根和祭祖，也成为中国人千百年来不变的信仰和情结。

第一节 祭祖的起源

祭祀是通过固定的仪式向神灵致以敬意，并且用丰厚的祭品供奉它，请求神灵帮助人们实现靠人力难以达成的愿望。英国人类学家弗雷泽在《金枝》中说，“宗教包含理论和实践两大部分，就是对超人力量的信仰，以及讨其欢心，使其息怒的种种企图。这两者中，显然信仰在先，因为必须相信神的存在，才会想要取悦于神”。从本质上说，祭祀是对神灵的讨好与收买。祭祀的产生与人类早期对自然界感到神秘、恐惧有关。风雨雷电、日月星辰、山石树木、飞禽走兽都被认为是有神灵主宰，“万物有灵”的观念也由此产生。人类感激神灵，但也对他们心存敬畏，而古代先民们又相信人死后具有灵魂，灵魂能与生者在梦中交流，并可以作祟于生者，使其生病或遭灾，这种敬畏众神的心理便是祭祀行为产生的重要原因。

万物有灵形成多神崇拜，也使人们的祭祀对象繁多。中国古代宇宙观最基本的三要素是天、地、人。《周礼·春官·大宗伯》：“大宗伯之职，掌建邦之天神、人鬼、地祇之礼，以佐王建保邦国。”郑玄注：“立天神、地祇、人鬼之礼者，谓祀之，祭之，享之。”后人继承了《周礼》的很多传统，在祭祀上也有“天神、地祇、人鬼”三大系统。《史记·礼书》也说：“上事天，下事地，尊先祖而隆君师，是礼之三本也”。天神有日神、月神、星神、雷神等，地祇神有社神、山神、水神、石神等，人鬼神有祖先神、圣贤神、行业神等，它们直接与人们的日常生活密切关联，享受了最多的祭品。其中人鬼系统中，对祖先神进行祭祀的活动非常盛行。一方面，古代中国“神不歆非类，民不祀非族”，只祭祀本族的先祖，祭祀也有严格的等级界限：天神地祇只能由天子祭祀；诸侯大夫可以祭祀山川；士庶阶层则只能祭祀自己的祖先和灶神。因此，民间活动中对于祖先的祭祖活动最为积极，最为昌盛。另一方面，原始社会便有了鬼魂的观念，经过长时间言语口传的渲染，祖先俨然具有了一种神秘的力量。他们能于冥冥之中监视子孙的行为并加以佑护或者惩罚，子孙也深信经由祭祀的仪式和祭品的供奉，可使祖先神保佑与赐福自身。因此，祭祖与祭天、祭地合为古代的三大祭礼之一的活动也就有了基础。清明节、重阳节等节日是祭祖日，祭祖也是宣告自己为炎黄子孙的最直接的方式。

清代清明节祭祖

祭祀是国之大事，道之大统，礼之根本。早在夏、商、周三代，人们就已经认为“国之大事，在祀与戎”（《左传·成公十三年》）。中国历来把祭祀和战争作为国家最重大的事情，甚至把祭祀看得比军事问题还重要，所以祭礼在华夏文化中的地位极其重要。在《周礼》中，百官之首，最高的行政长官“宰”（即宰相）第一政务职责就是司祭；在儒家经典《礼记·祭统》中认为“凡治人之道，莫急于礼。礼有五经，莫重于祭”。礼乐制度把祭祀放在“五经之礼”的首位。祭祀文化地位之高，由此可见。

中国古代的祭祀活动源远流长，至迟在商代以前，这种原始的宗教活动就已存在于华夏大地各处了。不仅如此，《国语·鲁语》《管子·侈靡》《史记·礼书》等文献都将祭祀视为国家头等大事，将祭祖看作祖先崇拜的具体表现。祖，《说文》解释说："始，庙也。从示，且声。"由此，祖字初文为"且"，"且"象征祖先神主之形。今天民间仍有供奉祖先牌位的遗俗，在供桌上放置一块木牌，上面刻有祖先名讳，这木牌与"且"字的古文形体相似无异。《礼记·郊特牲》中说："万物本乎天，人本乎祖。"远古先民对祖先是崇祀与敬重的。

殷商时期人们尊崇的鬼神非常多，但对祖先神的崇拜尤为突出。殷商时代，祭祀祖先神灵的活动甚为频繁，他们所祭祀的祖先包括"先王、先公、先妣、诸子、诸母、旧臣"。在我国古代的一些典籍中，有关祭祀祖先的记载也不鲜见。《考工记》载："夏后氏世室，殷人重屋，周人明堂。"世室、重屋、明堂分别为夏、商、周三代王室的祖庙。《墨子·明鬼》说："昔者虞夏、商、周三代之圣王，其始建国营都日，必择国之正坛，置以为宗庙。"安阳殷墟出土的甲骨卜辞表明，殷人对祖先频繁举行复杂的祭祀活动，会用人祭，手段也是非常残忍的，如砍头、活埋，甚至把人剁为肉泥，焚烧、肢解就更是常见。祭祖活动在周代就已形成定制，周代也为后世的祭祖活动树立了典范，历经千百年而不衰。在《诗经》中，祭祀祖先的诗歌最多，而在祭祀祖先的诗歌中，又以祭祀文王、武王的诗歌为多。初时的祭祖除了死时厚葬及人殉之外，还要定期供奉酒食玉帛，后来发展为烧纸钱供祖先花销。而祭祀也是为了给祖先游荡的灵魂一个归宿。对祖先而言，由于他在冥冥之中影响乃至支配人间子孙的一切事情，所以子孙如有重要的活动或发生灾难，就要祈求祖先保护。同时对已故长者的敬畏，也使人们定时为祖先供奉衣食。

春秋时期，祭祖内涵已发生了变化，对祖先的敬畏与祈求已转化为"致意思慕之情"的伦理观念。秦汉时期，在政治社会中，祖先崇拜反映在国家体制中则表现为严格的宗庙制度。宗庙是封建王朝家天下的标志，与社稷一样被视为国家的象征。《礼记·祭义》言："建国之神位，右社稷而左宗庙。"《礼记·中庸》说："宗庙之礼，所以祀乎其先也。"封建王室设立宗庙有笼络人心、操纵政权之意。在平民社会中，祭祖与社祭成为一般百姓生活中及心灵上的寄托，社祭扮演着凝聚社会功能的角色，而在各个家庭中，祭祖则成为道德教化中不可或缺的行为。普通人祭祀祖先，不仅是对其个人表示崇敬，而且有铭记本族历史的意味。而人们通过祭祖获得福祉的期盼，则为祖先崇拜注入了具有诱惑力的世俗内容。应劭在《风俗通义》里说，"俗说曰凡祭祀先祖，所以求福"，道出了普通民众祭祖的心理，是为求福。魏晋以后，佛教思想融入中国传统文化中，也融入祭祖思想中，形成了儒佛整合后的时代面貌。此后，又历经隋唐宋元明清各朝，经过千百年的沿革变迁，中国古代的祭祖汇成了一种传统，历代相承，虽然偶有枝节增减，但其主流趋势俨然成形。在近现代中国的多数地区，祖先祭祀成为各种祭祀中最重要的一种。在漫长的中国历史上，对其他神灵的祭祀或淡漠或消亡，或并入佛道两教之中，唯有对祖先的祭祀历经千年而不衰，如此代代相传，遂成定习。

祭祖是人类社会普遍存在的一种现象，是现实世界的人们与祖先神相通的中介。《汉书·郊祀志》说："祀者，所以昭孝事祖，通神明也。"中国人祭祀先祖的意义何在？人们实行祭祖的目的多种多样，除了祈福求佑的功利意义之外，归纳起来可以概括为三个重要意义。一是报本反始。后世子孙受恩思报，不忘所出，不忘生命源头，并对自己的先祖推崇备至，感恩戴德。《礼记·郊特牲》云："郊之祭也，大报本反始也。"祭祀先祖，就是从情感的缅怀和纪念中表达感恩和"不忘本"的意思。二是维持文明教化。《周礼·地官·司徒第二》有言："祀礼教敬，则民不苟。"三是国家巩固、宗族认同、政治认同的需要。《国语·鲁语上》里说："夫祀，国之大节也；而节，政之所成也。"这是说祭祀是关乎人心归属和人心稳定的大事。通过祭祀，可以使人"上则顺于鬼神，外则顺于君长，内则以孝于亲"（《礼记·祭统》）。祭祀礼仪成为维护国家政

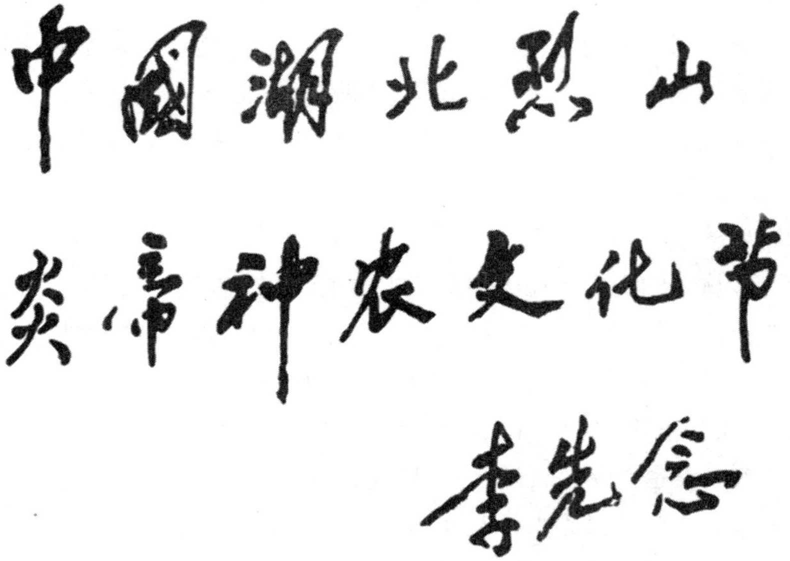

1992 年 3 月，时任国家主席李先念题写“中国湖北烈山炎帝神农文化节”节名

（随州市炎黄文化研究会樊友刚供图）

治稳定的关键手段，在科学不发达的时代，祭祖是人们自我安慰的手段，在阶级社会里又是统治阶级进行精神统治的工具。古代的思想家自觉或不自觉地以传承和规范祭祖文化为己任。他们从修德配天、神人分治的宗教信仰出发，特别注重祭祖作为治人之道的社会作用，尤其是大规模祭祖活动的政治文化整合功能和普遍的道德教化功能。同时，他们认为祭祖也具有文化传承功能和社会交往、集体团聚的功能。他们将祭祖的核心规范为“敬”，从而将祭祖的根本目的从传统的禳灾祛病、求福避祸转换为培养人们的诚信忠敬意识，并且主张用情智统一的态度去祭祀已故的祖先亲人，构筑了具有中国特点的传统祭祖文化。

第二节　黄帝的祭祀

在中国古代传说中的炎帝和黄帝时代，人们已经具有较为发达的灵魂观和鬼神观，并且产生了大规模的祭祀活动。

中国封建社会是礼法并重的社会，礼与法都是维系社会稳定的两大支柱。祭祀属于礼的范畴，是吉礼的一种，是国之大事，是君主治国安邦的重要仪式之一。儒家特别强调："禘尝之义大矣。治国之本也，不可不知也"（《礼记·祭统》）。《礼记·大传》中记载："不王不禘，王者禘其祖之所自出。"天子在祭祀时，要选择最古老的祖宗进行禘祭。黄帝是中华民族的人文始祖，他有伟大的功德，所以享受着后人的祭祀，祭祀黄帝有着悠久的历史。在先秦众多史料中，如《左传》《国语》及诸子著作等重要典籍都有对黄帝祭祀的明确记载，谨按儒家经典《礼记·祭法》记载："祭法：有虞氏禘黄帝而郊喾，祖颛顼而宗尧。夏后氏亦禘黄帝而郊鲧。"在这里用"禘"而不用"祭"字，有着特殊的意义。禘，《说文》："禘，祭也。从示，帝声，《周礼》曰：'五岁一禘'。"五年一大祭，故名大禘。在中华民族古礼及经典记载上，这是十分讲究的一个专用字。"禘"是大祭，是公祭中最高规格之祭祀大典，是指古代帝王或诸侯在始祖庙里对祖先的一种盛大祭祀。黄帝是夏、商、周三代共同尊奉的至上神兼祖宗神，被称为"高祖"，对他的祭祀，采取的最隆重的一种祭祀方式就是"禘"。

孔颖达疏《礼记·祭法》："虞氏冬至祭昊天上帝于圜丘，大禘之时，以黄帝配祭。"汉代大学者郑玄注："大禘，郊祭天也。"大禘，指郊祭祭天。解释说有虞氏、夏后氏祭黄帝用"禘"，即在大禘时，祭天以黄帝之功德盖世所以配天而祭祀，祭黄帝如同祭天。儒家把"禘"提高到"治国之本"的高度，认为"明其义者，君也；能其事者，臣也。不明其义，君人不全；不能其事，为臣不全"。一个"禘"字竟将祭祀的含义与国家君主之安危、大臣之生死命运联系在一起。不要说"禘"这等国之大祭，就是普通民间祭祀，也要求"祭之以礼"。祭祖在很大程度上是后人对祖先功德表达景仰和怀念之情的一种方式和礼仪。

黄帝祭祀是中华民族传统祭祀文化的组成部分。黄帝崩，当时人们自然要根据传统习惯祭祀黄帝。据马肃引证《竹书纪年》及《博物志》所言，黄帝死后，他的臣子取其衣冠几杖建庙加以祭祀。起始于史前的黄帝祭祀，没有随着历史时代的更替而消失，而是被封建国家当作三皇之一纳入中央的历代帝王庙中享受祭祀，经历了史前、三代、春秋战国和整个封建王朝时代，帝王陵寝之一的黄帝陵的祭祀，一直延续下来。

陕西黄陵县重阳祭祀轩辕黄帝典礼

为什么中华数千年来一次次改朝换代，几乎所有执政者都以国之大典的最高规格来祭祀炎帝、黄帝呢？这是一个重要的问题。因为历代帝王登基后，一方面宣称是“受命于天”，另一方面还要以远古血统证明自己是华夏民族嫡系，以正统居之。否则，“名不正，言不顺”。早在春秋战国时期，各诸侯国的国君无不以炎、黄二帝血统的继承者自居，甚至诸侯联姻都要讲究“姬”（黄帝以姬水成）、“姜”（炎帝以姜水成）二姓。早在先秦人们的心目中，已经是“世之所高，莫若黄帝”（《庄子·盗跖篇》）。秦汉以降正如《淮南子·修务训》所言：“为道者，必托之于神农、黄帝而后能人说。”所以不仅秦皇、汉武无不祭炎帝、黄帝，以自称黄帝血脉居正位，就连篡位夺权的王莽立新朝也要以黄帝的直系血脉为篡夺江山来正名。“莽自谓黄帝之后”（《汉书·元后传》），并自己考证其“王”姓的由来，与黄帝的血缘一脉相传的传承关系。王莽几乎每次下诏书时都要宣称：“予伏念皇初祖考黄帝，皇始祖考虞帝，以宗祀于明堂……”（《汉书·王莽传》）此后改朝换代的历代统治者无不以祭黄帝来正名分。特别是魏晋南北朝时期及辽、金、元、清等几个朝代的君主，都宣称自己是炎黄后裔，祭祀炎帝和黄帝。至于史实及家谱未必重要，重要的是反映一个多民族的大国对以炎帝和黄帝为核心的民族先祖的认同。

第三节　炎帝祭祀的演变

炎帝神农氏和黄帝轩辕氏同为中华始祖，炎帝神农也自然成为祭祖的主要对象之一。炎帝神农为炎黄子孙的繁衍生长和中华民族的发展繁荣，为缔造中华古国文明做出了开创性的伟大贡献。几千年来，炎帝神农受到普天下炎黄子孙的世代钦敬与仰慕，他们以各种形式谒陵祭祖，炎帝神农的民间祭祀一直香火不断。

对炎帝神农的祭祀由来已久，源远流长。上文提到，《史记·封禅书》记载："秦灵公作吴阳上畤，祭黄帝；作下畤，祭炎帝。"这是关于祭祀炎帝神农最早的记载，时值春秋时期。到了南宋时期，在学者罗泌著的《路史》一书中，对上古时期的三皇五帝的史实做了进一步的发挥，把祭祀炎帝的时间提早到了黄帝时期。《路史·后记》云，黄帝"崇炎帝之祀于陈"。黄帝开始了最早的对炎帝的祭祀。史书中还记载有："神农氏七十世有天下，轩辕氏兴，受炎帝参卢禅，封参卢于潞，守其先茔，以奉神农之祀。"按照这种说法，黄帝时期，就开始让炎帝的后代为炎帝守陵，奉祀炎帝。《汉书·郊祀志》等文献中也有大致相同的记载。如果这种记载真实的话，那么早在夏、商两代，传说中的炎帝神农氏之子柱等人就已受到祭祀。《史记·周本纪》载，武王克商后"封神农之后于焦，黄帝之后于祝"，这些炎帝之后祭祀炎帝也是在情理之中。由于上古文献的缺失，有关炎帝的记载不多，但祭祖的形式很可能在炎帝族及炎帝族后裔中延续了很长时间，始开后世隆祀炎帝之先河。

一、秦汉时期

秦朝统一中国后，继承了秦灵公的祭祀传统，炎帝继续得到崇祀。《史记・封禅书》记载汉高祖刘邦入关后曾问：“‘故秦时，上帝祠何帝也?’对曰：‘四帝，有白、青、黄、赤帝之祠。’高祖曰：‘吾闻天有五帝，而有四，何也?’莫知其说。于是高祖曰：‘吾知之矣，乃待我而具五也。’乃立黑帝祠，命曰北畤。”赤帝即炎帝。可见秦时也祭祀过炎帝。刘邦斩白蛇起义，为了宣扬以汉代秦的合法性，编造了赤帝子斩白帝子的故事，并把炎帝尊为感生帝。白帝和赤帝都是中国传说中的五帝之一，白帝是中国嬴姓及其他数百个姓氏的始祖，赤帝是传说中的炎帝。刘邦在秦朝祭祀白、青、黄、赤四帝的基础上又增加了黑帝，形成了完整的五帝祭祀系统。春秋战国之际，盛行“五行”说，在祭典中，常以“五人帝”即人间的五个帝王，配祀五天帝，形成五帝系列及其祭祀体系，在这个体系中，炎帝为五人帝之一，配祀赤帝、南方帝或夏神。到战国末及秦汉时期，又以“五德终始”附会朝代更替，将五帝作为朝代更替周期的象征去祭祀。炎帝有火德，以火承木、位南方、主夏、尚赤。对五帝的祭祀形式，规模最大、规格最高的是郊天礼。所谓郊天，就是在郊外设坛祭拜天帝。《礼记・礼器》云：“祀帝于郊，敬之至也。”古代天子往往自称受命于天，所以，对天帝的祭礼是相当隆重的。《礼记・月令》载：孟夏之月，“其帝炎帝，其神祝融”，“立夏之日，天子亲帅三公、九卿、大夫以迎夏于南郊”。古代帝王即位后，要祭祀天帝，说明自己是正统王位的继承者。因此，郊天的礼仪在古代经久不衰，影响很大，历代制订礼仪，均把郊天作为吉礼的第一位，其祭拜用品为太牢，立夏之日时，要郊祭炎帝。《通典》也证实，“周制，王者必五时迎气者，以示人奉承天道，从时训人之义。故月令于四立日及季夏土德王日，各迎其王气之神于其郊，其配祭以五人帝……夏以炎帝”。

汉代对五帝的祭祀非常热衷，《史记・封禅书》载：“文帝出长安门，若见五人于道北，遂因其直北立五帝坛，祠以五牢具。”并且“亲郊见渭阳五帝庙，亦以夏答礼而尚赤”。汉代郊祭时，不仅祭祀包括炎帝在内的五帝，而且每逢立夏之日也要郊祭炎帝。汉文帝“尚赤”，说明炎帝在五帝系统中的地位非常重要。汉武帝封禅时在“泰山下祠五帝，各如其方，黄帝并赤帝，而有司侍祠焉”。黄帝、炎帝的地位似乎比其他三帝的地位要高些。光武帝刘秀建立东汉时再度借助赤帝子的故事，声称汉为火德，并且在帝都洛阳城郊筑圜丘，祭祀五帝。唐代的时候，朝廷还定令每年冬至郊天，祀昊天上帝于圜丘，配五方上帝。至宋以后，郊天礼中的五帝之祀才慢慢消失。炎帝神农为农业之祖，也受到了历代统治者的推崇。汉代重视农耕，汉文帝曾昭告天下曰：“农，天下之本。其开耤田，朕亲率耕，以给宗庙粢盛。”（《史记·文帝本纪》）自此以后，历朝历代的皇帝每逢“岁春三月吉亥”之日都要先祭神农，然后再躬耕藉田，将“祭”和“耕”有机地结合起来。这种习俗历经千年，一直延续至清代。

清代藉田礼

炎帝祭祀还体现在藉田活动中。“藉”通“耤”，藉田又称耤田，就是帝王亲自耕种土地。藉田礼有据可查的记载最早出现在商代，金文中就有“藉田”之辞。《诗经·周颂·载芟》是春耕藉田的乐章，祈求五谷丰登。周代时出现了较为明确的制度描述。《史记》中又作“籍田”，《汉书》《旧唐书》等作“藉田”，明清以后多写作“耤田”。《说文》对“耤”字的解释是：“帝耤千亩也。古者使民如借，故谓之耤。”藉田在井田制度下又称“公田”。《周礼》注曰：“古之王者贵为天子，富有四海，而必私置藉田，盖其义有三焉。一曰以奉宗庙亲致其孝也，二曰以训于百姓在勤，勤则不匮也，三曰闻之子孙躬知稼穑之艰难无违也。”天子扶犁亲耕的藉田礼始于汉代，这一礼仪被称为藉田礼或耕藉礼。最早有确切记载的皇帝耕藉礼是汉文帝首创的。汉文帝即位之初，贾谊上《论积贮疏》，言积贮为“天下之大命”，“于是上感谊言，始开藉田，躬耕以劝百姓”。汉文帝还下诏曰：“夫农，天下之本也。其开藉田，朕亲率耕……”作为一个“以农为本”的大国，统治者历来重视农桑之事。每年春天，皇帝都祭祀“先农”。据《汉仪》记载：“春始东耕于藉田，引诗先农，则神农也。”先农是古代传说中最先教民耕种的农神，即神农，远古也称帝社、王社，或谓后稷，汉代始称先农。祭先农时皇帝不仅要行祭祀大礼，还要“亲耕”，以求风调雨顺五谷丰登。由于天子亲耕的目的更在于其“劝农”的示范意义，所以扶犁亲耕前还有一套礼仪。《五经要议》也有“坛于田，以祀先农”的文字。祭先农仪式成为关系国计民生的国家祀典，通过以国家名义对华夏农耕文化信仰的最高代表——炎帝神农进行祭祀活动，表达了封建国家从上到下重视躬耕的价值取向，并祈祷春播秋收、丰衣足食、社稷永固、国泰民安，具有独特的文化内涵。

二、魏晋隋唐时期

魏晋南北朝时期，继承了汉代的祭祀传统，对炎帝神农的祭祀主要表现为郊祭和藉田礼。郊祭就是南郊祭天，这一仪式是天子地位和王朝统治的象征，所以皇帝对南郊祭天特别看重。魏晋南北朝是分裂割据时期，每个政权的统治者为了争夺正统地位，都要举行郊天大典，同时祭祀包括炎帝在内的五帝。魏文帝、蜀汉刘备、晋武帝、北魏献文帝、北周武帝等都举行过郊天大典，向天下昭告自己政权的正统地位。如孙权初称尊号时，“祭南郊告天”；刘备即位，“诏丞相诸葛亮营南郊于成都”。郊天的祭祀是古代帝王家天下的象征，除了天子，其他任何人不得举行郊天活动，否则即被指责为“僭越”。北周统治者宇文氏自称“其先出自炎帝神农氏”，故而北周对炎帝祭祀尤为重视。孝闵帝在郊祭时，在圜丘发表诏书曰：“予本自神农，其于二丘，宜作厥主。”北周祭礼中“圜丘以其先炎帝神农氏配昊天上帝”。史书记载唐代继续在郊祭、明堂祭、五方帝祭和先农坛祭中祭祀炎帝，定令每岁冬至祀圜丘，以赤帝配五方上帝，并且还增加了三皇庙祭。圜丘祀昊天上帝时，要以五方上帝和五帝（太昊、炎帝、轩辕、少昊、颛顼）从祀。立夏时皇帝祀赤帝于南郊。唐代在国都立三皇庙，开创了帝王庙祭。唐宋以后，炎帝神农之祀范围更广、影响更大。但是，这些祭祀，大多是在王权中心所在地进行的。

藉田礼也得到了很好的继承。《晋书·礼志》载：“及武帝泰始四年，有司奏，始耕祠先农”，诏曰：“夫国之大事，在祀与农，是以古之圣王，躬耕帝藉，以供郊庙之粢盛，且以训化天下。近世以来，耕藉止于数步之中，空有慕古之名，曾无供祀训农之实”，“于是乘舆御木辂以耕，以太牢祀先农”。宋、齐、梁、陈各朝亦行藉田之礼，设先农坛祭炎帝。隋代在长安南郊藉田，祭祀炎帝神农。隋文帝“以侍中奉耒耜，载于象辂，以随木辂之后”。象辂就是用象牙装饰的车子，为帝王所乘。把耒耜载于象辂，以示对农耕的高度重视。唐代继承了隋代的藉田之礼，但有所变化。隋时藉田于南郊，唐初改在东郊藉田。《全唐文·卷五·耕藉诏》记载，唐太宗在贞观年间，“亲祭先农，躬御耒耜，藉于千亩之甸”。武则天时，改藉田坛为先农坛。唐睿宗亲祀先农，躬耕帝藉，以皇帝之尊位而亲自耕田以作示范。唐玄宗也是“亲祀神农于东郊”。炎帝神农作为先农师，成为政府劝课农桑、重视农业的代表人物，对他的祭祀也成为国之大事。除了这些官方色彩浓厚的朝廷祭祀外，民间也流传着很多自发组织的祭祀活动，反映出普通民众对炎帝神农的崇敬和怀念。

三、宋元明清时期

宋代不仅继承了前代祭祀礼仪，而且还增加了对炎帝的陵祭，成为祭祀炎帝形式最多样、内容最丰富的时期。据《宋史·礼志》记载，宋乾德元年（963），太常博士聂崇义言："皇帝以火德上承正统，请奉赤帝为感生帝，每岁正月，别坛而祭。"宋代朝廷深以为许，于是在汴京城南郊筑高七尺、广四丈的祭坛，祭祀炎帝。宋太祖赵匡胤"定国运以火德王，色尚赤"，尊崇炎帝为感生帝，人称宋朝为"炎宋"，故而有宋一代特别重视炎帝祭祀。赵匡胤是通过军事政变而"黄袍加身"的，因此非常需要为新王朝寻求政治上的合理性和正统性。关于炎帝神农安葬地的记载，最早见于晋代皇甫谧撰写的《帝王世纪》，其谓，炎帝"在位百二十年而崩，葬长沙"。宋代罗泌撰《路史》就记述得更具体，说炎帝"崩葬长沙茶乡之尾，是曰茶陵"。炎帝陵所在地茶陵，古属荆楚，汉属长沙郡、长沙国。汉高祖年间，以陵名县，设茶陵县。史料记载，炎帝陵在汉代即有祭祀，宋乾德五年（967）宋太祖钦命在长沙茶陵前立庙炎帝陵，此后"三岁一举，率以为常"。同时诏禁樵采、置守陵户，此后历朝历代祭祀、修葺不断。后来，有衡州守臣刘清之上奏朝廷："史载炎帝陵在长沙茶陵，今衡州茶陵县是也。陵庙皆在康乐乡白鹿原，距县百里，而祠宇废。祖宗时给近陵七户守视，禁其樵牧。宜复建庙给陵户。"于是宋孝宗"诏衡州葺炎帝陵庙"。同年，罗泌拜谒炎陵，为文云："神农有天下，传七十世。在古最为长世者。葬于茶陵，见于《郡国志》《帝王世纪》，予作《路史》，记之详矣。后十有五年，始获拜陵下。"御祭炎帝陵始于宋太祖，此后，炎帝陵寝之祀已成制度，元代未尝中辍，明清两代更趋频繁。现有祭文可稽的"御祭"，明代 13 次，清代 39 次。

宋代的藉田之礼始于宋太宗，宋太宗"始诏以来年正月择日有事于东郊，行藉田礼"。据《政和五礼新仪》载："孟春之月，太史择日，皇帝亲耕藉田，命有司享帝神农氏。"宋代还设四方蜡坛，行大蜡之礼，"东西以日月为主，各以神农、后稷配；南北皆以神农为主，以后稷配"。

在北方边境与宋并立多年，由游牧民族契丹人和女真人建立的辽、金政权也非常尊崇炎帝，其统治者也祭祀炎帝。甚至辽统治者自称"炎帝之后”和轩辕后裔，对炎帝的尊崇上升到了巩固统治地位的高度。金统治者虽未自称炎帝之后，但对包括炎帝在内的历代帝王却非常尊重，三年一祭，“祭伏羲于陈州，神农于亳州，轩辕于坊州”。

随后统一中国的元朝，其统治者的汉化程度虽然不算很高，但对炎帝的祭祀仍然继承和保留了下来。元代的先农之祀始于忽必烈，依据元代礼制，“其天子亲遣使致祭者三：曰社稷，曰先农，曰宣圣。……其有司常祀者五：曰社稷，曰宣圣，曰三皇，曰岳镇海渎，曰风师雨师”。元代还开始了对伏羲、炎帝、黄帝的三皇之祭。过去认为元代朝廷未派官员致祭过炎帝陵，但据《炎陵霍氏五修族谱》和《炎陵志》的记载，元代的御祭活动至少有两次，一次是蒙古族官员、学士阿沙石花任御祭官，另一次是汉族官员江存礼任御祭官。

明朝祭祀炎帝的主要形式为陵祭、庙祭、殿祭和先农坛祭。明太祖朱元璋“厘正祀典，凡天皇、太乙、六天、五帝之类皆为革除”。圜丘祭天以五帝配食、明堂祭祀以五帝配祭、五帝祭祀和蜡祭神农氏等古老祭礼被革除，而炎帝陵祭、三皇庙祭、先农坛祭得到继承，此外还开创了传心殿祭。明代除建文帝外，其余诸帝皆派遣官员赴炎帝陵祭祀，为以往历朝所未有。朱元璋曾经派遣国史院编修雷燧赴炎帝陵告即位致祭。明成祖朱棣迁都北京，仿南京制建先农坛。明初每年由顺天府尹致祭先农坛，后凡遇皇帝登极之初则亲祭。后来又定耕藉礼，每年皇帝都要亲耕藉田，祭祀先农。嘉靖年间，谕凡亲耕，则户部尚书先祭先农。明初仍行元制，通祀伏羲、神农、黄帝三皇，以十大名医从祀。洪武年间，朱元璋令天下郡县不得以药师之名随意祭祀三皇。明世宗始兴先圣先师之祭。嘉靖年间，“初祀伏羲、神农、黄帝、尧、舜、禹、汤、文、武、周公、孔子，凡十一位，于文华殿之东间。……岁以仲春秋开讲前一日，上亲致祭。”

明代建国伊始，朱元璋便在都城南京南郊建先农坛，亲祭先农，以后稷配，行耕藉礼。洪武二年（1369）二月，“帝……亲祭先农……祀毕行耕藉礼”。并定神农耕藉之礼为大祀（后改为中祀）。从明永乐年间起，开始仿照南京先农坛在北京建造先农坛后，以后的皇帝均行祭先农和耕藉田。

明代始建的先农坛

清代对炎帝的陵祭次数之多，历代王朝无出其右。有清一代基本上继承了明代的祭祀制度，对炎帝的崇祀有增无减，主要形式有陵祭、庙祭、殿祭和先农坛祭。清代朝廷祭祀先农，行耕藉礼，是中国神农耕藉之礼发展的顶峰时期。清代从顺治年间开始庙祭历代帝王，正殿七室，从中室祀太昊伏羲氏、炎帝神农氏、黄帝轩辕氏起，到康熙二十四年(1685)，建传心殿，正中祀皇师伏羲、神农、轩辕氏，到乾隆皇帝时，亲祭传心殿，再到雍正皇帝时，下令在全国设立先农坛。有清一代，炎帝作为古帝王、先农神、先医神、先圣师，不仅得到了朝廷的祭祀，而且得到了各地官府和百姓的崇祀。从康熙到雍正朝不仅祭先农，行耕藉礼，而且有所创新：一是皇帝三耕毕再加一推；二是颁发新制《三十六禾词》；三是从雍正年间起，规定各省及府州县卫皆设先农坛及藉田，将耕藉之礼推及全国。在所有的朝代中，清代是皇帝行耕藉之礼次数最多的一个朝代。清朝前后经历了10位皇帝，在位共267年，而亲历先农坛的次数达248次。

雍正祭先农坛图

关于炎帝神农的民间祭祀，更是历史传承悠久，地域覆盖广泛，形式多种多样。由于传说不同，炎帝祭祀时间随各地风俗而异。《礼记·祭统》说："夫祭者，非物自外至者也，自中出生于心也，心怵而奉之以礼。是故，唯贤者能尽祭之义。"古代对先祖的祀典，为达成纪念之义非常强调祭祀要真诚地"生于心"，还说明唯有贤者才能尽到祭祀的意义。在南方对炎帝神农的祭祀，有源于蜡祭的春节祈福；清明、冬至扫墓祭祖；农历四月二十六日的生辰祭祀；新粮初上的"尝新"之祀；遇有自然灾害的禳灾之祀等。一位远古先祖，为何有如此巨大的感召力呢？炎帝神农制耒耜，奠农工基础；尝百草，开医药先河，其农业之祖与医药之祖的地位，千古不易。《礼记·祭法》云："夫圣王之制祭祀也，法施于民则祀之，以死勤事则祀之，以劳定国则祀之，能御大菑则祀之，能捍大患则祀之。"这段话的大意是说，古代制定祭礼的原则是，只有为国为民做出了贡献的人才能享祀。对炎帝神农的祭祀，表达的是古人对炎帝神农的敬畏之心和报答之情。自汉代开始的"五帝之祀"是古人慎终追远，对天地、自然、先祖的敬畏和酬答；后世祭祀"先农"、"先医"是报本反始，对农耕、医药文化创始人的推崇和承传；对炎帝神农的始祖之祭，是敬祖爱国、表达对国家统一、民族昌盛的强烈愿望。当然，除了“酬功”之外，随时代不同，对炎帝神农的祭祀逐渐具有更深的意蕴。

第四节　近代以来的炎帝神农祭典

辛亥革命作为民主革命，成功推翻了清王朝的统治，结束了中国两千多年来的封建帝制，开启了民主共和新纪元，使共和观念深入社会各个阶层人士的心中。随着科学、民主等新兴思潮的逐渐传播，中国开始了近现代的进程，而由封建朝廷主持的延续数千年的祭祀炎帝的制度也发生了重大变化，对炎帝的庙祭、殿祭、先农坛祭逐渐停止，中央政府对炎帝的陵祭活动也暂时中断。在中华民国期间，由于政局动荡，内忧外患不止，战争形势复杂，政府无力顾及祭祀炎帝。

根据记载和碑文，湖南省政府于 1940 年 10 月正式祭祀过炎帝陵一次。当时正是中国全面抗战时期，日军进犯湖南，湖南军民在第九战区司令长官兼湖南省政府主席薛岳的指挥下，先后进行了第一次和第二次长沙会战，击退了日军。为了防范日军的再次进攻，薛岳决定将湖南省政府暂时迁往酃县（今炎陵县）炎陵山。在营建省府住所的过程中，负责人见炎帝陵破败不堪，年久失修，便报请薛岳批准，请湖南省政府拨专款对炎帝陵进行修葺。当时远在陪都重庆的国民政府主席林森（子超）得知这一消息后，特地拨专款，效仿古代陵墓制度在炎陵山植树造林。薛岳将这一片树林命名为“林子超先生纪念林”，并撰写了《重修炎帝陵碑记》，建亭立碑，以示纪念。在中华民国的国庆日即 10 月 10 日这一天，薛岳特遣湖南省政府秘书长李扬敬率各厅主要负责人，专程前往炎帝陵致祭。酃县县长肖坤率地方乡绅迎接，上千群众闻讯赶来观看。上午 10 时左右，鼓乐齐鸣，铳声震天，当司仪宣布全体肃立，祭礼开始时，主祭官、陪祭官就位，礼官引领身着长袍马褂的主祭官李扬敬缓步进入行礼亭，行隆重的三献礼，上香敬酒叩首后，代薛岳恭读祭文。礼毕之后，沿袭以前的做法，将刻好的《重修炎帝陵碑记》石碑竖立在碑亭内。随后李扬敬等人在肖坤及众地方乡绅的陪同下，参观了炎帝陵、奉圣寺。此次祭祀活动礼仪隆重，在群众中影响很大，是近代官方代表祭祀炎帝陵级别最高的一次。此后，由于多种原因，各地炎帝的祭祀典礼中断了 40 余年。1986 年，湖南省炎帝陵修复。1993 年，湖南省人民政府公祭炎帝陵。现已形成重阳节由省、市主典公祭，清明节由县主典民祭的祭典格局。自 1986 年始，炎帝陵举行大型祭祀活动 60 余次，前来祭祖谒陵的海内外人士达 300 余万人次。

湖南炎陵县炎帝陵

炎帝神农是中华民族的人文始祖，是中华民族共同体形成时期的血缘共祖，是中华民族在几千年来的民族大融合中形成的民族偶像。因此，全世界的华人都承认自己是炎黄子孙。炎帝神农文化使中华民族的各个民族之间都有一个共同的心理归宿，同时增强了全世界炎黄子孙的凝聚力和向心力。改革开放以后，全中国各族人民怀着热爱祖国，为中华民族崛起，为维护祖国统一和领土完整，为建设一个盛世中国的美好愿望，从 1980 年以后，逐渐在各地开展了对炎帝神农的祭祀大典活动。全世界各地华人也纷纷参加炎帝神农的祭祀活动，祭祀炎帝神农不仅成为一项重要的国家庆典，而且已经成为全世界华人之庆典，整个中华民族之大典。这种祭祀大典多为公祭，即政府祭祀，也称作官方祭祀，指以省、市、县等各级政府名义组织的祭祀活动。

中国古代有“南炎北黄”的说法，《吕氏春秋·孟夏纪》高诱注：“炎帝，少典之子，姓姜氏，以火德王天下，是为炎帝，号曰神农，死托祀于南方，为火德之帝。”屈原在《远游》中说：“指炎神而直驰兮，吾将往乎南疑……祝融戒而跸御兮，腾告鸾鸟迎宓妃。”这说明早在战国时期人们就认为，祭祀炎帝神农是南方人的事情。实际上，“南炎北黄”说和“炎帝文化南北共有”说各有其合理性。相关研究表明，中华远古文化包括炎黄时代的文化，其起源是多元的，这已为考古发现的众多材料所证实，历史真相是多种文化互动互补、趋同融和、多元一体，到夏商周时期才形成以中原地区为中心的、以炎黄文化为向心的文化结构。在南北各地的民间，对炎帝的祭祀也是绵延不绝。如陕西宝鸡、湖南炎陵县、湖北随州、山西高平等地，民间的祭炎活动仍然络绎不绝，每逢春节、清明、重阳、冬至、农历四月二十六日（传说为炎帝生日）和农历七月七日（传说为炎帝忌日）等日，当地百姓都会自发组织或自行前往炎帝陵、炎帝祠（庙）进行祭祀活动。当地的政府有时也应县民之请，在春秋时节举行禳灾祈福之祭。这些自发的民间活动，显示出炎帝神农文化伟大的感召力和生命力。

一、陕西宝鸡

《国语·晋语四》记载：“炎帝以姜水成。”姜水是宝鸡境内的渭水支流，宝鸡是炎帝的发祥地，也是中华民族的发祥地之一，上古时期以炎帝神农为首领的姜姓部落曾生活在这里。宝鸡炎帝祠位于宝鸡市渭滨区神龙镇境内的常羊山之上，是炎黄子孙寻根祭祖的主要场所之一。陕西宝鸡的公祭炎帝活动开始于20世纪90年代初。1993年至1995年宝鸡在每年的农历七月初七连续举办了三届“宝鸡炎帝节”，宝鸡市人民政府在炎帝祠隆重举行了公祭炎帝典礼，来自市县党政部门和工、农、商、学、兵等各界及港澳台同胞、国际友人1500多名代表参加了祭祀。祭祀典礼结束后，在炎帝祠广场举行了精彩的文艺演出。

1996年以后，宝鸡改在每年的清明节，举行“清明宝鸡各界民众公祭炎帝典礼”，至2014年已经连续举办了19年。并于2005年、2006年、2009年举行了“全球华人公祭炎帝大典”，海内外炎黄子孙共聚一堂，共同祭祀炎帝。

陕西宝鸡炎帝陵

二、湖南炎陵

湖南炎帝陵位于炎陵县（炎陵县原名“酃县”，1994年经国务院批准改为炎陵县）城西19公里的鹿原陂。史载汉代以前有帝陵，唐代奉祀以昌，宋乾德五年（967）“立庙陵前，肖像而祀”，同时诏禁樵采，置守陵户。北宋以后，历代不辍祭祀，不断修葺。湖南炎帝陵在1993年正式恢复官方祭祀，祭祀的时间是在每年的清明节和重阳节。1993年4月5日清明节，酃县人民政府在炎帝陵殿前广场隆重举行了“酃县各界民众公祭炎帝陵典礼”。自1994年开始，每年清明节，炎陵县政府举办“清明炎陵县各界公祭炎帝陵典礼”，开展社会各界公祭炎帝陵活动；株洲市政府每两年于清明节举行一次“株洲市各界公祭炎帝陵典礼”；湖南省人民政府每三年一次，于重阳节在炎陵县炎帝陵殿前广场隆重举行“湖南省各界民众公祭炎帝陵典礼”。其他县市自行安排时间举行祭祀活动。2006 年，湖南炎陵县的“炎帝陵祭典”入选第一批国家级非物质文化遗产名录。2012 年，“炎帝陵祭祖大典”跻身“全球最具影响力的十大根亲文化盛事”。自 1993 年恢复官方祭祀以来，湖南省人民政府已先后 8 次公祭炎帝陵，一直持续到 2014 年的“甲午年炎帝陵祭祖大典”。

2009 年乙丑年湖南万人公祭炎帝陵

三、山西高平

山西高平是炎帝神农部落早期活动的地区之一。高平羊头山在山西省长治县、长子县和高平市交界处的高平市神农镇，海拔 2000 米，这里危峰秀拔，势凌霄汉，因山之巅有羊头状巨石而得名羊头山。山上有神农城、神农井、神农泉、五谷畦等遗址，山下有炎帝中庙、炎帝行宫、炎帝陵等遗迹。其境内现存的炎帝寺庙有 30 余处，因炎帝活动而得名的地名有 20 处，保存有上自北齐、下至清代有关炎帝事迹的碑记石刻 100 多通。每逢农历四月初八，世界各地数以万计的华人前来祭祀炎帝神农，缅怀华夏始祖，羊头山成为海内外炎黄子孙瞻仰朝拜和旅游观光的圣地之一。山西高平公祭炎帝始于 1995 年。开始在炎帝陵（五谷庙）举行，随后在羊头山炎帝广场举行。此后在2000—2008年（除2005年、2008年外），高平市人民政府每年举行“公祭神农炎帝典礼”；2009—2012年，每年举行“炎帝农耕文化节”。

四、湖北随州

随州是国家历史文化名城之一，是炎帝神农故里，市郊的曾侯乙墓曾经出土著名的曾侯乙编钟。随州地处长江流域和淮河流域的交汇地带，西通宛洛，南达吴越；居“荆豫要冲”，扼“汉襄咽喉”，为鄂北重镇。随州炎帝神农故里风景区位于随县厉山镇，是国家级风景名胜区，被湖北省委宣传部定为“全省爱国主义教育基地”。自1988年以来，随州市委、市政府，以“谒祖、友谊、开放、奋进”为宗旨，在厉山九龙山修建炎帝神农故里风景区，现有姜水桥、神农洞、神农庙、神农井、万法寺、始祖门、民族文化石、功绩柱、圣火台、世纪鼎、谒祖广场、炎帝神农大殿、颂炎帝碑林、烈山湖、旭日园、弯月湖、百草园等30多处纪念性人文和自然景观建筑，已初步形成了寻根拜祖文化旅游的新格局。江泽民同志曾为随州炎帝神农故里题词：“炎黄子孙，情满华夏。”李先念、陈云等一百多位党和国家领导人曾前往参观并题词留念。近年来，每年农历四月二十六日即炎帝神农生辰之日，数以万计的海内外炎黄子孙前来厉山敬奉炎帝神农，缅怀华夏始祖，同贺始祖伟业，共庆神农生辰。厉山已成为海内外炎黄子孙寻根问祖的圣地，随州炎帝神农故里已成了研讨炎黄文化的重要平台。

自东周以来，有140多种典籍记载炎帝神农诞生于随州厉山。郭沫若、周谷城、萧克、冯天瑜、张正明等数以百计的名师和大家对此都有论述。近40年来，在随州及周边枣阳等地的厉山、西花园、冷皮垭、雕龙碑等新石器时代遗址的考古发掘表明，距今6000年至5000年这近千年的岁月中，随枣走廊确实生息着一支规模较大的先民群。2003年，研究炎帝文化最权威的社团组织——中华炎黄文化研究会出版8卷本权威巨著《炎黄汇典》，书中明确定位：湖北随州是炎帝神农故里。

（一）中华人民共和国成立前随州炎帝神农祭祀

随州早在新石器时代就开始了对炎帝神农的祭祀活动。在随州淅河西花园遗址中，考古专家发现一件完整的红色陶罐，罐内保留有植物颗粒腐朽后的痕迹。他们推测这件红色陶罐是作为奠基用的，目的是为了辟邪，祈求居住的平安或谷物的丰收等。而保佑谷物丰收的谷神，就是所谓的“稷”。而“稷”的祭祀则与炎帝神农即烈山氏有关。《汉书·地理志》说：“随，故国。厉乡，故厉国也。”南朝宋盛弘之《荆州图记》对此有记载：“（随）县北界有重山，山有一穴，云是神农所生，又有周回一顷二十亩地，外有两重堑，中有九井，相传神农既育，九井自穿，汲一井则重井动，即此地为神农社，年常祠之。”这里并没有明说神农祭是指官方组织的，或是民众自发发起的，但从“相传”“年常祠之”等用语中，我们可以推测随州地区每年经常祭祀神农在南朝宋时期就已经成为风俗。唐代，神农的传说和事迹在随州的影响也很大，李白在《题随州紫阳先生壁》中留下了这样的句子：“神农好长生，风俗久已成。”此“久已成”说明随州人祭祀神农在李白之前即已经成“风俗”了。到了明代，官府积极支持炎帝神农的祭祀活动，官方的神农祭祀活动非常盛行。清代继承了这一传统，随州地区建有神农庙，用以祭祀神农。

近代中华民国期间，因战乱频发，随州地区公祭炎帝神农的活动被废止。但是，随州人并没有忘记炎帝神农，据《厉山社志》记载，明代期间的厉山铺、清嘉庆时的厉山店以及宣统年间的厉山镇，在 1937 年改名“神农乡”，用以纪念炎帝神农。

（二）改革开放时期随州的炎帝祭祀

20 世纪 80 年代以后，随州祭祀炎帝神农的活动又悄然兴起。1987 年，有一位美籍华人从美国带回一幅“炎帝神农像”。据说这幅“炎帝神农像”原藏于北京故宫，后被八国联军窃走。一个偶然的机会，这位美籍华人的祖父发现了该画像，当即倾其毕生积蓄购得。老人去世前，嘱咐后人一定要将此画送回炎帝故里随州。1987 年 11 月，这位美籍华人远渡重洋来到了随州厉山，将这幅炎帝神农画像，亲手献给了随州市厉山镇政府。在这位美籍华人回归祖国敬献炎帝神农画像行为的背后，是海外炎黄子孙寻根谒祖的热切期盼。1990 年，美国洛杉矶烈山五姓宗亲会成立，并组建了世界烈山五姓宗亲会，至今已举办了十余届恳亲大会。该会《章程》写道："几千年来，从湖北省随县的烈山开枝散叶，散布四海，今名丽（厉）山的县治，就是烈山宗亲会的发源地。"每年世界烈山五姓宗亲会恳亲大会的第一项议程，就是举行传统的祭祀炎帝神农活动。各国的烈山五姓宗亲会常有朝祖团来随州，满足海外华人寻根谒祖的需求。

随州炎帝故里炎帝神农纪念馆

随州地区传说每年的农历四月二十六日为炎帝神农的诞辰日，农历的七月七日为炎帝神农的忌日。1990 年 11 月 21 日至 24 日，随州市组织湖北、湖南等地的专家学者 70 多人举办了"炎帝文化暨炎帝故里研讨会"，与会学者一致认为随州厉山是炎帝神农的生息地。1991 年 6 月 8 日，随州市人民政府在烈山神农广场隆重举行了"首届纪念炎帝神农生辰大典"，海内外 1000 多人参加了祭祀，感受到了祭祖文化的魅力。自 1991 年起，随州市人民政府连年举办炎帝神农生辰庆典活动和炎帝神农文化节、寻根节，进一步扩大了炎帝神农故里的影响力。1992 年 5 月 26 日，中华炎黄文化研究会和湖北省炎黄文化研究会在武汉联合举办了“炎黄文化与现代文明”学术研讨会，许多专家学者参加了这次学术活动，进一步认定炎帝神农诞生于随州。27 日，海内外华人代表齐聚随州，出席了炎帝神农生辰公祭活动。台湾《姜姓始祖炎帝神农传承一百五十七代世系表》对炎帝神农生辰有如此记述：“炎帝神农生于农历纪元元年，第一干支，癸未四月二十六日，于湖北随县厉山神农洞。”生辰庆典活动的主题是“创造与奉献”，美国等国家和中国港澳台等地区的烈山宗亲会成员参加了这次盛会，中华炎黄文化研究会执行会长萧克题词云：“历史名城，文化灿烂。”此后很多党和国家领导人先后来炎帝神农故里参观考察、题词或参加炎帝神农生辰庆典活动。

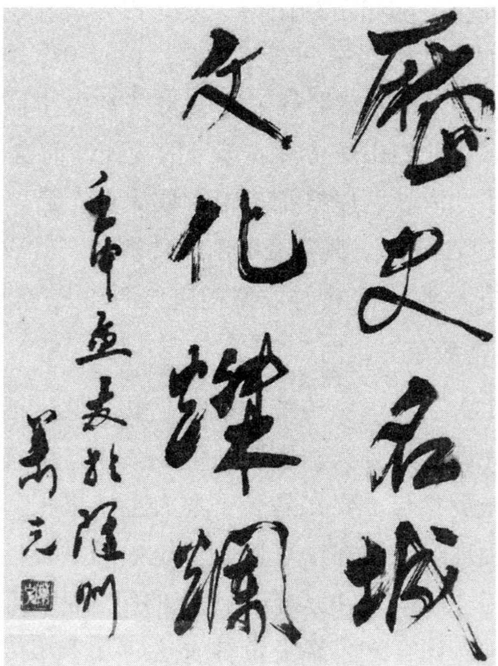

萧克为随州炎帝故里题词

1993 年，随州炎帝神农公祭活动达到高潮。1993 年 6 月 15 日至 18 日，由湖北省文化交流协会、湖北省炎黄文化研究会、襄樊市人民政府、随州市人民政府联合举办了首届“中国湖北烈山炎帝神农节”。时任国家主席李先念题写了“中国湖北烈山炎帝神农节”节名。全国政协副主席、中国和平统一促进会会长钱伟长在开幕式上赠送了“和平统一鼎”，中华炎黄文化研究会副会长李葆光、原中央顾问委员会委员刘杰等出席了开幕式。来自加拿大、菲律宾、韩国等国家和中国台湾、香港、澳门等地区的代表团300余人，中国大陆各界人士2000余人和上万名群众出席开幕式，参加了这次盛会。由8600人参加了大型文艺节目《神农风》的表演。第二天在厉山镇隆重举行了炎帝神农生辰祭典活动，海内外几十家新闻媒体进行了宣传报道，产生了重大影响。首届“中国湖北烈山炎帝神农节”后，由官方举办的祭祀炎帝神农的活动又渐渐降温，但基本上没有中断，参加活动的民间团体有湖北省炎黄文化研究会、随州市炎黄文化研究会、随州市烈山宗亲会，以及韩国、菲律宾、中国台湾、中国香港等地的烈山宗亲会等。此后，1994年、1997年、1998年、1999年、2000年、2005年都举行了公祭炎帝神农生辰庆典活动，但未能达到首届“中国湖北烈山炎帝神农节”的规模。而自2006年随州市人民政府隆重举行了“海峡两岸祭祀炎帝神农大典”后，2007年，隆重举行了“2007炎帝神农拜祖大典”，2008年又举行了“戊子（2008）年炎帝神农文化节拜祖大典”，炎帝神农祭祀庆典活动又逐渐升温。

（三）随州炎帝故里寻根节

作为中国一个古老的国家传统，祭祀是其公共生活的一部分，古代统治者把祭祀祖先即公祭列为国家第一等的大事。公祭的主持者要么是地方诸侯，天子派员参与；要么是天子本人主持祭祀，如同现在的国家级祭祀。只有正确理解祭祀在中华民族传统中的重要性，才能使我们对于当代“公祭”与“民祭”（民众自发组织的纪念活动）的关系有一个基本认识，才能正确认识官方公祭炎帝神农这一几千年传统盛典的历史价值与现实意义。海内外华夏儿女在公祭炎帝神农的活动中，缅怀先祖的伟大功绩和奉献，能更好地弘扬炎帝精神，凝聚民族情感，实现中华民族伟大复兴的宏愿。

2009年首届世界华人炎帝故里寻根节祭典

21世纪以来，随着旅游业的逐渐兴起，各地开始挖掘自己的旅游文化资源，炎帝神农故里成为我们热议的话题。炎帝神农故里关涉四省五地，即湖北随州、陕西宝鸡、山西高平、湖南炎陵和会同。2004年7月25日，山西高平市举办了炎帝祭祀大典。2005年10月3日，陕西宝鸡市举办了“首届全球华人省亲祭祖大典”。2006年10月30日，湖南株洲市炎陵县举办了“世界华人华侨炎帝陵祭祖大典”。2009年5月20日，湖北随州市举办了首届“世界华人炎帝故里寻根节”。各地围绕炎帝神农故里，从生态建设、经济发展、旅游开发等方面进行了大量投资，展开了晋、陕、鄂、湘等文化旅游大省之间的宏大博弈。在此过程中，“寻根祭祖”的文化旅游开发新模式正得到实践和完善。当然，上述五地都非常重视保护本地的炎帝神农文化遗存，文保规格也是国内最高的。湖南株洲炎陵县的炎帝陵名列国家重点文物保护单位，2006年该县的“炎帝陵祭典”入选第一批国家非物质文化遗产名录。2008年湖北随州的民间文学《炎帝神农传说》成功入选第二批国家级非物质文化遗产名录，2009年随州的“炎帝神农故里谒祖祭典”增补为第二批湖北省级非物质文化遗产名录，同时申报第三批国家级非物质文化遗产名录。陕西宝鸡的炎帝祭祀，也已入选国家级非物质文化遗产名录。四省五地对炎帝神农故里的文化旅游创意也极为出色，十多年来，打造了一个文化旅游开发的新模式——寻根祭祖游，这一新的文化旅游开发模式正得到实践和完善。与古已有之的炎帝神农祭祀相比，今天的寻根祭祖旅游模式已经大不相同，更注重文化创意和产业需求紧密结合，充分释放祭祀活动对经济的刺激效能和文化的传播功能。

随州市自 2006 年以来每年都举办隆重的炎帝神农生辰庆典活动，缅怀华夏始祖。数以万计的海内外炎黄子孙不顾路途遥远，千里跋涉来这里拜谒炎帝神农，随州作为炎帝神农故里已经得到海内外的广泛认同。2009 年 5 月 20 日，随州在炎帝神农故里风景区神农文化广场，隆重举行了声势浩大的首届“己丑（2009）年炎帝神农故里寻根节拜祖大典”，助推世界华人华侨的寻根热潮。时任全国人大常委会副委员长、民建中央主席陈昌智，全国政协副主席李兆焯，台湾新党主席郁慕明，湖北省委书记罗清泉以及来自美国、加拿大、英国等 30 多个国家和地区的华人华侨商会、烈山宗亲会、港澳台同胞、社会知名人士及各界群众代表 2 万余人参加了大典。省长李鸿忠主祭并恭读《颂祖文》。首届寻根节接待的游客中海外华人华侨占大部分，重头戏是“寻根之旅——世界华人寻根团拜颂神农”。这次庆典形成海内外华人纷至沓来、连绵不绝拜谒始祖的热潮，每年举行的寻根节已经成为海峡两岸同胞乃至全球华人华侨交流互动的重要平台。至 2014 年“甲午年世界华人炎帝故里寻根节”，随州已经连续举办了六届寻根文化节，已成为湖北省乃至全国最重要的文化品牌之一，活动的举办促进了海内外文化、经济的交流，也得到了社会各界的好评。

随州是一座古老的城市，这里有始祖炎帝神农，开启了华夏五千多年的农耕文明；出土了曾侯乙编钟，有着金声玉振的辉煌文化。随州，还是一座美丽的城市。中国社会科学院发布的 2013 城市竞争力蓝皮书《中国城市竞争力报告》中，随州市跻身“全国生态城市竞争力排行榜”，排位第四，仅次于澳门、香港、南昌，是湖北省唯一进入前十的城市。正如随州人所说的，“华夏悠悠文明史，烈山脚下是源头”。从 2009 年至

2013年湖北随州世界华人炎帝故里寻根节祭典

2014年，湖北省人民政府和国家有关部委一起，已连续6年成功举办寻根文化节，进一步上升到“省部联办”的国家层面，确立了随州作为“炎帝神农故里”的地位，寻根文化节成为随州重要的公益性文化节庆活动品牌，成为海峡两岸同胞乃至全球华人华侨交流互动的重要平台。寻根文化节的巨大作用，推动了地方经济社会发展和知名度提升，加强了海内外政治经济文化交流，增强了炎黄子孙的向心力和凝聚力，得到了海峡两岸和香港、澳门同胞和全球华人的广泛认同。2011年，国务院公布了第三批国家级非物质文化遗产名录和扩展项目名录，“随州神农祭典”项目成功入选，湖北随州作为我国炎帝神农祭祀中心的地位得到了更高层面、更加权威的确认。2013年6月，国台办授予随州炎帝故里文化园“海峡两岸交流基地”称号。

2014年5月24日，农历四月二十六日，备受瞩目的“甲午年世界华人炎帝故里寻根节”开幕式暨拜祖大典在湖北随州举行。海内外近万名炎黄子孙汇聚烈山，拜谒中华民族人文始祖炎帝神农。这次盛典的主题是“四海一家亲　共圆中国梦”，代表着海内外炎黄子孙齐聚炎帝神农故里，共同拜谒始祖，祈福中华，共圆中国梦，实现中华民族的伟大复兴的共同心愿。这一届寻根节由国务院台湾事务办公室、中国文学艺术界联合会、中华炎黄文化研究会、湖北省人民政府联合主办，海外华人

海峡两岸交流基地

华侨及 31 个省、市、自治区和台湾以及香港、澳门特别行政区等都有代表出席。全国政协副主席何厚铧、中国国民党荣誉副主席蒋孝严等嘉宾出席大典。出席大典的湖北省领导有省委书记李鸿忠、省长王国生等。来自全球各地的华人华侨商会、社团组织、知名企业的嘉宾参加了拜祖大典。

8 时 8 分，炎帝故里风景名胜区谒祖广场，在鸣钟击鼓声中，大典开始，依次经过序礼、奉请仪式、奉祀祝词等环节后，大典进入拜祖仪式。拜祖仪式上，时任湖北省委常委、常务副省长王晓东同志致欢迎辞。他在致辞中说：五千多年前，炎帝神农在此初辟鸿蒙，发祥文明，繁衍族群，肇始华夏，为中华文明的绵延传承奠定了千秋基业。五千年后的今天，我们会聚烈山之上，共贺始祖诞辰，缅怀始祖功德，寄托世界华人对炎帝始祖的无限追思和敬仰之情，抒发华夏儿女昂首再启程、共筑中国梦的壮志豪情。

全国政协副主席何厚铧和中共湖北省委书记李鸿忠共同开启炎帝神农大殿圣门，在缓缓演奏的《炎帝大歌》音乐声中，来自全国各地的民间祭品荟萃一堂，祭祀者步入广场，面向炎帝神农雕像敬献三牲、五谷、

中国国民党荣誉副主席蒋孝严向炎帝神农敬献花篮

2014 年世界华人炎帝故里寻根节（一）

鲜花、时果，表达对始祖炎帝神农的颂扬和缅怀之情。中国社会科学院学部委员刘庆柱、首届全国道德模范吴天祥、美国佐治亚州立大学孔子学院院长顾宝桐共同点燃圣火，各级领导和嘉宾分批敬献花篮，港澳台同胞、企业家、社会知名人士、华人华侨等各界代表依次敬献高香。

在庄严肃穆的氛围中，湖北省省长王国生恭读《颂炎帝文》：“时维甲午，序近端阳。烈山之巅，凤舞云翔……伟哉炎帝神农，开蒙启明，德被千秋万代，源于革新……荆楚福地，竞进提质。转发展之方式，居时代之前列，建战略之支点，挺中华之脊梁。”平实质朴的字句，颂扬了炎帝神农的功德，表达了中华儿女开拓创新、共谋发展，早日实现中国梦的坚定信心。

2014 年世界华人炎帝故里寻根节（二）

随后，在场全体人员深鞠三躬，告慰炎帝神农先灵，深情缅怀始祖。大典最后进入唱诵始祖环节，百名民众大合唱《炎帝颂》，表达了华夏儿女对炎帝神农的深深敬仰；京、汉、楚剧及黄梅戏四剧种艺术家联袂合唱的《天佑中华》，将现场氛围推向高潮。至此，拜祖仪式九项仪程全部完成，甲午年世界华人炎帝故里寻根节拜祖大典告成。

作为寻根节主体活动之一的“中国·随州经贸洽谈会暨项目签约仪式”也在祭祀活动后举行，国内外 500 强企业和著名上市公司的企业家，围绕一批重点项目现场签约，投资总额达 360 多亿元。炎帝神农寻根祭祖文化旅游这种新型的经济文化开发模式，对地方经济文化的发展也起到了一定的促进作用。

随州是中国始祖文明的发源地。近年来，随州炎帝故里寻根节已经成为世界华人追溯起源，认祖归根的重要平台。1993 年，首届“中国湖北烈山炎帝神农节”举行。2009 年，“中国湖北烈山炎帝神农节”升级为“世界华人炎帝故里寻根节”，由湖北省政府联合国家有关部委共同主办，自此以后每年举行，作为国家级祭祀大典，已连续成功举办了13年，成为在全球华人中具有广泛影响力的民族文化品牌。13年来，“随州神农祭典”项目入选国务院第三批国家级非物质文化遗产名录。在湖北省政府和中央有关单位的大力支持下，炎帝故里被授予“海峡两岸交流基地”和“中国华侨国际文化交流基地”称号，每年都有大批台湾嘉宾、华人华侨代表不远万里到随州参加寻根节。寻根节对促进海峡两岸、国际国内交流和增进中华民族的认同感、归属感、凝聚力发挥了重要作用。2022年5月26日，壬寅年世界华人炎帝故里寻根节开幕式暨拜谒炎帝神农大典在随州炎帝故里景区谒祖广场、神农架神农坛景区同步举行。这次壬寅年寻根节的主题是“四海一家亲，共圆中国梦”，除了现场祭祀，主办方还设计了云拜神农小程序，为未能亲临现场的华夏儿女许愿、祈福、远程祭拜神农提供便利。来自世界各地的炎黄子孙线上线下齐聚烈山，共贺炎帝诞辰，缅怀始祖功绩，坚定文化自信，共襄复兴伟业。

2022年5月26日壬寅年世界华人炎帝故里寻根节大典致辞环节中，中共湖北省委副书记、湖北省长王忠林指出：“五千多年前，炎帝神农初辟鸿蒙、肇始华夏，八大功绩泽被后世。今天，我们襄盛典祭拜始祖、秉至诚寻根溯源，必将有力凝聚炎黄子孙'四海一家亲，共圆中国梦'的共识，为实现中华民族伟大复兴注入澎湃动能、汇聚磅礴力量。”“奋进新时代，开启新征程，我们要坚持以习近平新时代中国特色社会主义思想为指导，传承文明根脉，推动炎帝神农文化创造性转化、创新性发展，坚定文化自信，共筑精神家园；赓续民族根魂，充分发挥炎帝故里桥梁纽带作用，不断增进血脉认同、文化认同、民族认同，铸牢中华民族共同体意识；夯实复兴根基，广泛凝聚海内外力量，同心同向促进国家统一、民族团结、人民幸福。”炎帝精神，薪火相传！随州炎帝故里寻根节，正在融入现代元素、突出感情共鸣、呼应时代主题、着眼文化认同，已经成为华夏儿女溯源、寻根、凝心、铸魂的文化盛事，传承着礼敬先祖、慎终追远的中华文化传统，彰显炎黄子孙对祖先的无上崇敬和感恩追思。

五、其他地方

除了以上四地外，河南省郑州市精心建造的炎黄二帝巨型塑像，于2007年在黄河风景名胜区邙山竣工。2007年4月18日，郑州市人民政府在黄河风景名胜区隆重举行了“炎黄二帝巨型塑像落成庆典”，炎黄二帝巨型塑像成为中国的一个“文化标志”，有着极强的号召力，是全世界华人心中的一座丰碑。

河南省沁阳市神农山有座神农坛，传说这是当年祭祀炎帝神农的地方。每年的农历三月初三，神农山都要举行盛大的古庙会，祭祀炎帝神农。2006年起，开始举行公祭活动。沁阳市在神农山文化广场隆重举行了“2007公祭炎帝典礼”，2008年4月8日焦作市人民政府在神农山天坛举行了祭祀典礼。

湖北神农架祭祀炎帝神农开始于1997年，主要是以民间祭祀为主，有时也以神农架林区政府的名义举行公祭。1997年10月11日，神农架林区人民政府在木鱼镇神农坛隆重举行了“丁丑年重阳节炎帝神农祭祀典礼”。2006年8月2日，神农架林区人民政府在木鱼镇神农坛又举行了隆重的“海峡两岸炎帝神农文化论坛暨公祭炎帝神农祭祀仪式”，来自中国大陆和台湾参加“海峡两岸炎帝神农文化论坛”的300名代表及当地群众千余人参加了祭祀。

台湾地区祭祀炎帝神农的活动大多为民祭，多在农历四月二十六日神农大帝诞辰日进行，有时也由地方政府和行政首长主祭。1992年农历四月二十六日，三重市政府在先啬宫隆重举行了一次“炎帝神农诞辰祭典”，台湾民众及代表数千人参加。钟宗宪曾撰文介绍这一祭典盛况：“四月二十五日上午，由善信汇集一百多辆之大鼓车、南北管车、车鼓亭等车队，从先啬宫迎神出发，巡绕市境，市民们则在自家门口摆放香案牲礼祭品，当巡境队伍经过时，双手持香遥拜，并燃放鞭炮；是日，民众依例外烩宴客，各地食客络绎不绝，一时热闹非凡，交通为之堵塞。”其盛况所致，“三重市民代表会因代表参与迎神活动，出席人数不足而流

河南郑州邙山炎黄二帝塑像

会”。“四月二十六日上午十时，为诞辰祭典正式开始，由市长陈景峻亲自主祭，循古礼行三献礼，地方人士均各有所司，与前日之盛况相较，显得庄严肃穆。”台湾社团在炎帝陵举行的祭祀仪式则较为简单，一般在祭祀后谒陵。近几年，台湾祭陵团体日增，仪式各异：有的着统一服装（古装）；有的带炎帝塑像，在炎帝陵殿“开光”；有的仍行三跪九叩首礼，十分虔诚。

台湾嘉义市灯会广场举行炎帝神农祭祀大典

寻根求源、认祖归宗是中华民族的传统美德，所以全世界华人无不宗炎黄二帝。炎帝神农成为民族之魂，融入中华民族每个人的血脉里，祭祀炎帝神农成为联系中华民族情感的纽带。在当前经济全球化、文化多元的时代，祭祀炎帝神农、弘扬炎帝神农开创中华民族文明先河的精神，对弘扬中华民族的优秀文化，增强中华民族的向心力、凝聚力，无疑具有重要的现实意义和深远的历史意义！正如国务院原总理温家宝曾寄语海外华人时所说的：“无论走到哪里，你的根总是与祖国这棵大树的根连在一起。”近几年来，港澳台同胞、海外侨胞纷纷前往各地谒陵祭祖，每年达 50 余万人次，表现了中华儿女强烈的人文情怀和民族认同。特别是在台湾，炎帝庙很多，到宝鸡、炎陵县、随州、高平等地祭祀炎帝的台湾同胞也逐年增多。尊崇炎黄始祖，传承炎黄文化，已经成为炎黄子孙凝聚民族情感、建设和谐社会、实现民族伟大复兴的时代需要。祭祀炎帝神农的各项庆典，不仅是传承中华民族的优良传统，也是凝聚海内外华人的纽带和桥梁，有利于传播中华文化，有利于团结、凝聚各方面的力量，增强全球华人的文化认同感。

总之，举办炎帝神农祭祀活动，是为了缅怀始祖炎帝神农之万代恩泽，颂扬他开启文明、奠基华夏的丰功伟绩。首先从文化价值上看，炎帝神农首创农耕文化、中医药文化、手工业文化、商贸文化、音乐文化等，开展了大量社会生产实践。后人为缅怀炎帝神农先祖而进行的祭典活动，其中的仪式、音乐、舞蹈等方方面面均来自人们对自然、社会的认知，形成了综合性的文化载体，具有极高的文化价值。丰富的文化内涵使炎帝神农祭典成为华人世界令人瞩目的代表性祭典活动之一，极具开发潜力。其次从历史价值来看，不同时期的炎帝神农祭典文化具有不同的特点，是与不同时代背景下的社会生产力息息相关的，因此深入研究各个时期的炎帝神农祭典文化，能从客观上更好地认识中华五千多年发展史，更好地继续和发扬优秀的中华民族传统。三从社会价值来看，炎黄子孙祭奠炎帝，表达的是华夏后裔对炎帝神农文化精神的崇敬之情。炎帝神农文化精神是中华民族精神的构成要素，因此，通过扩大炎帝神农祭典的社会影响力，能进一步弘扬爱国主义精神，增强民族凝聚力，增强炎黄子孙的归属感，激发炎黄子孙同心协力，为实现国家的繁荣昌盛、中华民族的伟大复兴而努力奋斗，有利于社会和谐发展和祖国统一。

炎帝神农祭典，所含蓄的文化意蕴和显示出的文化张力，是五千多年中华文化的沉淀和升华。增强民族凝聚力就要坚持团结、和睦，反对分裂、涣散，尊重我们的历史、尊重民族传统。作为中华文化的发端之源的炎帝神农文化，成为我们民族永恒的感情纽带、不朽的精神圣山。祭祀炎帝神农的缕缕馨香袅袅不绝，燃烧了数千年，祈祝着国富民强、民族昌盛，这也是我们炎黄子孙的夙愿。

第十章　炎帝神农文化与中国梦

根系炎黄，盛世颂祖。中华文化灿烂辉煌，源远流长，具有很强的生命力，产生了巨大的凝聚力和辐射力。如今，全球华人以“炎黄子孙”为荣，“炎黄子孙”已经成为大众耳熟能详的称谓，成为华夏儿女的代名词，成为凝聚中华民族团结进取力量的旗帜，成为激励中华民族发愤图强的战鼓，成为引领中华民族跨进新世纪、跻身世界现代文明行列的基石。

炎帝神农是我们中华民族的人文始祖和共祖，炎帝神农文化使中华民族特别具有凝聚力、吸引力、向心力。遍布世界各地的中国人，都自认为是炎黄世胄，有着血浓于水的无限亲情和归属心理。这种现象不仅表明炎帝神农文化无与伦比的文化价值及后人对炎帝神农强烈的认同感，更为重要的是，华夏儿女对炎帝神农文化的自觉传承，代表着文化的归属，标志着身份的认同。炎帝神农时代所开创的原始文化，是宇宙自然、社会人文、科学技术和人类智慧的结晶，它是我们中华文化之源、中华文明之根、中华民族之魂。中国梦不能没有文化梦，文化是中国梦的支撑，一个民族的复兴，不仅仅要靠经济的发展，更需要有灵魂来支撑，而这个灵魂就是文化。文化的力量，深深地熔铸在民族的生命力、创造力和凝聚力之中。在中华民族实现中国梦的伟大历史进程中，传承弘扬炎帝神农文化具有重要意义。

当前国家提倡的实现“中国梦”，践行“富强、民主、文明、和谐，自由、平等、公正、法治，爱国、敬业、诚信、友善”的社会主义核心价值观都是和炎帝神农文化精神一脉相承的，并赋予其新的内涵，让我们在传承炎帝神农文化时注重其在新时代的创新和发展。因此，加强对炎帝神农文化及其精神的研究与宣传既大有可为，又任重道远。

第一节　炎帝神农文化与“寻根热”

探明中华文化的源头，是文化传承、发展、创新的基础。学者们从考古学、历史学、人类学、民族学、民俗学、社会学等角度去探求中华文明的源头。经过几十年的努力，对炎黄时代、炎帝和黄帝的历史贡献有了比较清醒的认识。炎黄文化研究取得的一个重要共识，就是明确了炎黄二帝是中华民族的人文始祖，炎黄文化是中华文明的源头，是中华文化之根，这是一项重大的突破。

人类进入 20 世纪，经历了两次世界大战和新的工业革命后，世界变化万端，新思想、新事物层出不穷，政治形势也随之发生了翻天覆地的变化。在令人眼花缭乱的各种思潮下，人们不禁有些困惑了：我是谁？我来自何方？1976 年美国黑人作家亚历克斯·哈利写的《根》在世界范围风行并引发寻根热不是偶然的事件，而是有其深刻背景的。寻根文学《根》的出现，一下子就触发了世界各国、各族人民的寻根热。实质上，这是一场现代史上关于民族、国家的渊源的思考，引起了世界范围内各式各样的“寻根”热潮。

20 世纪 80 年代以来，随着改革开放打开国门，中国也兴起了“寻根热”，海外华人华侨带着炎黄子孙浓浓的寻根情结，走进了祖国的大门，他们奔向自己的祖籍和故乡；奔向心仪已久的黄帝、炎帝等中华民族公认的祖先遗迹遗址进行祭奠，以表其拳拳之心。正所谓“树高千丈，叶落归根”，海外华人华侨急迫地盼望祖国强大，同时也急切地渴望回归故里探视自己的“根”之所在，以寻求心灵上的寄托。从某种意义上讲，祖先崇拜是一种最原始也是最纯洁的宗教意识。这是一种理性的寻根情节，他们中大部分人已经将自己的命运与民族命运、国家命运紧密地联系起来。这种文化寻根情结，是海外华人华侨回来报效祖国、了解自己文化背景和文化源泉的重要桥梁和纽带。国内举行的寻根节活动，有助于满足海外华人华侨的精神生活需求，对发展中华文化、增强中国的文化软实力等方面有深远意义。海外华人华侨对赴炎帝神农故里寻根这样的活动非常向往，他们赴炎帝神农故里寻根，实际上就是在传承中国传统文化。寻根热潮所追寻的文化之根，对形成全民族的心理凝聚力和文化上的认同感，都具有不容忽视的作用。海内外华人华侨的广泛接触与交流，增强了中华民族的国力与影响力，中华民族的凝聚力遂成浩荡澎湃之势，民族复兴的伟大目标已逐渐在变成现实！

方兴未艾的寻根热潮，也曾在中国掀起了一场文化大讨论，对本民族传统文化进行历史反思，这场讨论的焦点就是关于本民族如何应对世界形势、如何看待“全盘西化”与继承“传统文化”的问题。当时有一种错误倾向是将“现代化”简单地等同于“西方化”，从而认为我们应该“全盘西化”。但这种观点受到了全国绝大多数人的强烈反对，民族热情空前高涨。这场文化大讨论，提高了中华民族的文化自觉，还在思想领域引发了类似于五四运动的启蒙效果，从而保证了改革开放的良性运行，取得了举世瞩目的伟大成就。在全球化的今天，我们中华民族如何书写自己的历史、走自己的道路？我们的民族要有文化自觉，要大力增强凝聚力，坚定不移地走民族伟大复兴之路。什么是文化自觉呢？文化自觉是指对本民族文化的起源、形成、演变、特质和发展趋势的理性把握，以及对本民族文化与其他民族文化关系的理性把握。按照费孝通的解释，文化自觉是指生活在一定文化中的人，对自己的文化有“自知之明”，即明白它的来历、形成过程、特色和发展趋向，从而增强自身文化转型的能力，并获得在新的时代条件下进行文化选择的能力和地位。此外，应具有世界眼光，能够理解别的民族的文化，增强与不同文化之间接触、对话、相处的能力。炎黄文化是中华文化历史传统最早的根脉或基因，新时代为这个基因的发展创造新的条件，同时将这个文化传播于世界，与其他不同文化之间相互接触、相互理解；没有文化自觉就不会有多元文化的共生，也不会有人类社会的和谐。要延续炎黄文化并发扬光大，只有种子还不行，还要创造条件，让种子开花、结果。传统和创造的结合是一个十分重要的问题，如何在当前新的环境下找到炎黄文化存在的意义，了解炎黄文化可能为中国的未来发展做出什么贡献，是我们的任务所在。

国内的知识分子们以自己的实际行动掀起了一股寻根文学热；有爱国主义情怀的艺术家们也以饱满的激情创作了大量的寻根艺术佳作，如雕塑“炎黄二帝”像等，就是其中的代表。这个历史巧合对中华民族的复兴具有伟大的、功不可没的作用。这一时期的炎黄崇拜，是由海外华人华侨的寻根热引发，恰逢改革开放；而国家改革与开放需要全民族的强大思想认同，这场声势浩大的文化大讨论，极大地提高了全民族文化认同的意识；这股强大的寻根热潮与国内的大好形势结合，进一步发展成为具有极强理性的、以民族和文化伟大复兴为最终诉求的中华民族的炎黄崇拜。

中华文化相对于其他古老文化，之所以能延绵几千年经久不衰，正是由于中华民族是一个善于记忆并且懂得感恩的民族，是一个能寻根、追根并不断开拓创新的民族。缘于此，中华民族的优秀传统文化持续不断并传承到今天，持续发挥着它应有的文化价值和精神价值，相信它还会继续传递下去。“万里长城今犹在，不见当年秦始皇”，从历史的观点来看，人和事都是一个过程，只有文化的力量可以穿越时空、流芳百年。身处现时代的我们，怎样传承昨天、立足今天、开创明天，是一个非常值得认真思考的问题。我们在实现中国梦的进程中，要汲取包括炎帝神农文化在内的中国传统文化的精华，古为今用，发挥好文化的独特价值和功能，使我们的事业能承接历史，把握现在，走向更加辉煌的未来。

第二节　炎帝神农文化是凝聚中国力量的精神纽带

炎帝神农文化中重要的一点，就是有强大的团结统一的民族凝聚、认同精神。这种精神是中华民族得以绵延不息、发展壮大的根本保障。炎帝神农氏与黄帝轩辕氏被尊为中华民族的始祖，他们团结起来，结成联盟形成了华夏民族的主体。这种发端于上古，绵延数千年的团结凝聚观念，成为不同时期、来源于不同地域的人们所共有的民族意识。炎黄文化成为一种反映民族共同感情的纽带，体现和包容了华夏民族形成一个统一性的自我意识。团结统一的凝聚和认同精神使中华民族多元一体的民族观和民族意识逐渐形成，也越发坚固。尽管中国在某些历史时期会出现短期的分裂、割据等现象，但反对分裂和战乱，维护国家统一，加强民族融和、交流和团结，则始终是历史发展的主流。历史上曾有一些少数民族建立政权，但许多族属仍然尊称炎帝、黄帝等为先祖。

在中华民族多元一体格局形成与发展的过程中，炎帝神农文化起着构建共同心理的作用，同时炎帝神农文化也发挥着凝聚纽带的作用。费孝通指出："几千年来，炎黄二帝作为中华民族始兴和统一的象征，对于海内外中华儿女的民族认同和增强凝聚力、向心力，发挥了巨大作用。而以炎黄子孙为荣，以同源同祖为亲，已成为维护中华民族大团结和祖国统一的感情纽带和精神力量。"在中华五千多年文明发展的进程中，炎帝神农是与黄帝轩辕并列的多元一体的中华民族人文始祖之一，可以说早以约定俗成；包括海外华人在内的中华儿女都是炎黄子孙，也可以说早已达成共识。世界华人同根同祖，血浓于水；海水悠悠，隔不断患难与共的血肉之情。中华民族的复兴，离不开每一个中华儿女的助力。这一民族认同感和归属感是与炎帝神农文化所起的巨大精神纽带作用分不开的。觅祖思源，弘扬炎帝神农文化是海峡两岸同胞共同的愿望和要求。海内外儿女在加强文化交流与合作中，能沟通思想、增进友谊、加强团结，为实现中华民族的伟大复兴贡献力量。

炎帝神农祭祖大典其实是炎帝神农文化传承的一种有效载体，发展炎帝神农文化的主题就是寻根祭祖，吸引海峡两岸的华夏后裔在这里汇集，并追溯中华文明的历史，开展招商引资，获得相当的社会和经济效益。在寻根拜祖中传承和发扬炎帝神农文化精神，将进一步唤醒中华儿女的民族复兴意识。当今中国，维护民族团结、祖国统一和改革开放、

邓小平题“炎黄子孙”碑

谋求发展一样，是历史的最强音。遍布世界各地的中国人都爱称自己为“龙的传人”，传说炎帝与黄帝部落合并后，“龙”成为民族的统一图腾。对海峡两岸的港澳台民众来说，大家是血浓于水的手足同胞；对海外华人华侨来说，炎黄文化巨大的文化认同感与归属感，让他们产生认祖归宗与叶落归根的愿望和要求。根源同始祖，家和万事兴。邓小平在谈到海峡两岸关系时特别指出，两岸人民都是炎黄子孙。“炎黄子孙”一词是一个有巨大亲和力、号召力、凝聚力的名词，与“中华儿女”一词一样富有感情色彩，因而对于团结中华民族，特别是团结海外华人华侨，具有十分重要的精神感召作用。炎帝神农文化已经成为保持民族特性、维系民族情感的精神纽带，成为促进祖国统一、凝聚中国力量的文化基础，成为激励炎黄子孙百折不挠、自强不息的动力源泉。全球华人华侨共同参拜炎帝神农，拜的不仅是共同的中华始祖，更是中华民族不容分割的坚定信念。海外的炎黄子孙和港澳台同胞，纷纷以各种方式回报、支援祖国，这正是民族凝聚力和认同感的巨大表现。中华文化始终是中华民族强大凝聚力的源泉，是维系全体中国人的精神纽带，也是实现和平统一的一个重要基础。

连战为随州炎帝神农故里题词

在炎黄文化的号召下，可以把世界各地的中华儿女的一切财力、物力和聪明才智都集中起来，为祖国的繁荣富强、再创辉煌做出贡献。对于个人而言，民族和国家的利益高于一切，失去了民族和国家就意味着没有国际地位，尽管世界正向全球化方向迈进，但是，我们目前生活的世界格局依然是以民族国家为基础建立起来的，民族的区分在国家中占有重要地位。中华民族的伟大复兴是炎黄子孙共同的事业，不论在国内还是海外，无论所处政治地位和经济地位如何不同，无论政治信仰如何不同，价值取向如何不同，利益动机如何不同，都有一种共同的心愿，那就是对中华民族的繁荣昌盛的热切期盼，这也是炎黄子孙共同的期盼！

我们要实现中华民族的伟大复兴，需要建立一个稳定的社会环境，这来自国内外各方面的协调团结。新世纪新阶段统一战线具有空前的广泛性、巨大的包容性、鲜明的多样性和显著的社会性。传承炎帝神农文化，弘扬炎帝神农文化精神是团结各民族的思想基础，是凝聚各族人民的精神纽带。近年来，海外炎黄子孙怀着强烈的思乡之情，回来观光祭祖，以各种形式支援祖国的现代化建设。党外知识分子、非公有制经济人士、民族宗教人士和其他新的社会阶层人士这些统一战线成员，成为社会发展的宝贵资源。构建富强、民主、文明、和谐的社会主义强国，需要社会各界更好地团结起来，共同促进社会和谐，推动社会发展，实现国家的兴旺发达和长治久安。

第三节　炎帝神农文化是中华民族复兴的动力源泉

炎帝始兴传天下，凝聚四海中华情。传承和发扬炎帝神农文化有利于形成更为强大统一的现代中华民族意识，在新的历史时期，在新的层面上实现中华民族的伟大复兴。文化是一个国家和地区的核心竞争力的重要因素，在国际和地区竞争中具有重要的战略地位。一个国家的文化，只有是民族的，才会是世界的。中华文明之所以能够传承数千年，中华民族之所以能够数千年立于世界民族之林，靠的就是中华民族优秀传统文化的向心力、凝聚力、内驱力。要实现中华民族复兴的理想，使中国由大国变为强国，不仅仅是经济繁荣、国力强盛，还必须实现文化振兴。炎帝神农文化已经深深地融入中华民族血脉之中，成为中华民族共同的文化基因和精神记忆，成为中华民族凝聚力和民族复兴的强大动力。

习近平同志说：实现中华民族伟大复兴的中国梦，就是要实现国家富强、民族振兴、人民幸福，这既深深体现了今天中国人的理想，也深深反映了我们先人们不懈奋斗追求进步的光荣传统。在中华民族的文明演进过程中，炎帝神农开创的农耕文明，迈开了向文明社会跨越的第一步。今天全体华夏儿女对炎帝神农文化的崇敬和礼赞，是中华民族凝聚力和感召力的不竭源泉，也是自强不息的民族精神的强大动力。在漫长的历史时期，炎帝神农的神话传说对中华民族国民心理的成长、民族认同的提升乃至国家的统一与强盛，都具有积极的维护、促进之功。如果说炎帝神农文化精神代表了一个时代，那就是中华文明的肇启时代，是中华民族文化精神的象征，体现着民族文化观念和文化精神的形成过程。作为中华民族的本原文化和民族精神的归宿和母体，弘扬炎帝神农文化精神，就是对文明和进步的礼赞，对劳动和创造的肯定，对无私奉献者的感恩，这与我们弘扬民族优秀文化，培育民族精神，建设富强和谐国家的时代精神是相一致的，也无疑会对提高民族自豪感、增强民族凝聚力、激发爱国主义情怀起到积极的作用。在实现“中国梦”的历史进程中，我们完全可以发扬炎帝神农文化精神，凝聚中国力量，形成强大的民族凝聚力。炎帝神农文化最突出的功效在于强化“集体记忆”，凝聚海内外华人，构建民族共有精神家园。中华民族的伟大复兴是当代炎黄子孙的伟大理想，是振兴中华的坚定信念，是推动中国现代化建设的强大动力。

首先，炎帝神农文化具有一种强烈的感召力。中华民族的伟大复兴是包括海内外华人华侨在内的全体中华儿女和全国各族人民的共同理想和夙愿，炎帝神农文化可以超越时空界限和国别界限，超越政治制度和生活习惯，超越宗教信仰和价值观念等一切界限和障碍，最大限度地感召一切生活在或者曾经生活在中国这片热土上，流淌着中华文化血脉的中华同胞。热爱自己的祖国和文化不需要任何理由，这是每一个民族都具有的内在品性。中华民族的伟大历史令我们自豪、骄傲和热爱，中华民族的伟大复兴更加令每一个中华儿女奋发和向往。

其次，炎帝神农文化具有一种内在的精神动力。炎帝和黄帝实现了中国历史上最早的团结和振兴，那是一个创新、发明的时代。炎帝神农始作耒耜，教民耕种；日中为市，发明医药；黄帝发明衣裳、舟车、宫室、文字等，他们都是中华农耕文化的开创先祖。他们的发明、创新，使我们先祖走出了茹毛饮血、穴居野处的野蛮生活，并逐渐引导先民适应和改善恶劣的生存环境，推动了社会生产力的发展，他们成为农业、医学、商业、建筑等众多领域的创造者、奠基者和集大成者。他们开启了中华文明的序幕，推动了人类文明的进步。炎黄文化这种发明、创新的精神动力推动中华民族不断锐意改革、批判反思、创新超越，不断发扬优点，克服不足，始终以一种敢为天下先的英勇气概傲然于世。今天，中华民族已踏上了在新世纪实现伟大的民族复兴的征程。解决“三农”问题，实现四个“更加”全面，将是实现民族复兴中的重要任务。宣传炎帝神农敢于创新、重农务本、不怕牺牲的精神，宣传炎帝神农在原始时代极端困难落后的条件下，坚持发展先进生产力和先进文化，为民谋利的精神，对于促进中华民族的团结凝聚，完成祖国统一大业，实现中华民族的伟大复兴，具有重要的理论意义和现实意义。

第三，炎帝神农文化有一种坚定的信念。在蛮荒时代如此艰难的情况下，炎帝神农创造发明了耜耕、制陶、纺织、交易等物质生产与交换的新方式，构成炎帝神农文化的物质基础；同时伴随着这些物质生产生活所蕴含的民族意识、传统习俗、信仰崇拜、理想追求、氏族社会制度等构成了炎帝神农文化的精神财富。这种追求发展进步、为天下人谋利益的坚定信念，促使华夏民族由蒙昧荒蛮走向初始文明时代。炎帝神农时代所开创的致力统一、自强不息、为民造福、勇于探索、以人为本、贵和尚中的信念，是中华民族自尊、自立、自信、自强精神产生的源头和典范，经过其言传身教以及后世的口耳相传与文字记载，特别是经过历代的整合提炼乃至重铸，贯穿于中华民族延续发展的整个历史进程之中。随着中华民族新的伟大复兴和构建富强、民主、文明、和谐的社会主义现代化国家伟大事业的不断推进，炎帝神农文化中所蕴含的深刻的发展进步信念，必将越来越焕发出鲜活的时代生机。有了这种信念，我们就有了前进的方向；有了这种信念，我们就会有前进的动力，就可以克服和战胜前进道路上的任何艰难险阻。

随州炎帝神农故里谒祖广场上的盛世和谐鼎

炎帝神农文化绵延不衰，培育了一代又一代中华儿女，激励着一代又一代炎黄子孙为中华民族的崛起而奋斗不息，为社会进步和人类文明的发展做出了卓越的贡献。海内外炎黄子孙都有着对自己伟大民族和共同祖先的认同感和自豪感，炎黄文化已成为唤醒海内外炎黄子孙爱国情结的巨大精神力量和信念支撑。追本溯源，我们传承炎帝神农文化是为了对社会建设起到借鉴、启迪作用，进一步激发整个中华民族构建社会主义和谐社会的热情和意识，实现中华民族的伟大复兴。

第四节　炎帝神农文化与中国梦的实现

当前，中国梦已成为全国各界热议的话题之一。以“国家富强、民族振兴、人民幸福”为基本内涵的中国梦不是遥不可及的抽象概念，它与我们每个中国人的现实生活和未来理想息息相关。

习近平同志明确提出：“中国梦是民族的梦，也是每个中国人的梦。”“实现中华民族伟大复兴，就是中华民族近代以来最伟大的梦想。”又强调说：“实现中华民族伟大复兴的中国梦，就是要实现国家富强、民族振兴、人民幸福。”中国梦既集中体现了国家和民族的梦想，同时也尊重个人的梦想和追求，是个体梦与国家梦的和谐统一。从全球化的高度来看，中国梦不仅仅是中华民族伟大复兴的梦想，也是全世界大多数民众都能切身感受到的世界和谐发展的美好愿景。

从炎帝神农所处的时代开始，中华民族逐渐形成“协和万邦”的政治理念，注重在自身发展的同时，高瞻远瞩，心怀天下，崇尚个人价值与社会价值的和谐统一。中国的改革开放政策也决定了中国的发展离不开与世界的合作，是一条与世界共生、共赢的发展道路。炎帝神农文化对海峡两岸和海内外炎黄子孙的感召作用，使其能够与世界共同分享，能够有效回应国际社会对中国的期待和诉求。近年来，海内外无数炎黄子孙跨海漂洋，迢迢奔波相约拜祭炎帝神农，数典寻根，顶礼谒拜，这充分体现了一个民族对自己先祖的追念与崇敬之情，也反映了华夏儿女传承、弘扬始祖精神与文化传统，构建中华民族精神家园的共同心志与强烈愿望。在当今文化因素变得越来越重要的全球化时代，我们必须放眼世界，繁荣中华文化，通过提高文化软实力来使世界更好地了解中国，进而实现民族复兴的伟大梦想。

2014 年炎帝故里寻根节主题“四海一家亲　共圆中国梦”

历史的发展是延续的，每一个时期都不是孤立的片段。当今的中国，其政治形态、社会结构、观念习性等都受到几千年文化传统的影响，因此必然烙下鲜明“中国特色”的印记。我们不仅要看地理的横坐标，更要看历史的纵坐标。源远流长的炎帝神农文化已历经中华民族五千多年的洗沥沉淀，深深熔铸在中华民族的精神品格之中，成为中华文明生生不息、代代相传的力量源泉。中国梦立足于中华大地，深深地扎根于中华优秀传统文化包括炎帝神农文化的沃土之中。实现中国梦，需要调动一切可以调动的积极因素，需要汲取炎帝神农文化中的精髓，汇聚起强大的正能量，使炎帝神农文化成为实现中国梦的智力资源和精神支撑。同时，在我们迈向实现中国梦的实践征程中，践行中国梦的实践也为炎帝神农文化赋予了新的时代内涵，促进了对炎帝神农文化的继承和创新。

一、中国梦深深扎根于炎帝神农文化的沃土之中

实现中华民族伟大复兴的梦想，之所以格外具有感召力、凝聚力和引领力，在于它契合中华民族近代以来的历史使命，也符合中华民族千百年来对国家富强、民族振兴、人民幸福文化心理和文化价值的认同。

中国梦扎根于炎帝神农文化的丰厚土壤之中，具有中华优秀传统文化的深厚底蕴。中国梦的本质是实现国家富强、民族振兴、人民幸福，而炎帝神农文化中也具有强烈的“富国”“爱国”“重民”思想。炎帝部落与黄帝部落的结盟，开创了中国历史上最早的致力统一传统，也开始了华夏民族团结一心、自强振兴的序幕。炎帝神农初识五谷、教民稼穑、制作农具、遍尝百草、始作医药等活动，带领先民告别了漫长的蛮荒生活，开始了追求人民幸福的征程。他削桐为琴，绳丝为弦，以通神明之德，合天地之和，不施威刑惩罚，以教化为先等等举措，改变了先民们原有的生产生活方式，成为人类文明过渡的重要标志。他和先民们在长期的生活和实践中，创造了丰富的物质财富和精神财富，为中华民族精神的发轫和中华民族的形成准备了最初的物质、文化基础。他带领先民所开创的农耕文化、医药文化、商贸文化和原始艺术等，成为炎帝神农

文化的具体内容，富有强大的生命力和广泛的包容性，也是上古先民最早的追求国家富强、民族振兴、人民幸福的尝试。正是在炎帝神农文化的基础上，中华文化得以形成自强、爱国、重德、重民、务实、理性和应变的精神，是中华民族得以形成凝聚、认同、实现图强自兴的核心价值目标的精神原动力。

炎帝神农文化中的“重农”“民本”思想，被后世继承并发扬光大，“凡治国之道，必先富民。民富则易治也，民贫则难治也”（《管子·治国篇》）、“故善为政者，田畴垦而国邑实”（《管子·五辅篇》）、“民惟邦本，本固邦宁”（《尚书·五子之歌》）等思想，都体现了炎帝神农文化中以发展物质经济作为其理想政治的治国富民思想。这些“富民”“重民”的民本思想，是我们坚持以人为本，为人民谋幸福的思想文化来源。总之，中国梦承载着中华民族既古老又常青的光荣与梦想，炎帝神农文化虽然产生于远古时代，但仍然蕴含着文明和进步的基因，应该在新时代加以继承、创新与弘扬。

二、实现中国梦需要汲取炎帝神农文化的精髓

炎帝神农文化中蕴含着珍贵的思想价值，在实现富强、民主、文明、和谐的中国梦的过程中，我们要正视优秀传统文化的价值，发掘它们蕴含的现代化力量，以推动中国梦的实现。对于传统文化，我们需要进行理性的分析，批判地继承，取其精华、去其糟粕，古为今用、推陈出新，在接续炎帝神农文化文脉的同时，将中华优秀传统文化与实现伟大复兴中国梦的需求结合起来，构建中国独有的价值体系和精神家园。党的十八大以来，中国共产党确立实现中华民族伟大复兴中国梦的现代化目标已成为中国主流意识形态和价值取向。然而，正如习近平同志强调指出：“中国在发展道路上仍然面临不少困难和挑战。实现中华民族伟大复兴的中国梦，还需要付出长期艰苦的努力。”面对新时期实现中国梦的新任务、新要求，我们需要调动一切可以调动的积极因素，充分挖掘和汲取炎帝神农文化的精髓，成为实现中国梦的

智力资源和精神支撑。

改革开放以来，一些人往往把注意力集中在对物质与经济的追逐上，从而忽视了传统文化对个体发展的作用。传统文化中的公而忘私、舍己为人的道德原则被一些人忽视，优秀传统文化中的道德规范被一些人漠视、践踏。如若人们对优秀传统文化中的价值与思想缺乏认同与客观认识，和谐稳定的小康社会与社会主义的现代化将失去共同的文化价值支撑，实现中华民族的伟大复兴也只能是一厢情愿。一个民族的生存、发展和强盛，需要有强大的传统文化作为支撑。保持和发扬自己的民族文化特点，是一个民族稳定和发展的基础。同样，民族文化对民族共有精神家园的建设亦至关重要。因此，民族文化与民族精神是紧密相连、相辅相成的。炎帝神农时代完成了母系氏族社会向父系氏族社会形态的过渡，逐步实现了由群婚制向一夫一妻制的文明转型；奉行德治教化，以人为本；始兴血缘而聚居等等，开创了人类初始文明之先河。就是这样一些伟大的创新，推动着原始先民由愚昧走向文明，推动着原始文化由无序走向有序，推动着氏族部落由散乱走向融合。炎帝神农文化除了创造上述各项原始功业外，更重要的是为后代树立和留下了宝贵而丰富的民族精神。我们要正视炎帝神农文化始作耒耜的首创精神、农耕种植的生态伦理、遍尝百草的英雄气概、发明医药的仁政文化、刚健有为的进取特质、平等大同的和谐价值等思想内容，发掘它们蕴含的现代化力量，切实把优秀传统文化转化为实现伟大复兴中国梦的强大力量，以推动中国梦的实现。无数事实证明，炎帝神农及其文化精神，在实现中华民族的伟大复兴和推动新时代的发展历程中有着不可替代的作用。

任何一种文化和精神都是历史传承与时代创新相结合的产物，都是一脉相承的。历史积淀而成的民族文化和统一的核心价值取向是一个民族生存发展的方向和动力，也是构建民族共有精神家园的精神内核。炎帝神农文化及其精神对多元一体的中华民族认同感、归属感起着巨大的精神纽带作用，是民族精神、民族凝聚的标志和象征。中华民族在五千多年文明发展史中，自秦朝统一成为一个以汉族为主体的多民族国家开始，历经汉、晋、隋、唐、宋、元、明、清各个时期，统一时间远远超过分裂时间，而且越到后期，统一时间越长，民族之间的融合越紧密；即便在国家分裂时期，各民族之间的经济文化联系与交流始终没有中断。这说明始祖根脉已经成为中华民族的精神纽带，炎黄二帝成为华夏民族致力统一的象征，在中国历史长期发展进程中，已经得到中华民族的广泛认可。实现中国梦，必须走中国道路、弘扬中国精神、凝聚中国力量。炎帝神农文化具有强大的精神力量和弘扬中国精神、凝聚中国力量的思想内核，我们应该汲取炎帝神农文化的精髓，发掘它蕴含的现代化力量，切实把优秀传统文化转化为实现伟大复兴中国梦的强大力量，以推动中国梦的实现。

三、中国梦赋予炎帝神农文化新的时代内涵

炎帝神农文化的弘扬需要与社会发展进程相适应、时代发展趋势相符合，不断推陈出新，使优秀传统文化既保持鲜明的民族特色，又富于浓郁的时代精神。中华文明之所以绵延不绝、薪火相传，其根本原因在于立足时代特点，以科学的态度对待丰厚的优秀传统文化资源，不断创新和发展传统文化，给传统文化注入新的时代内涵。

中国梦的文化价值意义，本质上就是现代中国人为实现中华民族伟大复兴的意志展现。中国梦根植于中华优秀传统文化的沃土，并赋予了优秀传统文化新的时代内涵和文化样式。例如，将传统臣民之“民”、生存之“本”、人治之“本”的民本思想改造成为人民之“民”、发展之“本”、法治之“本”的人本思想；将传统文化“致中和”的思想改造成统筹兼顾的思想；将道家的“小国寡民”和儒家的“大同”理想改造成经济社会全面协调可持续发展的小康社会思想；将儒家极力倡导的“贵和尚中”精神改造成为和谐理念；把传统文化的“仁义礼智信忠孝悌”等价值观与当代中国的现实价值观有机结合起来，创造源于中国传统文化又高于中国传统文化的社会主义核心价值观等等。中国梦价值思想形象生动地表现、创新与发展了优秀传统文化，使富有深厚优秀传统文化

底蕴的中国梦能够更好地得到人民大众的文化价值认同。随着时代的进步，炎帝神农时代所体现的致力统一的团结精神、自强不息的进取精神、为民造福的奉献精神、勇于探索的创造精神、以人为本的亲民精神、贵和尚中的和合精神，得到很大程度的继承和升华，这对于我们继承和发扬中华民族的优良传统，紧跟时代步伐，开拓创新，不断丰富和发展中华民族精神的内涵，建设中国现代化事业，特别是进行现代文明建设具有重大的现实意义。

2014 年随州炎帝神农故里寻根节祭典

目前我国正处在社会转型时期，仍然存在一些精神滑坡、道德沦丧、个人利益极端化等不良现象。要解决社会转型时期存在的问题，重建社会伦理道德和良好的社会风尚，就必须加强传统美德教育，可以从中华民族文化的源头——炎帝神农文化中去寻找答案，对炎帝神农文化进行充分研究和挖掘，使之成为新时代鼓舞人民前进的精神力量。从炎帝神农时期延续下来的漫长而丰富的文化传统，成为建设现代文化的源头活水。中国梦赋予了炎帝神农文化新的时代内涵，我们可以发扬炎帝神农文化的思想精髓，助力社会主义先进文化建设，形成荣辱清晰、善恶分明的价值判断和民主友爱、平等和睦的人际关系。例如，炎黄联盟团结统一的思想，可以提升自身的修养来成就“家国天下”的情结；以农为本所形成的“重义轻利”的价值取向和为民造福的担当与情怀对市场经济条件下滋生的金钱至上、个人本位的倾向形成一定程度的抗衡；炎帝神农文化中以人为本、贵和尚中的和合思想，追求精神和身体的内在融通，强调人的自由、全面发展，对于现代工业文明在精神层面带来的一些心理问题也起到了有益的调节作用；炎帝神农文化中的自强不息的进取精神和勇于探索的创造精神，有利于促进经济社会发展，加快推进现代化建设，早日由“中国制造”变成“中国创造”。要用炎帝神农文化中的精髓，通过对良好行为规范的宣传，使其在广大人民群众中得到落实，在全社会培养和形成良好的社会道德风尚。

炎帝神农文化在新时代有着新的内涵，还在于它已成为联系海峡两岸和香港、澳门同胞及海内外炎黄子孙的精神纽带。当前，中华民族正迎来伟大复兴的光明前景，炎帝神农文化的传承和发展必将进一步促进海峡两岸和香港、澳门的文化交流，为弘扬民族精神、加强全球炎黄子孙的交流与合作，推进祖国早日和平统一做出贡献。携手推动两岸关系和平发展、同心实现中华民族伟大复兴，应该成为海峡两岸和香港、澳门同胞及海内外炎黄子孙的共同目标。近年来，炎帝神农祭典活动逐渐成为传承中华文化的载体和平台，在随州、炎陵、宝鸡、高平等祖根圣地举办的炎帝拜祖大典，让海内外炎黄子孙共同牢记：团结统一的中华民族是海内外中华儿女共同的“根”；博大精深的中华文化是海内外中华儿女共同的“魂”；实现中华民族的伟大复兴是海内外中华儿女共同的“梦”。从这个意义上说，继承和发扬炎帝神农文化在共建中华民族精神家园、推动民族伟大复兴方面发挥着极其重要的作用。

弘扬炎帝神农文化，能助推中国梦的实现。一个民族、一个国家发展振兴的重要精神支撑，深深熔铸在民族的生命力、创造力和凝聚力之中。习近平总书记提出的中国梦，要构筑坚强的中华民族命运共同体，树立和突出各民族共享的中华文化符号和中华民族形象，增强各族群众对中华文化的认同。炎帝是与黄帝并尊的华夏始祖，代表着中华民族的形象，弘扬炎帝神农文化是提高国家文化软实力、促进中国梦实现的重要途径。湖北随州是炎帝神农故里，是世界华人的谒祖圣地，炎帝神农文化是中华民族共同的精神家园。为了中国梦的实现，我们要加强炎帝神农文化的研究和传播，发挥它在新时代的巨大作用。

炎帝神农文化精神是伟大中国精神的源头和重要组成部分。炎黄子孙，不能忘根。对炎帝神农文化精神的大力弘扬，成为凝聚海内外炎黄子孙的精神纽带，也体现了华夏儿女“民族认同、血脉认同、文化认同”的价值追求，铸就中华民族共同体意识，不断凝聚复兴伟力。习近平总书记在党的二十大报告中强调，增强文化自信，围绕举旗帜、聚民心、育新人、兴文化、展形象建设社会主义文化强国。“必须坚定历史自信、文化自信，坚持古为今用、推陈出新，把马克思主义思想精髓同中华优秀传统文化精华贯通起来、同人民群众日用而不觉的共同价值观念融通起来。”2022 年 6 月中共湖北省第十二次代表大会报告，擘画了全省努力建设全国构建新发展格局先行区、奋进全面建设社会主义现代化新征程的新蓝图。在“坚定文化自信，加快文化强省建设步伐”的文化任务中，明确提出要“提升世界华人炎帝故里寻根节、屈原故里端午文化节等影响力”，体现了湖北省委高度的政治自觉和文化自信。

我们要认真贯彻落实二十大报告中习近平总书记关于弘扬中华优秀传统文化的重要论述和湖北省第十二次党代会精神，依托炎帝神农文化资源禀赋，进一步创新表现形式，加强炎帝神农文化资源同频互动，形成规模优势和集合效益，通过“寻根节”平台宣传湖北随州，以文化赋能地方发展，提升炎帝神农文化影响力和带动力，更好地促进炎帝神农文化的创造性转化和创新性发展。以高度的文化自觉、坚定的文化自信和强烈的责任感和使命感，探究炎帝神农文化中蕴含的精神内涵和时代价值，推进湖北文化强省建设，推进湖北文旅融合高质量发展，为建设全国构建新发展格局先行区提供强大精神力量。

奋进新时代，开启新征程。我们要进一步传承炎帝神农文化精神，讲好炎帝神农文化故事，展示中华民族的“根”和“魂”，持续巩固和提高随州炎帝故里作为世界华人寻根拜祖圣地、中华民族共有精神家园的地位和影响力，进一步增强海内外炎黄子孙的凝聚力和向心力，为实现中华民族伟大复兴的中国梦凝聚磅礴精神力量。

总之，炎帝神农文化是凝聚中国力量的火炬，鼓舞民族复兴的号角。炎帝功绩，举世景仰；中华复兴，崛起东方；告慰先祖，子孙有享；民族昌盛，国家富强。在始祖文化的指引下，炎黄子孙血与血相融，根与根相连，心与心相通，梦与梦相同。正如湖北随州炎帝故里寻根节的主题所说："四海一家亲　共圆中国梦"。在新时代，我们要携手前进，凝聚在中国特色社会主义旗帜下，扎实推进社会主义文化强国建设，促进文化事业大发展大繁荣，实现中华民族伟大复兴的中国梦！

主要参考文献

一、专著

[1] 郭沫若．中国史稿：第一册［M］．北京：人民出版社，1976.

[2] 王献唐．炎黄氏族文化考［M］．济南：齐鲁书社，1985.

[3] 徐旭生．中国古史的传说时代［M］．北京：文物出版社，1985.

[4] 任永华，李晨．炎帝的传说［M］．西安：三秦出版社，1988.

[5] 陈放．炎帝与炎帝文化［M］．武汉：湖北人民出版社，1991.

[6] 炎帝与宝鸡课题组．炎帝·姜炎文化［M］．西安：三秦出版社，1992.

[7] 何光岳．炎黄源流史［M］．南昌：江西教育出版社，1992.

[8] 景明．神农氏·炎帝［M］．西安：西北大学出版社，1993.

[9] 钟宗宪．炎帝神农信仰［M］．北京：学苑出版社，1994.

[10] 霍彦儒，郭天祥．炎帝传［M］．西安：陕西旅游出版社，1995.

[11] 宝鸡市社科联．炎帝论［M］．西安：陕西人民出版社，1996.

[12] 黄爱平，王俊义．炎黄文化与中华民族［M］．北京：中国人民大学出版社，1996.

[13] 萧君和．中华民族史：上、下卷［M］．哈尔滨：黑龙江教育出版社，2001.

[14] 曹敬庄．炎帝与炎帝陵［M］．长沙：湖南人民出版社，2001.

[15] 曲英杰．炎黄汇典·祭祀卷［M］．长春：吉林文史出版社，2002.

[16] 周新发．炎帝春秋［M］．长沙：岳麓书社，2003.

[17] 霍彦儒．炎帝与汉民族论集［M］．西安：三秦出版社，2003.

[18] 章樨慧，张前荣．炎帝文化与旅游［M］．哈尔滨：北方文艺出版社，2006.

[19] 高强．炎黄子孙称谓的源流与意蕴［M］．西安：三秦出版社，2006.

[20] 霍彦儒．炎帝·姜炎文化与和谐社会［M］．西安：三秦出版社，2007.

[21] 雷文洁．文化随州［M］．武汉：湖北人民出版社，2008.

[22] 陕西省地方志编纂委员会．陕西省志·炎帝志［M］．西安：三秦出版社，2009.

[23] 丁凤英．炎黄文粹［M］．武汉：武汉出版社，2009.

[24] 樊友刚．炎帝神农典籍与传说［M］．武汉：武汉出版社，2009.

[25] 樊友刚．炎帝神农探源［M］．武汉：武汉出版社，2009.

[26] 樊友刚，黄克勇．名家话炎帝神农［M］．武汉：武汉出版社，2009.

[27] 赵德润．炎黄文化研究：第 10 辑［M］．郑州：大象出版社，2009.

[28] 陈人麟．神农架史话［M］．武汉：长江出版社，2010.

[29] 霍彦儒．炎帝·姜炎文化与民生［M］．西安：三秦出版社，2010.

[30] 雷昭声．炎帝千年史前史［M］．武汉：湖北人民出版社，2011.

[31] 鲁谆，高强．炎黄文化读本［M］．北京：人民出版社，2014.

二、论文

[1] 龚维英．“炎帝神农氏”形成过程探索［J］．华南师范大学学报（社会科学版），1984（2）：109-111.

[2] 何光岳．神农氏与原始农业——古代以农作物为氏族、国家的名称考释之一［J］．农业考古，1985（2）：12-24.

[3] 刘永国．炎帝神农时代：大同思想之源——兼论古代“大同”的实质及其影响［J］．理论月刊，1994（5）：17-19.

[4] 陈筱芳．春秋华夷关系以及华夏族的最终形成［J］．西南民族学院学报（哲学社会科学版），1996（2）：34-40.
[5] 何光岳．炎帝八世考［J］．寻根，1997（1）：3-8.
[6] 张文绪．中国古栽培稻的研究［J］．农业考古，1998（1）：50-61.
[7] 李北人．炎帝神农氏和他的贡献［J］．民族论坛，1998（1）：38-40.
[8] 刘芳，刘多．试论炎帝的舍己为群［J］．宝鸡文理学院学报（社会科学版），1999（1）：58-60，76.
[9] 张文祥．从炎黄结盟谈增强中华民族凝聚力［J］．中华文化论坛，1999（1）：14-15.
[10] 刘志一．论炎帝文化与中国和世界农耕文明［J］．株洲工学院学报，1999（2）：20-24.
[11] 刘玉堂，刘礼堂．炎帝、神农氏、烈山氏的分合因由——兼论远古传说变异与原始民族融合之关系［J］．中南民族学院学报（人文社会科学版），1999（4）：63-66.
[12] 刘玉堂，刘礼堂．炎帝神农氏生地揭秘——原始民族早期生息与劳作之地的个案剖析［J］．中南民族学院学报（人文社会科学版），2000（3）：35-38.
[13] 刘玉堂．楚公族先祖考索［J］．江汉论坛，2000（4）：81-86.
[14] 石兴邦．有关炎帝文化的几个问题［J］．文博，2000（1）：11-15.
[15] 曹敬庄．炎帝神农氏几个问题之探讨［J］．株洲师范高等专科学校学报，2002，7（3）：30-34.
[16] 许启贤．从炎帝传说研究早期中华民族传统美德［J］．宝鸡文理学院学报（社会科学版），2002（3）：1-8.
[17] 霍彦儒．炎黄二帝与华夏族发端［J］．中央民族大学学报，2002（4）：69-72.
[18] 徐亦亭．炎帝是沿江河拓展农耕的汉族先民首领［J］．中南民族大学学报（人文社会科学版），2002（5）：51-54.

［19］王水根．炎帝考辨［J］．南昌大学学报（人文社会科学版），2002（3）：101-105.
［20］费孝通．关于“文化自觉”的一些自白［J］．学术研究，2003（7）：5-9.
［21］吴兴勇．炎帝与中华民族［J］．湖南城市学院学报（人文社会科学版），2003（1）：54-57.
［22］金宇飞．炎黄传说的考古学证明［J］．复旦大学学报（社会科学版），2003（3）：102-108.
［23］顾春梅．试论五帝传说的多元价值取向［J］．上海大学学报（社会科学版），2003（4）：47-52.
［24］张式成．“神农作耒”的发掘及其在文化、经济中的利用［J］．湘潭师范学院学报（社会科学版），2003（5）：45-47.
［25］何星亮．炎帝与中华文明的起源［J］．社会科学研究，2004（2）：48-53.
［26］陈胜利．炎帝文化与时代精神［J］．株洲师范高等专科学校学报，2004（4）：8-10.
［27］高有鹏，解浩．关于中原地区的农耕文明问题［J］．河南大学学报（哲学社会科学版），2004（6）：58-62.
［28］钱宗范，朱文涛．炎帝和炎帝文化辨析［J］．广西右江民族师专学报，2005（1）：25-28.
［29］曹希荣．拜谒炎帝陵［J］．衡阳通讯，2005（2）：53-54.
［30］刘玉娥，邵长河．创始农业厚重生命——论炎帝精神［J］．河南科技大学学报（社会科学版），2006（1）：13-16.
［31］王玉芝．祖先崇拜与中华文明的连续传承［J］．红河学院学报，2006（3）：46-52.
［32］何星亮．炎帝的创新精神与中华民族的复兴［J］．中南民族大学学报（人文社会科学版），2006（4）：24-34.
［33］李龙．略议炎帝神农氏及其与中原史前农业的关系［J］．华夏文

化，2006（4）：17-19.
[34] 中共株洲市委党校课题组．炎帝文化蕴涵着丰富的旅游资源［J］．企业家天地，2006（8）：91-94.
[35] 肖伏清，刘斌，高建舟．炎帝神农文化开发利用研究［J］．政策，2007（6）：40-42.
[36] 罗树杰．中华民族始祖争论与民族团结［J］．中央民族大学学报（哲学社会科学版），2007（2）：48-52.
[37] 许顺湛．中华人文始祖与炎黄子孙［J］．协商论坛，2007（4）：18-23.
[38] 霍彦儒．试析炎黄文化中的和谐思想［J］．宝鸡文理学院学报（社会科学版），2007（6）：61-63.
[39] 杨丽娟．"寻根祭祖"游的人类学解读：中国传统魂魄观的仪式化［J］．旅游学刊，2007（11）：66-69.
[40] 高强．炎帝祭祀述略［J］．文博，2008（2）：64-69.
[41] 马世之．神农氏与神农坛［J］．焦作师范高等专科学校学报，2008（2）：1-5.
[42] 霍彦儒．"炎黄子孙"称谓的历史演变及其意义［J］．协商论坛，2008（4）：21-24.
[43] 王艳．对株洲炎帝陵"寻根祭祖"游的文化思考［J］．湖南第一师范学院学报，2009（1）：141-143.
[44] 唐志丹，费素斌．炎帝神农氏的管理思想［J］．辽宁科技大学学报，2009（1）：65-69.
[45] 黄爱平．清代的炎帝祭祀及其文化内涵［J］．理论学刊，2009（6）：112-116.
[46] 曾昭山．炎帝神农氏与湖南稻作农业的起源［J］．科技和产业，2009（12）：137-140.
[47] 刘亚红．炎帝作为祖先崇拜的特征和功能［J］．宝鸡文理学院学报（社会科学版），2010（4）：39-41.

[48] 张雄飞，朱建军，何美琪．论炎帝文化蕴含的管理思想［J］．湖南工业大学学报（社会科学版），2010（5）：16-18.

[49] 魏静．试论中国古代的农本思想［J］．开发研究，2010（5）：159-161.

[50] 张虹．荆楚文化之炎帝文化的特质及现代视角［J］．武汉职业技术学院学报，2011（1）：9-11.

[51] 刘学智．辛亥革命前后的“尊黄”运动及其文化意义［J］．陕西师范大学学报（哲学社会科学版），2011（6）：13-17.

[52] 陈晓芳，商彤．中国封建社会传统的经济政策——“重农抑商”［J］. 山东省农业管理干部学院学报，2011（5）：29-31.

[53] 肖瑾．许行的“神农之教”与《吕氏春秋》的“上农”农业思想比较研究［J］．学理论，2011（25）：84-85.

[54] 刘玲．弘扬炎帝神农文化　促进湖北文化旅游产业发展［J］．世纪行，2012（1）：29.

[55] 李桂民．神农氏、烈山氏、炎帝的纠葛与远古传说的认识问题［J］. 理论学刊，2012（3）：108-112.

[56] 王玉德．试析炎帝神农文化的史源［J］．学习与实践，2012（4）：102-109.

[57] 荣开明．弘扬炎黄文化和实现中国梦三议［J］．江汉论坛，2013（11）：10-15.

[58] 荣开明．“炎黄文化”与“中国梦”的内在联系［J］．学习月刊，2013（19）：21-23.

[59] 高有鹏．关于中国神话的炎帝神农时代问题［J］．西北民族研究，2014（4）：44-48.

[60] 谌臣安．中国梦与传统文化的关系探析［J］．改革与开放，2014（8）：64-65，67.

[61] 李媛媛，洪向华．实现中国梦呼唤中华文化的传承与创新［J］．红旗文稿，2014（10）：16-17.

[62] 蔡靖泉．炎帝·颛顼·祝融——楚人始祖论［J］．江汉论坛，2014（12）：77-81.

三、专著中的文章

[1] 吴量恺．神农氏的兴起与炎帝文化的效应［M］//陈放．炎帝与炎帝文化．武汉：湖北人民出版社，1991.

[2] 张正明．炎帝杂论［M］//陈放．炎帝与炎帝文化．武汉：湖北人民出版社，1991.

[3] 谭建勋．抗战时期湖南省政府祭祀炎帝陵前后记略［M］//中国人民政治协商会议株洲市委员会文史资料委员会，中国人民政治协商会议酃县委员会文史资料委员会．神州第一陵．长沙：湖南省新闻出版局，1992.

[4] 刘守华．中华民族的文化英雄——炎帝神农［M］//湖北省炎黄文化研究会．炎黄文化与现代文明．武汉：武汉出版社，1993.

[5] 罗琨．神农架下话神农［M］//湖北省炎黄文化研究会．炎黄文化与现代文明．武汉：武汉出版社，1993.

[6] 李学勤．炎黄文化与中华民族［M］//黄爱平，王俊义．炎黄文化与中华民族．北京：中国人民大学出版社，1996.

[7] 田晓岫．炎黄文化的民族学思考［M］//黄爱平，王俊义．炎黄文化与中华民族．北京：中国人民大学出版社，1996.

[8] 刘玉堂，易德生．炎帝神农文化所蕴涵的民族精神及其时代价值［M］//宝鸡炎帝研究会，霍彦儒．炎帝与民族复兴．西安：陕西人民出版社，2006.

[9] 何浩．略论神农炎帝时代及其称号的演变［M］//樊友刚，黄克勇．名家话炎帝神农．武汉：武汉出版社，2009.

四、报刊资料

[1] 王兵，杨富春，蔡朝阳．首届世界华人炎帝故里寻根节在随州隆重

举行——承先祖精神 创华夏辉煌［N］．湖北日报，2009-05-21（1）．

［2］王明珂．炎黄子孙是谁？——中华民族的历史记忆与民族认同［N］．中华读书报，2009-11-11（15）．

［3］何星亮．中华民族是怎样形成的［N］．中国民族报，2010-01-15（7）．

［4］范步，张真真．四海一家亲　共圆中国梦——甲午年世界华人炎帝故里寻根节隆重举行［N］．湖北日报，2014-05-25（1）．

第一版后记

《炎帝神农文化读本》系湖北省炎黄文化研究会组织编写，由湖北省炎黄文化研究会常务副会长、该书主编刘玉堂提出写作构想并拟出初步大纲，张硕、黄莹、刘晓慧参与了大纲讨论，反复修订后报请中华炎黄文化研究会和湖北省炎黄文化研究会有关领导和专家审订。具体写作分工是：第一章至第五章由刘晓慧执笔，第六章至第十章由黄莹执笔，随州市炎黄文化研究会副会长兼秘书长樊友刚同志提供图照，刘玉堂负责修改统稿，张硕参与修改讨论并负责图照搜集甄选以及通联工作。本书在酝酿和撰写过程中，自始至终得到了全国人大常委会原副委员长、中华炎黄文化研究会会长许嘉璐，中华炎黄文化研究会副会长鲁谆，湖北省炎黄文化研究会会长丁凤英、常务副会长王正强、副会长兼秘书长石山等领导和专家的关心和指导，许嘉璐同志欣然为本书题写书名，鲁谆同志欣然为本书作序，人民出版社的相关领导和专家为本书的出版倾注了大量的心血，值此付梓之际，谨致以衷心的感谢和崇高的敬意！

由于作者水平有限，加之时间仓促，书中不妥之处在所难免，敬请广大读者批评指正！

刘玉堂谨识

2015 年 5 月

修订版补记

2015年5月，人民出版社出版了刘玉堂主编的《炎帝神农文化读本》一书，也许因该书是海内外第一部全面系统研究炎帝神农文化的专著，问世后在相关学术领域产生了较大反响，中华炎黄文化研究会为此书专门在北京召开过研讨会。此次有幸入选《荆楚文库》，我们对原书进行了认真修改和核校，具体分工是刘玉堂负责撰写前言，刘晓慧负责修订第一章至第五章，黄莹负责修订第六章至第十章，最后由刘玉堂统一修改定稿。考虑到该书学术性较强，故将书名改为《炎帝神农文化研究》。考虑到近年来新发现的相关资料较少，修订版的资料搜集运用仍以2015年初版为主。《荆楚文库》编辑部的专家、华中科技大学出版社的相关领导和编辑为本书的修订出版付出了艰辛的劳动，值此付梓之际，谨表示由衷的感谢！

限于作者水平和时间，书中难免有疏漏和错讹，敬请广大读者不吝教正。

本书作者

2022年8月